“十二五”应用型国际商务类专业规划教材

外贸单证实务

（第二版）

孟祥年 主 编

郑文革 赵继梅 王 潇 王小平 副主编

对外经济贸易大学出版社

中国·北京

图书在版编目（CIP）数据

外贸单证实务／孟祥年主编. —2版. —北京：
对外经济贸易大学出版社，2015.7（2024.1 重印）
“十二五”应用型国际商务类专业规划教材
ISBN 978-7-5663-1336-2

Ⅰ.①外… Ⅱ.①孟… Ⅲ.①进出口贸易-原始凭证
-高等学校-教材 Ⅳ.①F740.44

中国版本图书馆 CIP 数据核字（2015）第 090798 号

外贸单证实务（第二版）

孟祥年 **主编**
责任编辑：高 卓 朱晓琳

对 外 经 济 贸 易 大 学 出 版 社
北京市朝阳区惠新东街 10 号 邮政编码：100029
邮购电话：010-64492338 发行部电话：010-64492342
网址：http://www.uibep.com E-mail：uibep@126.com

北京时代华都印刷有限公司印装 新华书店经销
成品尺寸：185mm×260mm 13.75 印张 318 千字
2015 年 9 月北京第 2 版 2024 年 1 月第 8 次印刷

ISBN 978-7-5663-1336-2
印数：20 001-21 000 册 定价：32.00 元

“十二五”应用型国际商务类专业规划教材

编 委 会

总　序

（第二版）

“十二五”应用型国际商务类专业规划教材（第二版）是在其第一版的基础上修订的，其中《国际贸易实务》、《进出口贸易综合实训教程》、《国际贸易理论与实务》、《国际汇兑实务》、《商务英语口语》于2013年被列为安徽省省级规划教材。本套教材自2011年8月出版以来，因体例新颖、内容实用、通俗易懂，深得兄弟院校师生和外经贸工作者的厚爱，并在国际商务类专业及相关财经类专业教学中发挥了积极作用。

针对技能型国际商务类人才培养特点和教学要求，在多年教学、实践和培训的基础上，根据有关国际贸易法规惯例，结合国际贸易变化和我国对外贸易发展情况，我们对本套教材进行了修订，以便更好地满足职业院校国际商务类专业学生和外经贸工作者的需要。在本套教材修订过程中，我们保持原教材的总体框架与结构，更新充实了部分内容和数据资料，从而增强了教材的先进性和时代感。

本套教材修订由安徽国际商务职业学院李二敏教授主持。各教材修订具体分工为：张卿、许寒《国际贸易实务》，李二敏、孙训爽、卫薇《进出口贸易综合实训教程》，孟祥年《外贸单证实务》，王俊《商务英语函电》，马淑英《国际商务谈判》，潘海红《国际汇兑实务》，汪海青《报关实务》，周桂凤《国际贸易理论与实务》，吕向生《国际贸易地理》，凌双英《商务英语口语》。在修订过程中，作者参阅了大量文献、报刊、资料，吸纳了很多教师和读者的建议，同时得到了对外经济贸易大学出版社和行业企业的大力支持，在此一并表示诚挚的谢意。

由于作者水平有限，书中的疏漏和不足之处在所难免，真诚地希望专家、读者及同行提出宝贵意见，以便不断完善和提高。

“十二五”应用型国际商务类专业
规划教材编委会
2014年8月

总 序

（第一版）

高等职业教育是我国高等教育体系的重要组成部分，是我国高等教育发展中的一个类型，也是我国职业教育体系的重要组成部分。改革开放以来，特别是20世纪90年代后期至今，我国的高等职业教育在党和国家的大力倡导与支持下得到了迅猛发展。高等职业教育中的国际商务类专业在经济全球化和我国对外开放不断深入的大背景下得到了更快的发展，满足了我国作为对外贸易大国对国际商务人才的多样化需求。

教育部《关于全面提高高等职业教育教学质量的若干意见》提出：高等职业教育要全面贯彻党的教育方针，以服务为宗旨，以就业为导向，走产学结合发展道路，为社会主义现代化建设培养千百万高素质技能型专门人才。为此，我们要不断完善高等职业教育的专业人才培养方案和课程体系，改革课程教学内容和教学方法，加强教材建设。

作为国际商务类专业建设的成果之一，安徽国际商务职业学院联合了全国部分院校教师和企业专家，在对外经济贸易大学出版社的支持下，编著并出版了"'十二五'应用型国际商务类专业规划教材"。本系列教材计划包括：国际贸易实务、进出口贸易综合实训教程、外贸单证实务、商务英语函电、国际商务谈判、国际汇兑实务、报关实务、国际贸易理论与实务、国际贸易地理、国际贸易、国际商法、商务英语口语。

本套教材以教育部关于加强高等职业教育的有关文件为指导，以国际商务类专业高等应用型人才的培养目标和规格为依据，以满足我国从贸易大国向贸易强国转变时期对国际商务人才的需求为目标，以培养国际商务类专业人才的应用能力为主线，以实现学生的知识、素质和能力结构优化和协调发展为宗旨，吸取了以往高等职业教育教材建设方面的成功经验，反映了该专业最新教研、教改成果，并在突出高等职业教育教材特色方面进行了有益探索。本套教材具有如下特点：

（1）理论知识和应用知识有机结合。本套教材以应用知识为主线，理论知识以"必需、够用"为原则。

（2）教材内容贯彻"工学结合、项目导向"。本套教材中的实务类教材按照具体工作过程和流程组织具体内容，同时配以技能实训模块。

（3）本套教材吸纳了最新行业变化和业务做法。在教材的编写过程中，吸纳了企业专家和相关行业专家担任主编或主审，保证了教材内容的新颖性和实践性。

（4）本套教材兼顾了学生参加相关职业资格证书（如外销员、外贸业务员、外贸单证员、外贸跟单员等）考试和学历提升的需要。

（5）本套教材在编写体系和结构上改变了传统的章节模式，采用项目、模块、流程等结构体系。

本套教材的主编均是从事多年国际商务专业课程教学的教师或行业资深专家。编委会在教材编写过程中召开了数次研讨会，以保证系列教材的编写质量。在本套教材编写过程中，得到了行业内很多企事业单位和兄弟院校的大力支持与帮助，他们是：合肥海关、铜陵学院、安徽经济管理学院、安徽职业技术学院、安徽水利水电职业技术学院、芜湖职业技术学院、安徽工商职业学院、安徽财贸职业学院、滁州职业技术学院、安徽国防科技职业学院、安徽工业职业技术学院、安徽涉外经济职业学院、安徽中澳科技职业学院、安徽安粮实业发展有限公司、安徽省华安进出口有限公司、安徽珏盛进出口有限公司等。对此，编委会表示真挚的感谢。

“十二五”应用型国际商务类专业
规划教材编委会
2011 年 7 月

前 言

《外贸单证实务》是国际商务类专业的主干课程之一，是从事国际贸易，尤其是外贸单证业务必须掌握的知识和技能。随着我国国际贸易的飞速发展，社会上急需大量从事外贸单证工作的人员，从而为本课程的开设和教材的编写奠定了基础。本教材是“十二五”应用型国际商务类专业系列规划教材之一，分七个模块，主要介绍了外贸单证的概念、种类与单证操作的流程，介绍了信用证的主要内容及对其的审核与修改，介绍了外贸业务中包括商检、运输、保险、报关、制单、审单结汇各环节所涉及的主要单证的基本格式、内容及缮制，同时对进口所涉及的单证工作也做了适当的说明。本教材的编写具有以下几方面的特点:

（1）适应高等职业教育的要求。高等职业教育要求培养高素质、技能型人才。本教材中的审证和制单等技能是国际商务类专业最为基本的技能，国际贸易虽是货物和货款在国际间的对流，但在实际业务中却是通过单据的签发、流转和交换来实现的。正确缮制各种商务单据也是从事国际贸易工作的基本技能。

（2）有利于学生自主性学习能力的培养。高等职业教育培养的目标之一是学生的自主学习的能力，为达到此目的，每个模块我们都采取任务驱动的方法：首先提出模块任务，让学生了解本模块要完成的主要工作，接着就主要知识点进行简单介绍，最后再进行针对性的训练，让学生在老师的帮助下完成相关的学习任务，有利于学生自主性学习能力的培养。

（3）突出内容的可操作性。本教材在编写过程中，减少了对相关内容基本知识和基本概念的讲解，重点突出了每个环节所涉及的程序和单证，并对单证的内容和缮制做了详细的说明，因此具有很强的可操作性。

（4）注重内容的新颖性。外贸单证工作是外贸业务工作中重要的一环，随着外贸业务的不断变化，外贸单证工作也在发生变化，如单证的格式、单证的操作环节及相关的国际贸易惯例等等。本教材在编写过程中及时更新相关内容，保证教材内容的新颖性。

（5）校企合作编写。校企合作编写是本教材的一个重要特点。《外贸单证实务》是一门实践性非常强的课程，因此坚持校企合作编写尤为必要。本书的参编人员有的有二十余年的单证教学工作经历，有的还有二十年余年外贸及外贸单证工作的经验，为本教材理论与实践的结合奠定了良好的基础。

该书由孟祥年担任主编，郑文革、赵继梅、王潇、王小平担任副主编。陈璐编写了模块一，王小平编写了模块二及模块五中的项目 5.2 和项目 5.3，王潇编写了模块三，孟祥年编写了模块四中的项目 4.1、项目 4.3、项目 4.4 和项目 4.5，谢丹丹编写了模块四中的项目 4.2，郑文革编写了模块五中的项目 5.1 和项目 5.4，赵继梅编写了模块六和模块七。本书在编写过程中得到了专业进出口公司有关单证工作人员的鼎力相助，同时该书在编写过程中参阅了大量的外贸单证方面的教材，书中未一一列举，在此对相关的作者一并表示感谢。

由于编写时间仓促和编者水平有限，教材中难免有不足之处，恳请广大读者批评指正。

编　者

2015 年 5 月

目 录

模块一

认识外贸单证

知识目标

本模块介绍了单证在外贸业务中的地位和作用、单据的种类、外贸单证制作的基本要求及单证在外贸合同履行中的操作流转程序等相关内容。通过对本模块的学习，学生要能够了解外贸单证工作的基本要求及重要性，熟悉单证的含义和种类，同时掌握外贸合同的履行过程中各个环节所涉及的单证。

能力目标

（1）能够提高对单证重要性的认知能力。

（2）能根据单证工作的基本要求提高对单证的缮制规范的认知能力。

（3）按照流程规范对缮制全套出口和进口单证的认知能力。

目标任务

任务一　通过下述案例分析国际贸易单证工作的重要性。

2010 年 3 月，某工艺品进口公司与巴基斯坦 BC 贸易有限公司成交了一笔业务，6 月 5 日对方开来信用证，有关部分条款规定："…350 SETS OF DINNER SET, PRICE: USD 35.00 PER SET, CFR KARACHI, SHIPMENT FROM QINGDAO TO KARACHI, SHIPPING MARK TO BE 'B.C./381 AND 451/KARACHI'"。工艺品进出口公司根据上述信用证条款，在装运后即备齐单据向议付行交单，开证行提出拒付意见："第××××号信用证项下单据存在如下不符点：（1）你提单及发票等单据上表示的运输标志与信用证不符。信用证规定"B.C./381 AND 451/KARACHI"，你提单及发票等单据的运输标志为"B.C./381 & 451/KARACHI"。（2）我信用证规定价格条款为 USD 35.00 PER SET，CFR KARACHI。你发票上表示价格条件为 USD 35.00 PER SET，CIF KARACHI。（3）包装单上运输标志栏表示："AS PER INVOICE"，系据哪个发票？漏发票号码。应表示出依据第×××号发票。由于单据不符，银行无法接受，影响了顺利结汇。

任务二　根据下述材料分析卖方为何不能安全收汇？外贸单证缮制过程中有哪些基本要求？

广州客户出口一批服装到日本，日本客商开来的信用证要求出具“一正三副的普惠制证书”，并于船期后五日内寄交副本提单，十日内交单至银行。而卖方交单时遭到拒付，一方面是普惠制证书一般只能出具一正两副；另一方面客户指定了香港的货代，而香港货代则要求先用港币支付杂费，到账后才肯出具提单。实际操作时因为外汇支付、提单寄交内地城市等因素，十日后才将单据交至银行，遭银行拒付。

任务三　2010 年 12 月，上海某出口公司与外商签订了服装销售合同。单证流转过程中出现了一些问题，为了顺利完成交易，试讨论如何解决下列问题？

（1）我方收到信用证后是否需要审核？若有多处与合同规定不符该如何处理？

（2）商业发票与装箱单的联系与区别？

（3）按惯例货物一般于报关或装运前几天向什么机构申请检验检疫？

（4）货物托运时需要提交哪些单据？

（5）装船后多长时间办理报关手续？

（6）运输后向保险公司申请投保时，有哪些主要条款？

（7）如果是以 CIF（Cost，Insurance and Freight）条件签订了一份销售合同，我方根据合同规定按时装运，并在货物出关后第三天发出装运通知。请问这样做有何风险？为什么？

项目 1.1　外贸单证工作的重要性

知识链接

单证（Documents）是指在国际结算中应用的单据、文件与证书。狭义的单证指单据和信用证，广义的则指各种文件和凭证。在外贸业务中，企业凭借单证来办理货物的交付与收款。进出口贸易合同签定后，在合同履行过程的每一个环节都有相应的单证缮制、组合及运行。外贸单证贯穿于企业的收购、出入境检验检疫、租船订舱、报关保险、结汇等外贸业务的全过程之中。单证工作具有工作量大、任务繁杂、时间性强、涉及面广等特点。

外贸单证工作是随着国际贸易的发展而发展的。在货币没有出现前，买卖双方只能进行“易货交易”，即以货换货。货币发明后，在债务的清偿方面出现了“现金结算”，但在国际贸易方面这种结算方式存在较大弊端。随着国际贸易的不断发展，“非现金结算”方式应运而生。此外，随着航海运输业和保险业的发展，海运提单从一般的货物收据演变成为能代表货物所有权的可转让的凭证，国际贸易货物单据化使得商品买卖可以通过单据买卖来实现。不论采用哪种支付方式，买卖双方都要发生单据的交接，尤其在象征性交货的情况下，卖方交单意味着交货，而买方也是凭单据付款。单据与货款的对流原则已成为国际贸易中商品买卖和货款支付的一般原则。国际贸易中货物的单据化大大便利了货物买卖时货权的让渡或转移，因而单据在国际贸易中起到了非常重要的中介作用。

国际贸易是国际间的商品买卖。由于买卖双方分处不同的国家和地区，商品和货币不能进行简单的直接交换，而必须以单证作为交换的手段。因此，单证工作在实际业务中具有重要的作用。

一、外贸单证是卖方收汇的基础

国际贸易是国际间的商品买卖，但在实际业务中主要表现为单据的买卖。在信用证支付方式下，银行在履行付款义务时所依据的是单据，而不是与之有关的货物。只要出口人所提交的单据符合信用证规定，即使货物在运输途中受损，抑或根本没能到达买方，银行也一样承担付款责任；反之，即使货物完好无缺地到达买方，而单一单或单一证不一致，银行也同样可以拒付货款。

根据《跟单信用证统一惯例》(国际商会第 600 号出版物，《UCP600》) 第 5 条明确规定，银行处理的是单据，而不是单据可能涉及的货物、服务或其他行为。根据第 14 条又规定，按指定行事的指定银行、保兑行（如果有的话）及开证行须审核交单，并仅基于单据本身确定其是否在表面上构成相符交单。因此，在信用证支付方式下，受益人提交的单据是否正确是银行付款的先决条件。

在托收方式下，进口商也是凭必要的和符合买卖合同规定的单据付款，若单据不符合合同要求，也有可能被进口商借故拒付。因此，正确地缮制外贸单证是卖方安全收汇的基础和保证。

二、外贸单证是履行合同的必要手段

买卖合同的履行，主要取决于两方面：卖方交货与买方付款。而在国际货物买卖中，由于买卖双方相隔遥远，在大多数情况下，货物与货款的对流并非直接进行，而必须通过单证来作为交换的手段。正如国际贸易专家施米托夫在《出口贸易》一书中所述：“从商业观点来看，可以说 CIF 合同的目的不是货物本身，而是与货物有关的单据的买卖。”事实上 FOB（Free On Board）、CFR（Cost and Freight）、FCA（Free Carrier）、CPT（Carriage Paid To）、CIP（Carriage and Insurance Paid To）等贸易术语均具有上述性质。

国际贸易中使用的单证大致可分为两大类：一类具有货物的属性，它们有的代表货物的所有权（如海运提单），有的说明所交货物的详情（如商业发票和装箱单），有的为货物输出出口国提供必要的证明（如出口许可证），有的为货物在运输途中可能遭遇的灾害和损失承担风险（如保险单），……；另一类具有货币的属性，它们有的直接代表货币（如汇票、本票、支票等），有的为货款的支付做出承诺或做出有条件的保证（如信用证、银行保函等），……。各种单证都有其特定的功能，它们的签发、组合、交换和应用反映合同履行的进程，也反映买卖双方权责的发生、转移和终止。因此，若无外贸单证作为履行合同的手段，国际货物贸易恐怕寸步难行。

三、外贸单证工作是一项政策性很强的涉外工作

外贸单证虽然是商业文件，但在我国是由外贸公司和国家机关签发的有效凭证，在一定意义上代表着国家，体现出我国外贸方针和政策，因而必须符合我国有关外贸的各项法规和制度的要求。如出口许可证关系到国家对出口商品的计划管理，有时也可能会涉及两国之间的贸易协定；普遍优惠制（GSP，Generalized System of Preferences）产地证是进口国海关核定进口商品的原产地从而作为减免关税的依据，一般产地证作为进口国核定商品原产地，从而为海关征收差别待遇关税提供依据；海关发票供进口国海关核定进口商品是否属于倾销，是否征收反倾销税及征收差别待遇关税的依据。

外贸单证既然用于收汇，就必须在国外流通，在发生纠纷时又常常是处理争议的依据，因此外贸单证必须符合进口国有关法律法规和有关国际惯例的要求。如汇票上出票的地点就涉及汇票产生争议时适用的法律问题，各种单据的签发必须符合有关国际惯例的要求等，因此它又是涉外的法律文件。

单证的政策和法律内涵表明单证工作具有很强的政治意义。

四、外贸单证工作是企业经营管理的重要环节

单证工作贯穿合同履行的全过程，在合同履行的不同阶段都会有相应的单证出立、组合和流通。合同内容、信用证条款、货源安排、检验检疫、租船订舱、报关保险、交单议付等外贸业务管理问题，都集中在单证上反映出来。单证工作不仅涉及上述内容，还涉及业务工作管理中很多具体的问题。因此，出口企业必须处理单据流通过程中出现的各种问题，如货物是否符合合同和信用证中的有关规定、交货是否及时、各种工作安排是否符合实际业务要求等。

五、外贸单证工作与企业的经济效益密切相关

单证工作是出口企业经营管理中一个非常重要的环节，单证工作组织管理的好坏与企业的经济效益密切相关。一个企业加强制单和审单工作，提高单证质量，就能减少单证工作的差错，就能在完成出口任务的同时，可靠地保障企业的利益，还可以增收节支、加速资金周转，为国家创造大量的外汇。若单证质量不过关，制单、审单时粗心大意，轻则给企业收汇带来不必要的麻烦，重则会给企业和国家带来无法挽回的经济损失，进而影响企业自身的声誉。

思考与讨论

讨论一：我国外贸公司对外出口一批货物，信用证规定最迟的装运日期为 2010 年 11 月 10 日，因 11 月 10 日前无船去该国，我方延期至 11 月 25 日装船，30 日持全套单据向议付行议付。银行是否会拒付？为什么？谈谈单证工作的及时性要求对安全收汇的重要意义。

讨论二：某外贸公司与澳大利亚客商签订一份销售合同，目的港为悉尼。由于单证

员疏忽，制单时误填为墨尔本，以致进口货物到达该地。设想一下，这种疏忽会给我方带来哪些经济影响？

项目 1.2 外贸单证的种类

知识链接

一、外贸单证的常见分类

国际贸易中的交易主要是通过单证的出立和交换来完成的。无论采用何种支付方式，卖方都必须按合同或信用证的规定提供买方或银行所需要的单证。国际贸易中涉及的单证很多，而且每一笔交易所需要的单证也不尽相同，但总的来说可以划分为以下四大类：

（一）按贸易双方涉及的单证划分

进口单证：信用证、进口许可证、进口报关单、FOB 项下的保单等。

出口单证：出口许可证、出口报关单、包装单据、运输单据、商业发票、保险单、汇票、产地证等。

（二）按单证的性质划分

金融单证：支票（Cheque/Check）、本票（Promissory Note）、汇票（Bill of Exchange/Draft）以及用于收款的其他单据，具有货币的属性。

商业单证：

（1）商业发票（Commercial Invoice）。

（2）重量单/磅码单（Weight List/Weight Memo）。

（3）装箱单据（Packing Documents）。常见的有：

装箱单（Packing List/Packing Slip）；

包装提要（Packing Summary）；

包装说明（Packing Specification）；

详细装箱单（Detailed Packing List）；

尺码单（Measurement List）；

花色搭配单（Assortment List）。

（4）保险单/保险凭证（Insurance Policy/Certificate）。

（5）运输单据（Transport Documents）。常见的有：

海运提单（Ocean Bill of Lading）；

铁路运单（Railway Bill）；

承运货物收据（Cargo Receipt）；

航空运单（Air Waybill）；

邮包收据（Parcel Post Receipt）；

联合运输单据（Combined Transport Document，CTD）；

多式联运单据（Multi-modal Transport Document，MTD）。

（三）按单证的用途划分

（1）资金单证：汇票、支票等信用工具，或其他类似用以取得款项的凭证。

（2）商业单证：商业发票、形式发票、装箱单和重量单等出口商签发的单据。

（3）货运单证：托运单、海运提单、空运单、公路运输单据、铁路运输单据、专递和邮政收据等。

（4）保险单证：投保单、保险单、预报单和保险证明等国际货物运输保险单据，以及由承保人签发的单据和证明。

（5）官方单证：是指政府机关、社会团体签发的各种证书。海关发票（Customs Invoice）、领事发票（Consular Invoice）、产地证（Certificate of Origin）、普惠制产地证（Generalized System of Preferences Certificate of Origin）即 GSP 产地证、商检证书（Inspection Certificate）、报关单等涉及有关政府职能部门或外国驻中国使馆签发的单据。

（6）随附单证：受益人证明（Beneficiary's Certificate）、寄单证明、寄样证明、装运通知和船籍证明（Certificate of Vessel's Nationality）。

（四）按进出口业务环节划分

（1）托运单证：是为保证货物安全及时出运的单证。主要有报检单、报关单、托运单、投保单、出口货物许可证等。

（2）结汇单证：主要有汇票、发票、装箱单、提单、保险单、产地证、商检证书、受益人证明、船公司证明、装船通知副本等。

（3）进口单证：主要有开证申请书、进口许可证、进口货物报关单等。

二、外贸单证的标准化与电子化

在传统的外贸单证工作中，一笔外贸业务常常要涉及数十种单证。各种单证的内容繁杂，缮制与流转工作要求高，而其中任何一个差错或遗漏都可能造成经济损失。目前，我国对外贸易量每年迅速递增，单证的繁杂、易出差错与外贸业务量迅速上升的矛盾日益突出。另外，电子商务的日益成熟对国际贸易产生重要而深远的影响。所以，传统的单证工作已不能满足目前外贸工作发展的需要，单证格式、制单方式、单证流转的改革也势在必行。其中，单证的电子化和标准化是外贸单证工作发展的重要目标。

所谓单证的电子化，是指运用计算机技术、电子数据交换技术、网络技术、外贸软件技术等现代信息技术进行外贸单证处理。即通过计算机网络，将外贸业务过程中与单证相关的各个数据在国际间进行交换和自动处理。

基于 Internet 的 EDI（Electronic Data Interchange）是国际贸易领域单证数据处理的核心技术系统。EDI 就是电子数据交换（Electronic Data Interchange）系统，是 20 世纪 70 年代发展起来的，主要用于国际贸易中的单证处理与传输的一个计算机数据处理与通信系统。其传送的主要文件包括：订单、发货通知、提单、装箱单、发票、保险单、进出口货物报关单、进出口许可证、商检证、配额证等。EDI 无需人工干预和人为介入，可由双方的计算机直接传送与交换资料，从而避免了人工将资料重复输入计算机系统而出现人力资源的浪费和输入错误，大大提高了单证工作的准确度和效率。

所谓单证的标准化，实际上是对传统单证格式的改革和规范。

由于国际贸易涉及不同的国家，各国的语言、外贸政策、进出口管理程序、关税制度、法律规定等方面的差别体现在国际贸易业务中的各种单证上，所以单证必须规范化，通过规范单证来统一和规范双边的贸易实务操作程序。包括：使用标准的语言、一致认定的术语、统一的单证文本以及文本数据交换格式等。总之，单证的规范化既要使得国际贸易业务能够顺利开展，又要使得各方在理解和缮制单证所明确的内容方面获得一致。这就需要设计并使用统一的国际贸易单据标准格式。

1978 年由联合国出版并向世界各国推荐的《联合国贸易单据设计样式》就是“套合一致”的标准单证格式，它可减少各种单证相同内容的重复缮制、重复审核，提高单证工作的准确率和效率。我国参照《联合国贸易单据设计样式》于 1994 年 12 月制定发布了一套贸易标准单据，其主要特点也是“套合一致”和格式规范化、标准化。

由于现代信息技术在世界各国或地区的发展水平不同、各国贸易的差异、相关法律法规的差异或滞后，外贸单证的标准化和电子化还处于逐步推广、不断完善和创新发展的时期。但可以相信，在不久的将来，外贸单证工作一定能在现代信息技术的支持下提高到一个更高的水平。

知识卡片

EDI（Electronic Data Interchange）即电子数据交换，就是利用计算机和网络技术在部门之间乃至世界范围内进行贸易信息、资料的交换，也就是将传统的有效信息源变为无形的电子信息，从而大大提高贸易信息数据交换的效率。EDI 单证被人们称之为“无纸单证”。目前，世界上部分国家的一些大企业已经实施 EDI 并且不接受纸质单证，也有一些国家的海关规定，使用 EDI 单证可优先报关。

在信用证的开立方面，“环球银行财务电讯协会”（Society for Worldwide Interbank Financial Telecommunication，SWIFT）通讯网络系统已开始被广泛使用。它是银行间一种合作性的、自动的世界通信系统，成立于 1973 年，目前已有 200 多个国家加入，会员近万名。我国有多家银行已加入该系统。SWIFT 系统的特点是电文标准化，采用 SWIFT 信用证，必须遵守 SWIFT 使用手册的规定，使用专门的格式和代号，而且信用证必须符合国际商会制定的“跟单信用证统一惯例”的规定。SWIFT 较电传更直接快速、安全可靠。

项目 1.3 外贸单证工作的基本要求

知识链接

国际商务单证的质量如何，不但关系到能否迅速收汇和接货，同时也从一个侧面反映出一个国家的科学文化水平。所以，单证不能随意地缮制，其不仅要与合同或信用证规定相符，还必须符合有关的商业惯例、法令法规并适应实际需要。外贸单证工作的总要求是“四个一致”，即“单单一致、单证一致、单货一致、单同一致”。

“单单一致、单证一致”是信用证业务最基本、最重要的要求，是卖方安全收汇的保障，但在实际业务中卖方还必须做到单据与所交的货物一致以及单据与货物买卖合同一致。

按照单证的格式填写具体的内容被称为单证制作。不同的单证有不同的填写规范，这在以后各种单证制作中会有详细讲述，但是制作单证也有一些普遍的、原则性要求，这些要求可以总结为“正确、完整、及时、简明、整洁”。

一、正确

正确是外贸单证制作的前提和核心，单证不正确就不能达到安全收汇的目的。《UCP600》规定：“信用证指一项不可撤销的安排，无论其名称或描述如何，该项安排构成开证行对相符交单予以承付的确定承诺。”同时规定“相符交单”是指：“与信用证条款、本惯例的相关适用条款以及国际标准银行实务一致的交单。”

在信用证支付方式下，正确就是指：一方面是要求各种单据必须做到“四个相符”，即单据与信用证相符、单据与单据相符、单据与货物相符、单据与贸易合同相符，另一方面则要求各种单据必须符合有关国际惯例和进口国的有关法令和规定。

在跟单托收业务中，虽然对单据正确性的要求不像信用证业务那样严格，但如果不符合买卖合同的规定，可能被进口商借故拒付货款或延期付款。

二、完整

单证的完整性是构成单证合法性的重要条件之一。单证的完整性一般包括三个方面的内容：

（一）各种单证的种类要完整

外贸单证在通过银行议付或托收时是成套而不是单一的。在信用证业务下，进口商需要哪些单据、每种单据各需多少份，一般都在信用证中表明，出口商只有按规定提交全部合格单据，开证行才保证付款。然而，随着国际贸易的不断发展，进口商为了更好地维护自己的利益，通过信用证要求的单据越来越多，除商业汇票、商业发票、装箱单、海运提单、保险单、产地证等主要单据外，还要有各种附属证明及办理有关事项的收据，如各种受益人证明、船公司的船龄证明、船级证明、“装船通知”的副本、寄单的邮局收据等，这些单据都要经过一定的手续和事先联系才能取得。因此，在制单、审单的过程中必须密切注意、及时催办，避免遗漏或误期，以保证全套单据的完整。

（二）每一种单据本身的内容必须完备

任何单证都有其特定的作用，而这些特定的作用又是通过其特定的格式、项目、内容、文字、签章等表现出来的。如果格式使用不当、项目漏填、内容不完整、文字不通、签章不全，就不能构成一份有效的文件，也就不能被银行接受。如海关发票需用进口国海关制定的固定格式的而没有使用，单据上需要背书的没有背书，更改处需加盖更正章的没有加盖等，都会产生严重的后果。在实际业务中曾经出现过商业发票因漏打贸易术语，海运提单因漏打运费支付项目而遭拒付。

［例］我国某公司曾向阿联酋出口一批货物，以信用证方式支付，证中规定贸易术语为 CIF Dubai，但在缮制商业发票时没有显示贸易术语，交单时遭到了银行的拒付。该出口商认为，虽然发票上未显示贸易术语，但海运提单注明了“运费已付”并提交了保险单，说明该批货物是按 CIF 条件成交的，但银行仍不同意付款。后经与买方反复磋商后收回了 90%的货款，这使出口商蒙受了很大的损失。

（三）单据的份数须齐全

“完整”还要求出口人所提供的各种单据的份数要如数交齐、不能短缺。

三、及时

在国际贸易中，外贸单证的时间性是很强的，单证工作的及时性要求主要体现在两个方面：

（一）出单要及时

各种单据的出单日期必须合理、可行，也就是说，每一种单据的出单日期不能超过信用证规定的有效期限或按商业习惯的合理日期。例如：提单的日期不得迟于装运期限，保险单的日期不得迟于提单的装运日期，装船通知书必须在货物装运后立即发出等。同时还应注意各种单证之间日期不能相互矛盾，如果这些日期错了同样会造成单证不符。

（二）交单要及时

单据制好后，应在信用证的有效期和交单期内送交银行办理议付结汇手续，争取早日结汇。在可能的情况下，最好在货物装运前先将有关单据送交银行预审，以便早日发现问题及时予以修正，这样可以避免在货物出口后因单证不符而被拒绝。《UCP600》规定，信用证必须规定一个交单的截止日。受益人或其代表必须在不迟于本惯例所指的发运日之后的 21 个日历日内交单，但是在任何情况下都不得迟于信用证的截止日。由此可见，是否及时交单很大程度上决定了出口人能否安全收汇。

四、简明

单据内容应按信用证规定和国际贸易惯例填制，力求简明、力戒繁琐。简化单证不仅可以减少工作量和提高工作效率，而且有利于提高单证质量。为简化单证，《UCP600》第 14 条 e 款规定：“除商业发票外，其他单据中的货物、服务或履约行为的描述，如果有的话，可使用与信用证中的描述不矛盾的概括性用语。”如棉布类商品，除商业发票外，除非信用证另有具体规定，在提单、保险单等单据中的货名栏内，都可使用“Cotton Piece Goods”这一统称。

五、整洁

单据的布局要美观、大方，其格式的设计和缮制应力求标准化和规范化。如果说正确和完整是单证的内在质量，那么整洁则是单证的外观质量。单证的外观质量在一定程度上反映了一个国家的科技水平和一个企业的业务水平。一些重要的单据，如提单、汇票等的金额、数量、件数、重量等主要项目，一般不宜更改。各种单证的更改都应有一个限制点，不允许在一份单子上做多处改动，否则容易产生错觉，导致不必要的麻烦。

近年来，随着世界进出口贸易日益发展，外贸单证的工作量日益增加，单证工作中明显出现了单证种类多、工作环节多、工作程序复杂、单证流转不快、单证质量不高等一系列问题。诚然，纸质单证（相对于电子单证）作为进出口贸易的重要凭证已经使用了很多年，在国际贸易中起过十分重要的作用。然而，由于上述种种原因，社会各方面人士都认识到纸质单证工作效率太低，已经开始给国际贸易的发展带来严重的障碍。因此，早在20世纪50年代，国际贸易界就出现过单证改革的浪潮。几十年来，由于科学技术的进步，一些新的科技工具已逐步应用于贸易领域。如单证制作和管理的电脑化，单证传递的电讯化等。然而，近年来单证工作的改革中最引人注目的是制单中EDI方式的出现及开立信用证中大量使用SWIFT方式。

知识卡片

《关于审核跟单信用证项下单据的国际标准银行实务》（International Standard Banking Practice for the Examination of Documents under Documentary Credits，简称《ISBP》）第6条规定：使用普遍承认的缩略语不导致单据不符。例如，用“Ltd.”代替“Limited”（有限），用“Int’l”代替“International”（国际），用“Co.”代替“Company”（公司），用“kgs”或“kos”代替“kilos”（千克），用“Ind”代替“Industry”（工业），用“mfr”代替“manufacturer”（制造商），用“mt”代替“metric tons”（公吨）。反过来，用全称代替缩略语也不导致单据不符。

其28条又规定：如果拼写及/或打印错误并不影响单词或其所在句子的含义，则不构成单据不符。例如，在货物描述中用“mashine”表示“machine”（机器），用“fountan pen”表示“fountain pen”（钢笔），或用“mode”表示“model”（型号）都不会导致单据不符。但是，将“model 321”（型号321）写成“model 123”（样品123）则不应视为打印错误，而应是不符点。

技能训练

通过下述两个案例谈谈你对制单工作的认识。

（1）我国某进出口公司向香港某进口商出口一批货物，香港开来的信用证中的唛头为三角形中一个繁体的“东”字，我国出口公司缮制唛头时使用了简体“东”字，结果遭到开证行的拒付，理由是唛头属于货物包装上的标志，原则上必须和指定的字体和符号相同，不得随意更改。后经开证行联系开证人方予付款，延迟收汇一个月。

（2）美国某公司向阿拉伯也门共和国的Mohammed Sofan出口一批货物，美国出口企业在制单时误将“Mohammed Sofan”写成“Mohammed Soran”，开证行拒绝付款，出口方认为一个字母打错开证行就拒绝付款是开证行过份挑剔，于是向法院起诉，美国地方法院和上诉法院一致判决美国出口公司败诉。

项目 1.4 外贸单证的流转和操作

知识链接

买卖双方签定合同后就进入了合同的履行阶段。如果以 CIF 条件成交、L/C 方式支付，合同的履行主要经过以下一些环节：备货、催证、审证改证、租船订舱、报关保险、制单、审单、结汇等，相应地会涉及各种各样的单证。因此，在象征性交货的条件下，合同的履行过程，事实上也就是各种单证的签发、组合、流转和操作过程。

一、信用证的审核与修改

（一）来证登记

信用证一般由当地的通知行传递给出口企业。出口企业在收到信用证后即应做好登记工作。登记的内容主要包括信用证的号码、信用证的主要当事人、相关期限及有关货物和装运方面的说明等。因公司的单证部门涉及的信用证比较多，做好登记工作有利于公司单证工作的顺利开展。

（二）信用证的审核与修改

国外开来的信用证经常因开证行疏忽或恶意行为等情况，导致信用证与合同不符或相关条款卖方无法接受。因此，外贸企业收到信用证后应逐字逐句地进行审核，凡不能接受的内容应及时地通知国外客户通过开证行进行修改。

二、出口单据的操作流转

出口单据的操作程序如图 1-1 所示，具体的操作流转如下：

（一）货、证、船的相互衔接

货、证衔接工作就是按照合同规定对外催开信用证，对内抓紧备货，达到货、证俱全的要求。货、证俱全要求做到货应该质量、数量合格，包装完好并且符合合同及信用证的要求；证应该是经过审核符合合同规定并可以接受的信用证。货、证齐全还应与适当的运输工具相结合，才能具备出口条件。因此，在实际业务中首先必须做到货、证、船的相互衔接。

货、证俱全应按照信用证的要求和工厂提供的交货单缮制发货凭证，即出仓单（向仓库或工厂提货的凭证）。货与证是否相符，关键在制作的这一单证是否正确。

（二）缮制商业发票及装箱单

外贸单证部门在收到信用证并审核无误后，即可根据信用证缮制商业发票和装箱单。

商业发票是全套出口单据的核心单据，因而在缮制时应格外细心，否则可能会造成一连串单据出错。装箱单是商业发票的补充文件，一般紧接商业发票缮制。在缮制好商业发票和装箱单后，企业即可办理检验检疫、租船订舱、报关保险等事项。

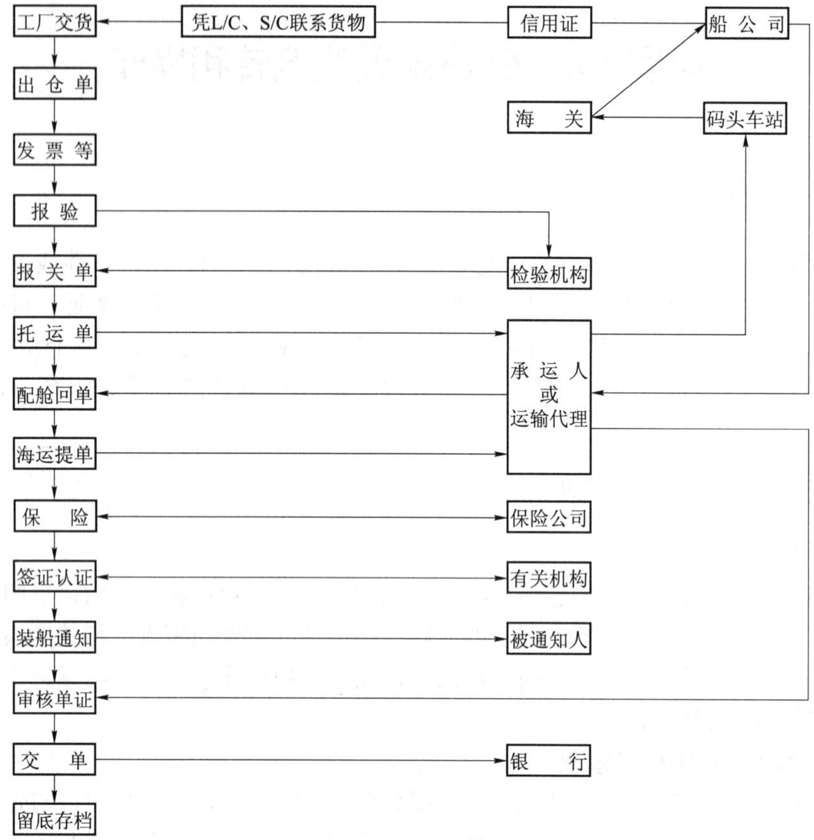

图 1-1 出口单证操作程序图

（CIF 条件成交、L/C 方式支付）

（三）缮制出入境检验检疫出境货物报检单并报检

凡属国家规定或合同规定必须经国家出入境检验检疫机构出证的商品，在货物备齐后，最迟应于报关或装运前 7 天向国家出入境检验检疫机构申请检验检疫，填写《中华人民共和国出入境检验检疫出境货物报检单》。只有取得国家出入境检验检疫机构下发的合格的检验证书或签发的出境货物通关单（凭非出运口岸检验检疫机构签发的电子换证凭条或换证凭证可在出境口岸换取），海关才准放行。凡经检验不合格的货物，一律不得出口。

货物经检验合格，即由国家出入境检验检疫机构颁发检验证书，进出口公司应在检验证书规定的有效期内将货物运出。如超出有效期装运出口，应向国家出入境检验检疫机构申请延展期，并由国家检验检疫机构复验合格后才能出口。

申请检验检疫时，根据需要需提交下列单据：合同、信用证、商业发票、换证凭证、装箱单、厂检单、包装性能结果单、许可/审批文件等。

（四）缮制出口货物托运委托书并办理托运手续

货主托运的工作程序从缮制外销出仓单开始。外销出仓单是提取货物的凭证。发货人根据外销出仓单和合同或信用证，并根据货物装运时间、方式、地点以及运杂费内容等，缮制出口货物托运委托书，交货运代理公司。

货运代理根据出口货物托运委托书缮制托运单，凭此向承运人租船订舱。

所谓托运单是指托运人（发货人或货运代理人）根据外销合同条款和信用证条款的内容，填写向承运人（船公司，一般为装船港的船方代理人）办理货物托运的单证。托运单的主要内容包括：货名、件数、包装式样、标志、重量、尺码、目的港、装船期限、结汇期限及能否分批、转船等。承运人根据上述内容，并结合船舶的航线、挂靠的港口、船期及舱位等因素综合考虑能否接受。

托运时需提交的主要单据有：出口货物托运单、商业发票、装箱单、报关单、出库单、外贸合同（必要时）、出口许可证（必要时）、报关委托书、报检委托书（必要时）等。

（五）缮制出口货物报关单

外销出仓单开立后，即可据以缮制出口货物报关单。其加盖出口企业报关章及报关员印章后，即成为向海关申报出口、凭以放行的单据。根据我国海关规定，一般货物除海关特准外，需在装船 24 小时前办理出口报关手续，集装箱货物应于出运前三天报关。报关时，凭报关单向海关申报，海关验明货物无误后在装货单上加盖放行章，这时商品才能装上运输工具出运。

报关时需提交的单据有：

基本单证：商业发票、装箱单、提货单、减税或免税证明、报关单，

特殊单证：配额许可证、特殊管理证件（如预核签章合同），

预备单证：合同、产地证、委托单位工商执照、委托单位账册及有关单证等。

（六）缮制投保单并投保

凡是以 CIF 条件成交的货物，在货物装运前必须向保险公司办理投保手续。因保险单上载有运输货物的船名，投保工作应在船只配妥后及时办理。保险单由保险公司负责缮制、签发，但由于保险单是议付单据之一，所以出口企业缮制投保单时必须根据信用证条款或合同条款制作。其中，被保险人、被保险货物、保险金额、保险险别等必须准确填制、一一列明。出口公司需根据信用证条款或合同条款及时向保险公司提供上述投保所需资料。

（七）缮制运输单据

在 CIF 或 CFR 条件下，出口企业在收到外运公司或外代公司提交的配舱回单后，即可按信用证和其他有关规定缮制提单。提单是重要的议付单据之一，因此在缮制时应格外小心。提单上各项内容必须符合信用证条款及合同条款的内容。缮制完毕后即送至外运公司或外代公司，由该公司根据货物装运情况签发全套正本海运提单，出口企业凭此及其他所需单据到银行结汇。

（八）签证、认证

签证是指我方机构接受国家委托签发各种证书，如一般产地证、GSP 产地证等；认证是指由买方指定的机构（我国政府机关或对方国家驻我国的机构）在我方某些出口单据上作必要的证明，确认其为合法文件。

此项工作必须在交单前办妥。

（九）发出装船通知

货物装运完毕后，出口企业必须及时向买方发出装船通知（SHIPPING ADVICE）。特别是在 FOB 或 CFR 条件成交时因由买方投保，发出装船通知尤为重要。在 CIF 条件下，出口企业及时发出装船通知，便于买方掌握运输信息，做好接货、销售、转卖、加工等准备工作，有利于业务的进一步开展。有时信用证规定装船通知的电传或电报副本是议付单据之一，这时必须按信用证要求及时发出装船通知。

（十）综合审单

尽管各种单证在缮制过程中都经过认真审核，但在向银行交单前应尽量将各种单证集合在一起，采用多种方法对单据进行全面审核，审查单单之间是否一致、每个单证的内容是否正确完整、单据的份数是否符合信用证要求、单证上的签章或背书是否齐全等，从而确保信用证项下所要求的单据做到“单单一致、单证一致”。

（十一）交单结汇

外贸企业应在信用证规定的交单期及有效期内，将符合信用证规定的单据交到指定的银行（或公开议付信用证下任一银行）办理议付、承兑或付款，从而取得货款。

（十二）改单

出口企业交单后，议付或寄单银行进行审单，发现单证有错将单证退回，出口企业应及时进行改单、不可拖延。如无法改单，应采用“表提”（表盖提出）或“电提”等方法请求买方或银行付款。如果进口方开证行或付款行审单后拒付或退回单证，应查明原因及时解决。

（十三）存档

交单以后，出口单证由我方议付行通过对方开证银行或其他关系人交到买方手中。在此过程中可能出现单证的更换和调换，也可能发生“拒付”、“索赔”等情况，这就需要调阅原单证的留底。因此出口企业必须保留一套完整的副本单据（包括信用证及其修改书），并建立科学的管理档案。这是单证工作重要的一环。

三、进口单证的流转和操作程序

进口贸易大多须先向有关机关申请许可证，取得许可证后才能对外正式签约。进料加工、来料加工以及补偿贸易等的进口货物也须向有关管理机构提出申请，批准后向海关备案，然后对外签订合同。进口单证的操作程序如图 1-2 所示。

（一）办理进口许可证

进口商品如是国家限制进口的商品，除国家另有规定外，都必须领取“进口货物许可证”。首先，由进口商向发证机关提交进口货物许可证申请表和有关单证，申请签发进口货物许可证。发证机关对其审核无误后，签发进口货物许可证。

（二）申请开证

以信用证为付款方式的进口贸易，在合同规定的期限内，进口企业须按合同条款向开证银行递送开证申请书，将外汇或外汇额度移存开证银行，并缴纳开证费和保证金。经审核后开证行根据开证申请书要求开立信用证，正本寄交通知行，通知行收到信用证后，经审核无误后转交出口方。副本交至进口企业。付款交单（D/P）、承兑交单（D/A）等托收方式成交的则无须开证。

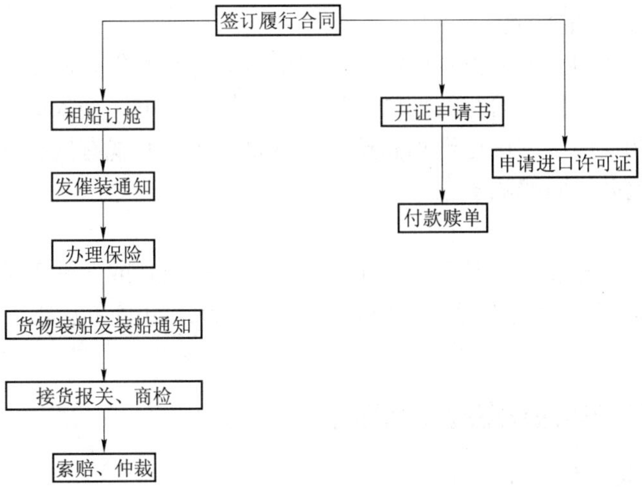

图 1-2 进口单证操作程序图

（以 FOB 为例）

（三）安排运输

大宗商品的进口多采用 FOB 价格条件，应由进口方安排运输工具。例如租用船只或飞机到对方港口或机场接运，或向有关船公司订好舱位在对方交货港口受载。租船及订舱工作可委托货代机构办理，也可自行联络承运企业办理，运输工具落实后应及时将装运通知书发给对方。装运通知书的内容一般有合同号码、货名、规格、数量、重量、体积、运输工具、装运期以及承运单位在收货地的代理企业的名称和地址等，卖方据此做好发货前的准备工作，并与承运人的当地代理人衔接装运事宜。

（四）办理货物保险

FOB、CFR 价格条件者需要我国进口单位办理运输保险。进口企业在办理好托运手续后，与当地保险公司签订预约保险合同。出口方按信用证的规定装船后，发装运通知书至保险公司，包括船名、提单号、开船日期、商品名称和数量等。保险公司收到装运通知书，该批投保货物便自动承保。

（五）付款赎单

信用证项下的全套单据经进口方银行审核后送交进口企业，再经进口企业审核认可后，银行即对外付款或承兑。托收（D/P、D/A 等付款方式）项下的货运单据也由银行转交给进口企业，但不管是出口方的托收银行或是进口方的代收银行均不负单据审核之责，进口企业更有必要加强审核。

无论信用证或托收，进口企业的审核往往是终局性的。经过审核，如发现单据不符或有异状，应通过银行及时提出异议并说明理由。

（六）进口报关

货物运达进口方指定目的地后，进口企业应立即缮制“进口货物报关单”并附进口许可证（或类似性质的文件）正本、贸易合同、进口发票、装箱单和运输单据等副本，向进口地海关申报进口，经海关查验单据和货物相符、核定进口关税，进口单位付清关税及附加税后，即可凭正本运输单据或有关证明向承运企业或其代理办理提货。

（七）货物到达后的检验

货物到达后，进口企业应抓紧做好数量和质量的检验工作。属于法定检验商品的必须由商检局检验，在合同索赔有效期内取得商检局检验证书；列入国家规定的动植物检疫范围的进口货物，应申请进行消毒和检疫。货物卸下后发现有残损的，须及时通知保险公司作残损检验并协商赔款事宜。

（八）索赔

进口货物经过检验后，如发现属于卖主责任的数量短缺或质量不符等情况，须在合同索赔有效期内向卖方提出索赔，索赔时须提供检验证明书和发票、提单等货运单据的副本。

四、在单证工作中应注意的几个问题

（一）及时备妥各种单据

公司每天都有业务发生，有时一天会涉及多笔业务，因此单证工作人员必须及时备妥每一份信用证项下所需要的各种单证，这样便于审单，也不会出现单证混乱的现象。

（二）认真把好预审关

预审是指在公司的单证尚未完全备齐前，特别是在运输单据未到前，先将其他单证预先审好，等所有单证到齐后再采用纵向审单或横向审单等方法进行综合审单，审单完毕后一并交到银行议付。

无论是在托收还是在信用证项下，齐全的单证都是必须的。因此工作人员要特别注意所交的单证种类是否齐全，每种单证的份数是否符合要求等。

（三）注意按时交单

（四）及时处理发生的问题

交单之后，经议付行审核或开证行审核后还可能发生问题，外贸企业对此应密切注意并及时处理发生的问题。

技能训练

根据下述资料列出出口公司业务流程。

外贸公司：南京思科纺织服装有限公司
NANJING SICO TEXTILE GARMENT CO., LTD.
HUARONG MANSION RM2901 NO. 85 GUANJIAQIAO,
NANJING 210005, CHINA
TEL: 0086-25-35784312 FAX: 0086-25-35784513

国外客户：FASHION FORCE CO., LTD.
P.O.BOX 8935 NEW TERMINAL, ALTA,
ISTA OTTAWA, CANADA
TEL: 001-613-4563508 FAX: 001-613-4562421

交易商品：COTTON BLAZER 全棉运动上衣

成交方式：CIF MONTREAL/CANADA
付款方式：即期信用证（L/C AT SIGHT）
通知行：中国银行江苏省分行
出口口岸：上海
服装加工厂：无锡季节制衣有限公司
面、辅料工厂：无锡百合纺织有限公司
货运代理公司：上海凯通国际货运代理有限公司
承运船公司：中国远洋集装箱运输有限公司

讨论与思考题

1. 分析下列单据签发日期的先后：
（1）海运提单和保险单的日期；
（2）商检证书和海运提单的日期；
（3）船边测温证书与海运提单的日期；
（4）装箱单、重量单与商业发票的日期。

2. 我国某公司向英国某公司出口一批货物，计 3 000 公吨，合同规定 2014 年 4—9 月份每月平均交货 500 公吨，即期信用证支付，来证规定货物装运前由出口口岸商品检验检疫机构出具船边测温证书，作为议付不可缺乏的单据之一。4—6 月份交货正常，并顺利结汇。7 月份因船期延误，拖延至 8 月 8 日才实际装运出口，海运提单倒签为 7 月 31 日，但送银行议付的商检测温证书日期为 8 月 5 日。8 月 8 日出口人同船又装运 500 公吨，开证行收到单据后来电表示对这两批货拒付货款。问：开证行能否拒付？在此案例中我方有何失误？

3. 我国某外贸公司向国外出口一批货物，采用信用证方式支付，买方按时开来信用证，证内规定："Shipment: no later than 31 May 2010. Expiration date: 15 June 2010"。该证并规定："This Credit is subject to the Uniform Customs and Practice for Documentary Credit (2007 Revision) International Chamber of Commerce Publication No. 600"。该外贸公司于 5 月 14 日将全部货物装船，提单签发日为 5 月 14 日，当受益人于 6 月 7 日将符合信用证规定的各项单据交议付行议付时遭银行拒付。问：银行是否有权拒付，为什么？

模块二

信用证操作

知识目标

熟练理解信用证中的主要条款，掌握审证的依据和步骤，掌握《UCP600》中关于改证的条款，熟悉改证的原则和步骤。

能力目标

能准确分析信用证条款，能根据外贸合同审出信用证中存在的问题，能针对问题条款提出修改意见并能正确写出改证函。

目标任务

任务一：熟练理解下列信用证的内容并将所需单据及制单要求一一列出。

信用证实例

22/12/09-02:03:38　　P×××-0860-0000055

———————— Instance Type and Transmission ————————

Original received from SWIFT

Priority:　　Normal

Message Output Reference : 0200 091222CMBCCNBSA4415418219134

Correspondent Input Reference : 1551 091221BCOMPTPLALEU7647833129

————————Message Header————————

Swift Output: FIN 700 Issue of a Documentary Credit

Sender:　　BCOMPTPLLEU
BANCO COMERCIAL PORTUGUES
(RUA INSTITUTO INDUSTRIAL N 7)
LISBON PT

Receiver:　　CMBCCNBS441

CHINA MERCHANTS BANK
(HEFEI BRANCH)
HEFEI CN

—————— Message Text ——————

27: Sequence of Total
1/1

40A: Form of Documentary Credit
IRREVOCABLE

20: Documentary Credit Number
976-01-0340008

31C: Date of Issue
091221

40E: Applicable Rules
UCP LATEST VERSION

31D: Date and Place of Expiry
100215 CHINA

50: Applicant
M.P.A.CORP.
AKEDSANTERINK AUTO
P.O. BOX.5.LISBOA

59: Beneficiary - Name & Address
GOLDEN HARVEST TRADE CO., LTD.
ROOM 1010, NO. 269 CHANGJIANG ROAD,
HEFEI, CHINA

32B: Currency Code, Amount
Currency: USD (U.S. DOLLAR)
Amount: #11 454.00#

39B: Maximum Credit Amount
NOT EXCEEDING

41A: Available With...By...
CMBCCNBS441
CHINA MERCHANTS BANK
(HEFEI BRANCH)
HEFEI CN
BY PAYMENT

43P: Partial Shipments
PROHIBITED

43T: Transhipment
ALLOWED

44E: Port of Loading/Airport of Dep.
NINGBO PORT

44F: Port of Discharge/Airport of Dest
LISBON, PORTUGAL

44C: Latest Date of Shipment
100131

45A: Descriptn of Goods &/or Services
+ 8 100 PCS OF BAGS
PRICE FOB - NINGBO PORT

46A: Documents Required
+COMMERCIAL INVOICE IN 3 SIGNED ORIGINAL PLUS 1 COPY(IES)
+PACKING LIST IN 1 ORIGINAL(S) PLUS 1 COPY(IES)
+FULL SET OF CLEAN ON BOARD OCEAN BILLS OF LADING ISSUED TO THE ORDER OF BANCO COM. PORTUGUES 1249-006 LISBOA, NOTIFY F.T.A.CORP. AKEDSANTERINK AUTO P.O. BOX.9. LISBOA, SHOWING OUR REFERENCE NUMBER 976-01-0340008 MARKED FREIGHT PAYABLE AT DESTINATION PLUS 1 COPY(IES).

47A: Additional Conditions
+PLEASE NOTE THAT A FEE WILL BE DEDUCTED FROM THE AMOUNT PAID(EUR 60.00 PLUS TAX), IF WE HAVE TO CONTACT APPLICANT IN ORDER TO WAIVE DISCREPANCIES IN THE PRESENTED DOCUMENTS.

71B: Charges
ALL BANKING EXPENSES AND COMMISSION OUTSIDE PORTUGAL ARE FOR BENEFICIARY'S ACCOUNT.

48: Period for Presentation
15 DAYS

49: Confirmation Instructions
WITHOUT

78: Instr to Payg/Accptg/Negotg Bank
YOU ARE AUTHORIZED TO REIMBURSE YOURSELVES FOR THE AMOUNT OF YOUR NEGOTIATION AT SIGHT FROM OURSELVES, VALUE SEVEN WORKING DAYS AFTER DATE OF YOUR AUTHENTICATED SWIFT ADVICE TO US, CERTIFYING THAT ALL DOCUMENTS ARE STRICTLY IN ACCORDANCE WITH ALL TERMS OF THE CREDIT AND THAT YOU HAVE ALREADY SENT TO US ALL DOCUMENTS IN GOOD ORDER BY DHL.
PAYMENT UNDER RESERVES NOT ALLOWED.

57D: 'Advise Through' Bank -Name & Addr
A/C NO. 2580105910001

72: Sender to Receiver Information
PLEASE SEND DOCUMENTS BY SPECIAL COURIER TO:
BANCO COMERCIAL PORTUGUES, S.A.
R DO INSTITUTO INDUSTRIAL N. 7- 2

1249-006 LISBOA
PORTUGAL
——————— Message Trailer ———————
{CHK:071D5AE4D0D2}
{DLM:}
PKI Signature: MAC-Equivalent

任务二：根据下列两份合同审核所给信用证。
合同：

SALES CONTRACT（一）

BUYER: BEGUELIN IMPORT CO., S.A.
CHAUSS EE DE LOUVAIN 1108
2318 BRUXELLES, BELGIUM

No.: MC68376
Date: DEC.10TH, 2008
Place: HEFEI/CHINA

SELLER: ANHUI XINHAI ENTERPRISE Add: 21 FL Hal tong Mansion, Hefei, Anhui, China

The Buyer agrees to buy and the Seller agrees to sell the undermentioned commodity according to the terms and conditions stipulated as below:

(1) COMMODITY AND DESCRIPTION				(2)QUANTITY	(3)UNIT PRICE & TERMS	(4) AMOUNT
PLIMSOLES					CFR	ANTWERP
ORDER NO.	ITEM NO.	SIZE	COL			
15789/100	530000(E08A3014)	25-27	WHITE	7 605PRS	USD 1.29	USD 9 810.45
15789/100	530000(E08A3014)	28-34	WHITE	41 535PRS	USD 1.44	USD 59 810.40
15789/100	530000(E08A3014)	35-41	WHITE	29 385PRS	USD 1.61	USD 47 309.85
15789/100-A	530000S(E08A3014)	28-34	WHITE	1 476PRS	USD 1.44	USD 2 125.44
15789/100-A	530000S(E08A3014)	35-39	WHITE	1 476PRS	USD 1.61	USD 2 376.36
PAYMENT TERM: USD30 358.13 BY T/T IN ADVANCE, BALANCE TO BE PAID BY L/C AT SIGHT				81 477PRS		USD 121 432.50

(5) DESTINATION: ANTWERP PORT (6) SHIPMENT: MARCH 1ST, 2009

(7) PAYMENT: T/T+L/C AT SIGHT .The Irrevocable letter of Credit available by sight draft must reach the Seller_ 75_____days before the date of shipment. If any unacceptable clauses are found, the Buyer should amend the L/C upon receipt of the Seller's advice, failing which the Buyer shall be responsible for all the losses thus caused.

-(8) INSURANCE: The insurance should be effected by the Buyer if the contract is concluded on FOB or CFR basis. If concluded on CIF basis, the insurance should be effected by Seller covering all risks and war risk only as per PICC insurance clause or I.C.C., the insurance amount will be 110% of the invoice value.

Buyer: Seller:

SALES CONTRACT（二）

BUYER: BEGUELIN IMPORT CO., S.A.
CHAUSS EE DE LOUVAIN 1108
2318 BRUXELLES, BELGIUM

No.: MC68501
Date: DEC. 19TH, 2008
Place: HEFEI/CHINA

SELLER: ANHUI XINHAI ENTERPRISE Add: 21 FL Hal tong Mansion, Hefei, Anhui, China

The Buyer agrees to buy and the Seller agrees to sell the undermentioned commodity according to the terms and conditions stipulated as below:

(1) COMMODITY AND DESCRIPTION	(2)QUANTITY	(3)UNIT PRICE & TERMS	(4) AMOUNT
PLIMSOLES			
ORDER NO. ITEM NO. ASST QTY/CART COL.		CFR	ANTWERP
15834/100-B 5300001A(E08A3014) P.27 WHITE	720PRS	USD 1.29	USD 928.80
15834/100-B 5300001A(E08A3014) P.28 WHITE	1 200PRS	USD 1.44	USD 1 728.00
15834/100-B 5300001A(E08A3014) P.29 WHITE	1 200PRS	USD 1.44	USD 1 728.00
15834/100-B 5300001A(E08A3014) P.30 WHITE	1 200PRS	USD 1.44	USD 1 728.00
15834/100-B 5300001A(E08A3014) P.31 48 WHITE	1 440PRS	USD 1.44	USD 2 073.60
15834/100-B 5300001A(E08A3014) P.32 WHITE	1 440PRS	USD 1.44	USD 2 073.60
15834/100-B 5300001A(E08A3014) P.33 WHITE	1 440PRS	USD 1.44	USD 2 073.60
15834/100-B 5300001A(E08A3014) P.34 WHITE	1 440PRS	USD 1.44	USD 2 073.60
15834/100-B 5300001A(E08A3014) P.35 WHITE	1 440PRS	USD 1.61	USD 2 318.40
15834/100-B 5300001B(E08A3014) P.36 WHITE	1 290PRS	USD 1.61	USD 2 076.90
15834/100-B 5300001B(E08A3014) P.37 WHITE	1 290PRS	USD 1.61	USD 2 076.90
15834/100-B 5300001B(E08A3014) P.38 WHITE	1 290PRS	USD 1.61	USD 2 076.90
15834/100-B 5300001B(E08A3014) P.39 48 WHITE	1 290PRS	USD 1.61	USD 2 076.90
15834/100-B 5300001B(E08A3014) P.40 WHITE	774PRS	USD 1.61	USD 1 246.14
15834/100-B 5300001B(E08A3014) P.41 WHITE	258PRS	USD 1.61	USD 415.38
PAYMENT TERM: L/C AT SIGHT	17 712PRS		USD 26 694.72

(5) DESTINATION: ANTWERP PORT (6) SHIPMENT: MARCH 10TH, 2009

(7) PAYMENT: L/C AT SIGHT .The Irrevocable letter of Credit for 100% invoice value to be available by sight draft must reach the Seller_75_____days before the date of shipment. If any unacceptable clauses are found, the Buyer should amend the L/C upon receipt of the Seller's advice, failing which the Buyer shall be responsible for all the losses thus caused.

(8) INSURANCE: The insurance should be effected by the Buyer if the contract is concluded on FOB or CFR basis. If concluded on CIF basis, the insurance should be effected by Seller covering all risks and war risk only as per PICC insurance clause or I.C.C., the insurance amount will be 110% of the invoice value.

Buyer: Seller:

信用证：

2009JAN20 09:48:00 Logical Terminal P114
MT S700 Issue of a Documentary Credit Page 00001
Func AHHQP

MSGACK DWS765I Auth OK, key DIGEST, BKCHCNBJ GKCCBEBB record
Basic Header F 01 BKCHCNBJA780 1717 053815
Application Header 0 700 1446 090119 GKCCBEBBAXXX 8441 456660 090119 2146 N
*DEXIA BANK SA
*BRUSSELS
*(HEAD OFFICE)

User Header Service Code 103:
Bank. Priority 113:
Msg User Ref. 108: E7000901199003541
Info. from CI 115:

Sequence of Total *27 : 1 / 1
Form of Doc. Credit *40 A : IRREVOCABLE
Doc. Credit Number *20 : DOCG304115
Date of Issue 31 C : 090119
Applicable Rules *40 E : UCP LATEST VERSION

Expiry *31 D : Date 090325 Place CHINA
Applicant Bank 51 D : DEXIA BANK BELGIUM S.A.
HEAD OFFICE
BOULEVARD PACHECO 44
B-1000 BRUSSELS - BELGIUM
Applicant *50 : BEGUELIN IMPORT CO S A
CHAUSSEE DE LOUVAIN 1108
2318 BRUXELLES
BELGIUM
Beneficiary *59 : ANHUI XINHAI ENTERPRISE
21 FL Haitong, Mansion
AVENUE
HEFEI, ANHUI
Amount *32 B : Currency USD Amount 117.769.09
Max. Credit Amount 39 B : NOT EXCEEDING
Available with/by *41 A : BKCHCNBJ780
*BANK OF CHINA
*HEFEI
*(ANHUI BRANCH)
BY NEGOTIATION
Drafts at ... 42 C : At 30 days sight
Drawee 42 D : BEGUELIN IMPORT CO., S.A.

Partial Shipments 43 P : PARTIAL SHIPMENTS ARE ALLOWED
Transhipment 43 T : TRANSHIPMENTS ARE ALLOWED
Port of Loading 44 E :
ANY CHINESE SEAPORT
Port of Discharge 44 F :
ANTWERP (BELGIUM)
Latest Date of Ship. 44 C : 090310
Descript. of Goods 45 A :
99189 PAIRS OF PLIMSOLES OF ORDER 15789+15834

CFR ANTWERP
Documents required 46 A :
1/ SIGNED COMMERCIAL INVOICE, CREDIT NUMBER TO BE STATED ON ALL INVOICES, IN ONE ORIGINAL AND 5 COPIES, CERTIFYING THAT BENEFICIARY HAS SENT DIRECTLY TO PRINCIPALS BY EXPRESS AIRMAIL 5 COPIES OF INVOICES, 5 COPIES OF PACKING LIST, 2 COPIES OF CERT. OF ORIGIN GSP FORM A, 3 COPIES OF SHIPPING DOCUMENTS.
2/ PACKING LIST IN 1 ORIGINAL AND 5 COPIES.
3/ ORIGINAL CERT.OF ORIGIN GSP FORM A + 2 COPIES ISSUED BY COMPETENT AUTHORITIES.
4/ FULL SET (+ ONE NON NEGOTIABLE COPY OR PHOTOCOPY) OF CLEAN SHIPPED 'ON BOARD'('ON BOARD' MENTION DULY SIGNED AND DATED)

```
2009JAN20 09:48:00                                        Logical Terminal P114
MT S700                  Issue of a Documentary Credit             Page 00002
                                                                   Func AHHQP
              OCEAN BILL OF LADING OR COMBINED TRANSPORT B/L MADE OUT TO ORDER
              AND BLANK ENDORSED, MARKED FREIGHT COLLECT.
              NOTIFY: BEGUELIN - 15 JAN DE MALSCHELAAN - 9140
              TEMSE/BELGIUM. BILL OF LADING MUST MENTION AS PORT OF LOADING:
              THE EXACT NAME OF PORT OF LOADING IN CHINA AS PORT OF
              DISCHARGE ANTWERP + THE NAME OF THE SHIPPING COMPANY AGENT AT
              ANTWERP.
Additional Cond.     47 A :
              + ALL NEGOCIATIONS UNDER THIS CREDIT MUST BE EFFECTED WITHIN
              VALIDITY. IF DOCUMENTS ARE PRESENTED AFTER DATE OF VALIDITY,
              THEY MUST BE ACCOMPAGNIED WITH A DRAFT DRAWN ON ORDERER INSTEAD
              OF ON THE BANK, WITHOUT ANY REFERENCE TO THIS CREDIT AND MUST BE
              FORWARDED TO THE BANK ON COLLECTION BASIS AND THE BANK WILL
              REMIT THEM TO ORDERER AGAINST THEIR ACCEPTANCE, WITHOUT FURTHER
              ENGAGEMENT OF THE BANK.
              + WE HEREBY ENGAGE WITH DRAWERS AND/OR BONA FIDE HOLDERS THAT
              DRAFTS DRAWN AND NEGOTIATED IN CONFORMITY WITH THE TERMS OF THE
              CREDIT WILL BE DULY HONOURED ON PRESENTATION.
              + IF PAYMENT EFFECTED A DISCREPANCY FEE OF USD 100,- OR
              EQUIVALENT FOR BENEF. ACCOUNT WILL BE DEDUCTED FOR EACH
              PRESENTATION OF DOCUMENTS NOT IN ACCORDANCE WITH THE TERMS OF
              THE CREDIT.
Details of Charges   71 B : ALL BANKING CHARGES OUTSIDE
                            BELGIUM FOR BENEFICIARIES ACCOUNT
Presentation Period  48   : DOCUMENTS MUST BE PRESENTED
                            WITHIN 3 DAYS AFTER SHIPMENT DATE
                            AND WITHIN VALIDITY TERMS OF
                            THIS DOCUMENTARY CREDIT
Confirmation        *49   : WITHOUT
Instructions         78   :
             + THIS CREDIT IS SUBJECT TO UCP 2007 REVISION PUBLICATION 600
             + DOCUMENTS TO BE SENT IN TWO SETS BY REGISTERED AIRMAIL TO OUR
             ABOVE MENTIONED ADDRESS (ATTN L/C DEPT    GI 12/22)
Trailer                   : MAC:B2658B5C
                            CHK:80CB07A506D3
```

任务三：根据上述修改后的信用证用英文写一封修改函。

项目 2.1　认识信用证

知识链接

一、信用证的含义、特点

（一）信用证的含义

《UCP600》规定：信用证（Letter of Credit，简称 L/C）指一项不可撤销的安排，无论其名称或描述如何，该项安排构成开证行对相符交单予以承付的确定承诺。

承付是指：

（1）如果信用证为即期付款信用证，则即期付款。

（2）如果信用证为延期付款信用证，则承诺延期付款并在承诺到期日付款。

（3）如果信用证为承兑信用证，则接收承兑受益人开出的汇票并在汇票到期日付款。

（二）信用证结算方式的特点

1. 信用证是银行信用，开证行承担第一付款人的责任

信用证支付方式是一种银行信用，由开证行以自己的信用做出付款的保证。在信用证付款的条件下，银行处于第一付款人的地位，开证银行对受益人的付款责任是一种独立的责任。

2. 信用证是一种自足的文件

信用证是依据贸易合同开出的，但它一经开出就成为独立于合同以外的自足文件。《UCP600》规定：就其性质而言，信用证与可能作为其开立基础的销售合同或其他合同是相互独立的交易，即使信用证中含有对此类合同的任何援引，银行也与该合同无关，且不受其约束。因此，银行关于承付、议付或履行信用证项下其他义务的承诺，不受申请人基于与开证行或与受益人之间的关系而产生的任何请求或抗辩的影响。

受益人在任何情况下不得利用银行之间或申请人与开证行之间的合同关系。

3. 信用证业务所处理的是单据

根据《UCP600》的规定，银行处理的是单据，而不是单据可能涉及的货物、服务或履约行为。只要单据表面上符合信用证的规定和要求，开证行就应承担付款、承兑或议付的责任，即使收到货物后发现不符合合同要求，也只能由开证申请人根据买卖合同向有关方面索赔。换言之，如果买方收到的货物完全符合合同的规定，但受益人所提交的单据不符合信用证的要求，银行也完全有理由拒付。

二、信用证的基本内容

信用证支付方式是国际贸易中主要的支付方式之一，世界各国银行所开出的信用证并没有统一的格式，但是信用证所包括的内容是基本相同的，概括起来有以下几项内容。

（一）信用证的基本当事人

信用证方式涉及的基本当事人有：开证申请人（买方）、开证行、通知行、受益人（卖方）、议付行、付款行等，现分述如下。

1. 开证申请人（Applicant）

在信用证支付方式下的开证申请人是进口商，它提供有关开证资料，向银行申请开立信用证，同时交纳一定数量的保证金。开证申请人申请开立信用证的基础是货物销售合同。根据《UCP600》的规定，开证行也可以自己申请开立信用证，以适应备用信用证业务的需要。

在国际贸易中，开证人一般就是进口商，信用证中常见的词汇或词组有：

Applicant / Principal / Accountee / Accreditor / Opener

At the request of …	应……的请求
By order of …	按……的指示
For account of …	由……付款

Account of ...	由……付款
By order of and for account of...	按……的指示并由……付款

2. 开证行（Issuing Bank/Opening Bank）

开证行是根据开证申请人的请求开立信用证的银行，开证行和开证申请人在同一个国家，它们之间一般有长期的业务往来，一般为开证申请人的开户行。信用证一旦开立，开证行承担保证付款的责任。

信用证中常见的词汇或词组有：

opening bank

issuing bank

establishing bank

3. 通知行（Advising Bank）

通知行又称为转递行，是指接受开证行的委托将信用证转递给受益人以通知受益人的银行，它一般是开证行在受益人所在国的分支行或代理行。它只证明信用证的表面真实性，不承担其他义务。

信用证中常见的词汇或词组有：

advising bank

notifying bank

advised through

4. 受益人（Beneficiary）

在信用证支付方式下的受益人是出口商，出口商是信用证合法的使用者和受益者，其他人无权使用该信用证。出口商做到“相符交单”就可以拿到货款，如果开证行倒闭，出口商仍有权利根据合同向进口商索取货款。信用证可以是可转让的信用证，在可转让信用证项下，信用证真正的受益人是被转让人。

在国际贸易中，受益人一般就是出口商，信用证中常见的词汇或词组有：

beneficiary	受益人
in favour of...	以……为受益人
in your favour...	以你方为受益人
transferor...	转让人（可转让信用证的第一受益人）
transferee...	受让人（可转让信用证的第二受益人）

5. 议付行（Negotiating Bank）

议付行是接受开证行的授权，买进或贴现受益人所提交的汇票和全套单据的银行。通知行往往也就是议付行。在公开议付信用证项下，受益人可以选择任意一家银行作为议付行。议付行对受益人具有追索权。

6. 付款行（Paying Bank/Drawee Bank）

付款行是对信用证的受益人承担付款责任的银行，开证行一般就是付款行。付款行付出款项之后，对受益人没有追索权。

（二）信用证的主要条款

信用证虽无统一格式，但基本内容大致相同，主要有：

1. 信用证表头

信用证是有表头的，一般包括开证银行的名称、信用证的格式类型、页码等。

2. 信用证类型

信用证的类型以“不可撤销信用证”最为普遍。例：

“FORM OF DOCUMENTARY CREDIT　　IRREVOCABLE”

信用证形式　　不可撤销的

3. 信用证号码、开证日期与地点

每张信用证都有它的号码、开证日期和地点，以便把它和其他信用证区别开来。

例：L/C NO.：E-09-2-2564

DATE AND PLACE OF ISSUE：2014/09/23 SINGAPORE

4. 有效期和到期地点

信用证都必须规定有效期，没有有效期的信用证是无效的。此外，除自由议付的信用证外，还有一个到期地点。例，DATE AND PLACE OF EXPIRY：20141001 IN CHINA

5. 流通货币、代号和金额

如，CURRENCY CODE，AMOUNT：USD 30 000.00

6. 汇票条款

汇票条款主要注明汇票的金额、付款人、付款期限等。

汇票金额一般不能超过信用证金额，信用证项下汇票的付款人必须是银行，可以是开证行，也可以是开证行指定的其他银行。

例如，DRAWEE：ISSUING BANK FOR FULL INVOICE VALUE。

汇票条款中需注明付款期限。例如，见汇票即期付款 DRAFT AT SIGHT。付款期限受到信用证有效期和提单签发日两个日期的限制。

7. 货物或者服务的说明

货物或者服务的说明（DESCRIPTION OF GOODS AND/OR SERVICE）包括以下内容：

货名（NAME OF GOODS）：例如“COKE BREEZE OF CHINA ORIGIN”（中国原产焦煤）。

规格（SPECIFICATION）：例如“ASH（灰份）18%（MAX）”表明焦煤的灰份含量最大为18%。

数量（QUANTITY）：例如：“1 500MTS”（1 500 公吨）。

单价（UNIT PRICE）：例如：“USD 75.00/MT CFR NEW YORK”。

包装（PACKING）：例如“IN BAGS OF TWO LAYERS FOR ABOUT ONE MT PER BAG”。

运输标志（SHIPPING MARK）：

运输标志即唛头。当由买方提供唛头时，一般在信用证写出。如，

JCS

SH/JCS/344/97

NO.1/UP

8. 信用证的单据条款

信用证项下所需要的单据除汇票外，通常还有：商业发票、装箱单、海运提单、保险单、一般/普惠制原产地证书、相关的受益人证明及各种其他证明等全套单据条款。

例如，信用证受益人根据×××银行所开第×××号信用证，开出即期的以开证行为付款人、按100%发票金额的汇票，由中国银行议付。需要的单据：

（1）商业发票一式三份（至少一份正本）。

（2）装箱单一式三份。

（3）全套正本清洁、已装船的海运提单，作成空白指示抬头并须经空白背书，注明“运费已付”，通知开证申请人。

（4）保险单或保险凭证，按发票金额的110%投保一切险和战争险。

（5）受益人资信证明。

（6）船公司的证明。

（7）商品检验证明等。

9. 分批装运和转运条款

例如，“TRANSHIPMENT AND PARTIAL SHIPMENT　　NOT ALLOWED”

分批装运和转运　　　　不允许

10. 银行费用条款

例如，“ALL BANKING CHARGES OUTSIDE SINGAPORE ARE FOR ACCOUNT OF BENEFICIARY”。

发生在新加坡以外的所有银行费用均由受益人承担。

11. 开证行的保证付款文句

例如，“WE HEREBY ENGAGE WITH DRAWERS，ENDORSERS AND/OR BONA FIDE HOLDERS THAT DRAFT(S) DRAWN AND NEGOTIATED ON PRESENTATION AND THAT DRAFT(S) ACCEPTED WITHIN THE TERMS OF THIS CREDIT WILL BE DULY HONOURED AT MATURITY”。

我行兹对出票人、背书人及/或善意持有人保证：凡按本证条款开具及议付的汇票一经提交即予承兑；凡依本证条款承兑的汇票，到期即予付款。

12. 受跟单信用证统一惯例约束的文句

例如：“THIS CREDIT IS SUBJECT TO THE UNIFORM CUSTOMS AND PRACTICE FOR DOCUMENTARY CREDITS- UCP(2007 REVISION) INTERNATIONAL CHAMBER OF COMMERCE PUBLICATION NO. 600”。

本信用证受国际商会第600号出版物——《跟单信用证统一惯例》约束。

三、信用证的主要种类

（一）跟单信用证和光票信用证

就信用证是否要求提供单据而言，信用证可分为光票信用证和跟单信用证。

1. 光票信用证（Clean L/C）

光票信用证是指不附单据，受益人可凭信用证签发收据（或汇票）分批或一次向开证行支取货款的信用证。光票信用证在货物买卖上起着卖方可以预先支取货款的作用。

2. 跟单信用证（Documentary Letter of Credit）

跟单信用证是指凭跟单汇票或仅凭规定的单据付款的信用证。国际结算中所使用的信用证绝大部分是跟单信用证。单据在国际贸易结算上一般是必不可缺的，出口商通常提供一定的单据作为收取货款的条件。

（二）保兑信用证和不保兑信用证

1. 保兑信用证（Confirmed L/C）

一张信用证，除了开证行的付款保证之外，经由另一家银行做出兑付保证，该信用证就是保兑信用证。对信用证加具保兑的银行叫保兑行。

信用证一经保兑，即构成保兑行在开证行承诺以外的一项确定的承诺，保兑行对受益人承诺必须付款或议付的责任。保兑行不是以开证行的代理人身份，而是以独立“本人”身份对受益人负责。保兑信用证因为有开证行和保兑行两家银行对受益人负责，所以一般说来，它对出口商的安全收汇是有利的。

2. 不保兑信用证（Unconfirmed L/C）

不保兑信用证是不经另一家银行加以保兑的信用证。不可撤销的不保兑信用证是由开证行负担不可撤销的保证付款责任，通知行不加保兑，只负责对信用证的通知。不保兑信用证是相对保兑信用证而言的。

（三）即期付款、延期付款、承兑及议付信用证

按兑付方式不同，跟单信用证分为即期付款信用证、延期付款信用证、承兑信用证和议付信用证。

1. 即期付款信用证（Sight Payment L/C）

即期付款信用证是开证行或指定付款行在收到与信用证条款相符的单据后，立即履行付款义务的信用证，也即兑现方式是即期付款方式的信用证。此种信用证有时不需要汇票，只凭货运单据付款。信用证中通常列有“当受益人提交规定单据时即行付款”的保证文句。其到期日以受益人向付款行交单要求付款的日期为准，到期地点为付款行所在地。

2. 延期付款信用证（Deferred Payment Credit）

延期付款信用证也是远期信用证的一种。延期付款信用证是开证行在信用证上规定货物装船后若干天付款或受益人交单后若干天付款的信用证，这类信用证不规定开具汇票。

3. 承兑信用证（Acceptance L/C）

承兑信用证是远期信用证的一种，是开证行或付款行在收到符合信用证条款的汇票和单据后，先办承兑手续，到汇票到期时才履行付款的信用证。

4. 议付信用证（Negotiation L/C）

根据《UCP600》，议付是指指定银行在相符交单下，在其应获偿付的银行工作日当天或之前向受益人预付或同意预付款项，从而购买汇票及/或单据的行为。议付信用证是指开证行在信用证中邀请其他银行买入汇票及/或单据，即允许受益人向某一指定银行或任何银行交单议付的信用证。在受益人所交单据符合信用证条款的条件下，议付行扣去利息后将票款付给受益人。议付信用证一般都注明“议付兑现”（Available by Negotiation）

字样。

（四）可转让信用证和不可转让信用证

1. 可转让信用证（Transferable L/C）

根据《UCP600》的规定，可转让信用证是指特别注明“可转让（Transferable）”字样的信用证。可转让信用证可应受益人（第一受益人）的要求转为全部或部分由另一受益人（第二受益人）兑用。

转让行是指办理信用证转让的指定银行，或当信用证规定可在任何银行兑用时，指开证行特别如此授权并实际办理转让的银行。开证行也可担任转让行。

可转让信用证涉及的主要当事人有开证人、开证行、第一受益人、通知行、转让行、受让行及第二受益人、付款行等。

按照惯例，只有在信用证中明确指明“可转让”（Transferable）字样的信用证才能转让。

2. 不可转让信用证（Non-transferable L/C）

是指受益人不能将信用证执行权利转让给他人的信用证。

（五）不可撤销信用证（Irrevocable L/C）

不可撤销信用证是指开证银行一经开出信用证并经通知行通知受益人后，在信用证的有效期内，未经受益人和其他有关当事人的同意，开证行不能单方面撤销或修改信用证条款和内容的信用证。在该种信用证项下，开证行的付款责任是确定的，只要受益人履行信用证的条款和条件，提供与信用证规定相符的单据，开证行必须履行付款义务。《UCP600》明确规定，信用证是一项不可撤销的约定。

（六）对背信用证（Back to Back L/C）

对背信用证是指信用证的受益人要求通知行或其他银行以原证为基础另开一张内容近似的新证给实际供货人，这张另开的新证称为对背信用证。

对背信用证的内容除开证人、受益人、开证行等有关当事人及信用证金额、单价、装运期、有效期及交单期等可有变动外，其他条款基本与原证相同。对背信用证的开立不须征得原开证申请人或开证行的同意，但对背信用证的修改涉及原证的内容，因而必须得到原开证人的同意，所以修改比较困难。

（七）对开信用证（Reciprocal Credit）

对开信用证是指两张信用证的开证申请人互以对方为受益人而开立的信用证。

（八）循环信用证

循环信用证（Revolving Credit）是一种在信用证部分金额或全部金额被利用后，能够重新恢复原金额再被利用，周而复始，一直到规定的循环次数或规定的总金额到达时为止的信用证。

（九）预支信用证（Anticipatory Credit）

预支信用证是允许出口商在装货交单前可以支取全部或部分货款的信用证。由于预支款是供受益人收购及包装货物所用，所以这种信用证也叫打包放款信用证（Packing L/C）。预支信用证中有一预支条款，以前这一条款多采用红颜色打印，因此也称红条款信用证（Red Clause L/C）。

四、信用证各当事人的责任与权利

了解信用证支付方式下所涉及的当事人以及各当事人的责任与权利是深入了解信用证流程以及在实际业务中正确操作的前提。

（一）开证申请人（Applicant）

信用证的开证申请人一般是进口商，也即货物买卖合同的买方。在买卖双方签订贸易合同后，如果合同内规定采用信用证方式支付，买方（进口商）就有义务向其所在地银行申请开立信用证。开证申请人的责任和权利主要体现在以下几个方面。

1. 开证依据

开立信用证是为了完成合同项下的支付，因此信用证的内容必须服从合同内容。信用证是以合同为基础或依据的文件。对于买卖双方来说，最根本的义务是合同义务。信用证的开证依据是买卖合同，进口商若要求银行开出符合买卖合同规定的信用证，须将合同条款填入开证申请书中。

2. 开证时间

信用证必须在合理的时间内开出，即进口商应在合同规定的期限内，委托其往来银行开出信用证，并保证信用证开出后，出口商有充裕时间进行备货装运。

3. 开证行选择

开证行的选择，如合同无具体规定，一般可由买方（进口商）自行决定，如果合同中指定某行开证，则买方必须向其指定的有关银行申请开证。

4. 申请人必须合理指示开证并提供开证担保

开证申请人填写的开证申请书，是对开证行的付款指示，也是开证申请人与开证行之间的一种书面契约，规定了开证申请人与开证行的责任。在这一契约中，开证行只是付款代理人。

5. 信用证开出后申请人的责任与权利

信用证开立以后，开证申请人（进口商）有凭单付款的义务和验单、退单的权利。

（二）开证行（Issuing Bank）

开证行是应申请人的要求和指示或以其自身名义开立信用证的银行。开证行的责任和权利主要体现在以下方面。

1. 开证行对开证申请人的权利与义务

开证行应根据开证申请书及时准确地开出信用证。开证申请书是开证行与申请人之间的契约或合同。开证行在开证方面处于代理人的地位，必须按照委托人（开证申请人）的指示行事，按照常规处理业务，也必须对自己的过失负责。

2. 开证行必须担负第一性的付款责任

信用证开出后，开证行要对信用证独立负责，不可撤销信用证的开证行对出口商及汇票背书人、善意持票人担负第一性的付款责任。信用证是开证行的付款承诺，因此，从理论上说，只要单据与信用证要求相符，开证行就必须按规定履行付款义务。虽然开证行只是申请人的付款代理人，但信用证开出后，即使申请人倒闭或无力付款，开证行仍必须付款，这就是第一性的、不可推卸的付款责任。

3. 开证行在付款和拒付时的权利和责任

根据《跟单信用证统一惯例》的规定，开证行在付款之前，必须合理小心地审核信用证规定的一切单据，以确定是否表面与信用证的条款相符合。其审核的合理时间为不超过从其收到单据的翌日起算五个银行工作日，对于信用证没有规定的单据，银行有权不审核，将其退回交单人或将其照转，并对此不负责任。

（三）受益人（Beneficiary）

受益人是指有权依照信用证条款和条件提交汇票及/或单据要求兑取信用证款项的人，也是有权享受信用证利益的人。其责任和权利主要体现在以下方面。

1. 收到信用证后的责任与权利

作为出口商，受益人必须按合同发货和提交与合同要求相符并与货物相符的单据，即做到货约一致与单货一致。受益人在收到信用证后，应仔细将信用证内容与合同条款核对，并审核信用证条款能否履行。如果信用证条款与合同不符，或信用证条款无法履行时，受益人有权要求进口商指示开证行修改信用证，或者拒绝接受信用证。受益人审核并接受信用证，或在其他情况下接受信用证后，就应按信用证条款办事。

2. 受益人在收款上的权利与义务

受益人按信用证要求发货并备齐单据后，可以请出口地的议付行对单据议付，从而获得货款。受益人交单后，如遇开证行倒闭，信用证则失去作用，因为开证行做出的付款保证已无法兑现。这时，受益人有权向进口商提出付款要求，进口商仍应负责付款。

（四）通知行（Advising Bank）、转递行（Transmitting Bank）

通知行是开证行在出口地的代理人，通知行的代理责任只限于通知信用证，证明信用证的真实性并及时澄清疑点。通知行、转递行的责任主要有：证明信用证的真实性，通知、转递信用证，及时澄清疑点等。

（五）议付行（Negotiating Bank）

议付行在信用证业务中的功能，是按照信用证上开证行的负责付款的承诺和邀请并根据受益人的要求对单据进行审核，核符后对受益人给予垫款，并向信用证规定的付款行收款。

议付行的责任和权利主要有：严格审单，取得货权抵押和有权不议付等。

（六）付款行（Paying Bank）

付款行往往即开证行，也可以是开证行指定的另一家银行。付款行在发现单单和单证不一致时有权拒付，但一旦付款即无追索的权利。

（七）保兑行（Confirming Bank）

保兑行是应开证行的要求在不可撤销信用证上加具保兑的银行。保兑行接受开证行邀请在信用证上加注保付条款，使信用证的可接受性增强。其权利和责任主要体现在：有权不加保兑、保兑后对信用证独立负责以及付款后无权向受益人追索等。

（八）偿付行（Reimbursing Bank）

偿付行是开证行指定的对议付行或代付行进行偿付的代理人（Reimbursing Agent）。一般当开证行与议付行或代付行之间无账户关系时（特别是在信用证采用第三国货币结算时），为了便利结算，开证行往往委托另一家有账户关系的银行代向议付行或代付行偿付，被委托银行就是偿付行，偿付行偿付后再向开证行索偿。

偿付行在信用证业务中的权利与责任如下：向出口地银行付款，不负单证不符之责。

技能训练

1. 指出上述任务一中信用证的主要当事人。
2. 指出上述任务一中信用证的种类、性质、有效期。
3. 阅读下述信用证，并回答问题。

TO: BANK OF CHINA SHANGHAI BRANCH

FROM: THE HONGKONG AND SHANGHAI BANKING CORPORATION NEW YORK BRANCH

L/C NO.: 1678

APPLICANT: HOME TEXTILES CO., LTD.
220 HILL STREET, NEW YORK,
NY., U. S. A.

BENEFICIARY: SHANGHAI TEXTILE IMP AND EXP CORPORATION
27 ZHONGSHAN ROAD
SHANGHAI. P. R. CHINA.

DATE OF ISSUE: 28 FEB. 2006

EXPIRY DATE AND PLACE: 30 APR. 2006 SHANGHAI

AMOUNT: USD 64 500.00 (SAY U. S. DOLLARS SIXTY FOUR THOUSAND AND FIVE HUNDRED ONLY)

AVAILABLE BY NEGOTIATION WITH BANK OF CHINA

AGAINST BENEFICIARY'S DRAFT AT 30 DAYS SIGHT DRAWN ON US

SHIPMENT FROM SHANGHAI TO NEW YORK

NO LATER THAN 15 APR. 2006

PARTIAL SHIPMENTS ALLOWED

TRANSHIPMENT NOT ALLOWED

DOCUMENTS REQUIRED:

—COMMERCIAL INVOICE IN DUPLICATE

—FULL SET CLEAN ON BOARD BILLS OF LADING MADE OUT TO OUR ORDER MARKED “FREIGHT PREPAID” AND NOTIFY APPLICANT

—INSURANCE POLICY/CERTIFICATE COVERING W. A. AND W. R. AS PER CIC DATED 1/1/1981

COVERING: 10 000 METER 100 PCT COTTON PRINT 54/56″ AT USD 6.45 PER METER

CIF NEW YORK
SHIPPING MARKS: HMCO
N. Y.
NO. 1-100
（注：PACKED IN BALES OF 100 METER EACH）

问题：

（1）本证对分批装运和转运作何规定？

（2）卖方需投保何种险别？

（3）如果受益人于 1 APR 2006 装运货物，则最迟应于何日向银行交单？

（4）本证为公开议付还是限制议付信用证？

（5）列出本证所需要的单据。

项目 2.2 信用证的审核

知识链接

一、信用证审核的原因

信用证是依据合同开立的，信用证的内容理应与合同的内容相一致。但在实际业务中，由于种种原因，往往会出现开立的信用证条款与合同条款不符或与我国外贸政策不符的情况。究其原因主要有：

（1）国外客户或开证银行工作的疏忽或差错。

（2）某些国家对开立信用证有特别规定。

（3）国外客户对我国政策不了解。

（4）开证申请人或开证行的故意行为等。

因此，出口商务必须做好审证工作，以便安全收汇。

二、信用证审核的依据

（一）货物销售合同

信用证是依据货物销售合同而开立的，因此，作为开证申请人，在申请开立信用证时，一定要以合同为依据，不能脱离合同而擅自变更内容。信用证的开立是否符合合同的规定，是审证最重要的依据之一。

（二）国际贸易惯例

国际贸易惯例是在国际商务活动中，经过国际商务主体长期不断的实践和频繁运用逐渐形成的、具有特定内容的习惯做法和一般解释，这些习惯做法和一般解释不属于法律规范，不具有普遍的法律约束力。然而在国际贸易中，一旦当事人共同选择遵从某一国际惯例，用以确定相互间权利和义务关系，该国际惯例就对当事人具有法律约束力。目前国际上有关信用证运作方面的惯例是《跟单信用证统一惯例》——国际商会第600号出版物及《关于审核跟单信用证项下单据的国际标准银行实务》。

（三）业务实践

由于贸易合同不可能包括信用证内的全部条款，而且有些信用证条款也无法根据国际贸易惯例来审核，因此受益人必须根据实际业务操作情况来考虑是否可以接受。在实际业务中，有些信用证的条款是非常复杂、繁琐的，其中包括对单据的特殊要求、对装运和银行费用方面的特殊要求等。这些要求直接或间接地影响到受益人的制单与交单，从而加大了收汇的风险。对此，受益人必须根据实际业务情况进行审核，对做不到的要求要坚决予以拒绝。

三、信用证审核的内容

（一）开证银行

（1）开证行的政治背景和对我国的态度。凡是政策规定我国不与之进行经济贸易往来的国家银行开来的信用证，均应拒绝接受。

（2）开证行的资信情况。它与我方安全收汇有密切的关系。对于资信较差的银行，可分别采取适当的安全措施，如要求另一家银行保兑、加列电报索偿条款、分批装运与分批结汇等，通过这些措施可以减少收汇的风险。

（3）核查电开信用证的密押是否相符，信开信用证的签字或印鉴是否真实，以确定信用证的真伪。

（4）偿付路线是否合理，偿付条款是否恰当。

（5）信用证中的保付条款，如责任文句是否明确等。

（二）信用证的性质

受益人收到开来的信用证后，首先应该审核信用证的性质。站在出口商利益的角度，只有不可撤销信用证才是可以接受的。从一般贸易规律的角度来看，出口商只有收到不可撤销的已经生效的信用证，才能按照信用证的指示行事。也只有这样，出口商的收款利益才能得到保障。

（三）信用证的金额

信用证金额条款是信用证的重要条款之一，也是出口商制作汇票的重要依据。也就是说，信用证金额是出口商收取货款的最大限额，直接关系到出口商的利益，是出口商对信用证审核的重点。如果信用证金额有“大约”的表述，按照《UCP600》的规定，可以理解为信用证金额可以有上下10%的浮动幅度。作为出口商，还要留意信用证总金额是否够用，如不够则要求改正。

（四）商品品名、品质、数量和包装

商品的品名、品质、数量和包装条款是贸易合同中的重要条款，也是出口商交货的重要依据，出口商需要对信用证中的品名、品质、数量、包装和合同条款一一对照，确认是否符合合同的规定。

（五）信用证中的装运条款

信用证运输条款中的起运地和目的地应与合同相符，交货地点也必须与价格条款相一致。若来证指定运输方式、运输工具或运输路线以及要求承运人出具船龄或船籍证明，应及时与承运人联系。

多数来证是允许转运及/或分批的（其中包括信用证中未注明可否转运及或分批），这对出口方较为有利。但也有信用证列明不许转运及/或不准分批。在这种情况下，出口方应及时了解在装运期内是否有直达船到目的地，能否提供直运提单及了解货源情况，是否可以在装运期内一次出运。如上述有办不到的，应修改信用证。对信用证列有必须分批，且规定每批出运的日期和出运数量，或类似特殊的分运条款，应根据货源情况决定是否可以接受。对于分期装运，惯例规定，除非信用证另有规定，若一期未能按期完成，本期及以后各期均告失效。若要续运，必须修改信用证。

（六）信用证的有效期及到期地点

按《跟单信用证统一惯例》的规定，一切信用证均须规定一个到期日和一个交单付款、承兑的地点，或除了自由议付信用证外的一个交单议付的地点。规定的付款、承兑或议付的到期日，将被解释为交单到期日。据此，未注明到期日（即有效期）的信用证是无效的。信用证的有效期还涉及到期地点的问题。一般应争取在出口地到期，若争取不到，则必须提前交单，以防逾期。

信用证有效期关系到出口商准备单据和填制汇票收取货款的时间，出口商交单议付受到信用证有效期、交单期和提单签发日的制约。出口商应该注意信用证的有效期是否具有一定的可行性，自己是否有足够的时间发货、制单和结汇，否则需进行修改。

（七）信用证项下所需单据的审核

一般信用证都规定受益人议付货款时必须提交的单据，作为出口商，一定要审核信用证所需单据是否合理、是否容易获取。如果信用证规定有合同之外的或不易获取的单据，应及时进行修改，以免影响货款的收取。

对信用证项下单据的审核，尤其要注意对“软条款”的审核。信用证中的“软条款”是指信用证规定的弹性条款，是受益人无法自主控制的条款。如，信用证要求受益人提供一份由开证申请人或其指定人签发的检验检疫证书，且其签字必须和留存在开证行的签字样本一致；信用证尚未生效，待进口商取得进口许可证或其他有关进口文件后，开证行将以信用证修改通知书的形式通知信用证生效等。

（八）有关当事人的名称和地址

有关当事人的名称和地址是出口单证中必不可少的内容，如果信用证发生错误应该及时修改，以免制单和寄单发生困难，影响货款的收付。《UCP600》规定，当受益人和申请人的地址出现在任何规定的单据中时，无须与信用证或其他规定单据中所载相同，但必须与信用证中规定的相应地址同在一国。联络细节（传真、电话、电子邮件及类似细节）作为受益人和申请人地址的一部分时将不予理会。然而，如果申请人的地址和联络细节为运输单据上的收货人或通知方细节的一部分时，应与信用证规定的相同。

（九）保险险别和保险金额

若来证要求的投保险别或投保金额超出了合同的规定，我方应及时和保险公司联系，若保险公司同意且信用证上也表明由此而产生的超保费用由买方承担并允许在信用证项下支取，则我方可接受。

如成交价为 CFR，而来证要求由我方办理保险，在这种情况下，只要来证金额中已包括保险费，或允许加收保险费，则可不必修改。凡成交价为 FOB 或 CFR 者，来证往往要求我方在装运前以航邮或电传通知开证人投保，并凭邮局收据或电传副本办理结汇，我方应及时办理。

四、信用证审核中常见的问题

（一）有关信用证本身

（1）信用证中有“可撤销”字样。

（2）信用证未生效或有条件生效。

（3）信用证中没有保证付款的文句。

（二）信用证中有关当事人

（1）受益人的名称或地址有误。

（2）开证申请人的名称或地址有误。

（三）有关货物方面的条款

（1）品名、规格等与合同不一致。

（2）货物数量与合同规定不符。

（3）货物包装的数量、种类或方式等与合同规定不符。

（4）货物的唛头与已刷唛头不一致。

（5）商品的单价与合同不符。

（6）使用的贸易术语与合同不一致。

（7）货物的单价、数量与总金额不吻合。

（8）信用证金额不足。

（9）信用证有关金额及币种与合同规定不符。

（10）援引合同号码有误。

（四）有关运输保险方面的条款

（1）起运港与合同规定或成交条件不符。

（2）目的港与合同规定或成交条件不符。

（3）分批装运或转运与合同规定不符。

（4）保险险别、保险金额与合同规定不符。

（五）信用证有关期限方面的条款

（1）信用证中没有规定有效期。

（2）信用证到期地点不在受益人所在地。

（3）信用证的到期日与装运期有矛盾。

（4）装运期、到期日或交单期与合同规定不符。

（5）交单期时间过短。

（六）单据条款

（1）汇票的付款期限与合同规定不符。

（2）在信用证方式下，用于兑付汇票的付款人为开证申请人。

（3）发票种类不当。
（4）提单收货人一栏填制要求不妥。
（5）提单抬头与背书要求有矛盾。
（6）提单运费条款规定与成交条件有矛盾。
（7）要求提单的出单日期比装运期早，受益人无法做到。
（8）正本提单全部或部分直接寄交开证申请人。
（9）对运输工具、方式或路线的限制无法接受。
（10）产地证明书出具机构有误。
（11）要求提交的检验证书与实际不符。
（12）要求提供客检证书。
（13）有关银行费用规定不合理。

（七）常见的影响安全收汇的软条款

（1）信用证暂不生效条款。
（2）信用证规定必须由开证申请人或其指定的人签署有关单据的条款。
（3）信用证对银行的付款、承兑行为规定了若干前提条件，如货物清关后才付款等。
（4）信用证前后条款相互矛盾等。

技能训练

根据合同审核所给的信用证。

合同样本：

SALES CONFIRMATION

No. : 2012BSC548AHT
Date:Mar. 18, 2012
Signed at: Hefei, China

The Buyer: Messrs Tomas & Brother Co., Ltd.
50 600 Detriot Ave. 306, Westlake, Ohio 33415
USA

The Seller: Anhui Textiles Imp. & Exp. Corp.
No. 658 Changjiang Road,
Hefei, China

This is to confirm the transaction made by and between the Buyers and the Sellers for the undermentioned goods on the terms and conditions as set forth here below:

Name of Commodity: 100% cotton terry tea towels.
Art. No. K13009HA—A

Specification: Checked designed
In red, yellow, blue, green, purple and brown colors.

	"18×28" 37.40/doz.
Quantity:	4 000 dozen total with colors equally assorted.
Packing:	In cartons of 25 doz. each, one doz. in a polybag.
Unit Price:	USD 5.50 per doz. CIFC2 NEW YORK.
Total Amount:	USD 22 000.00 only.
Shipment:	From China port to NEW YORK, during May, 2012 Partial shipments and transshipment are allowed.
Payment:	The buyer shall open through a bank acceptable to the seller an irrevocable letter of credit at sight to reach the seller 30 days before the month of shipment valid for negotiation in China until the 15th day after the date of shipment.
Insurance:	To be covered by the seller for 110% of the invoice value against All Risks and SRCC as per the relevant ocean marine cargo clauses of the People's Insurance Company of China dated 01/01/1981.
Shipping Marks:	At Seller's option.
Remarks: …	

Seller (Authorized Signature)   Buyer (Authorized Signature)

信用证样本：

ZCZC BDQ123QHD999

PS SDAAOC

HJ HOC

FROM: THE FIRST CITIZEN BANK OF NEW YORK, NEW YORK

ADVISING BANK:

BANK OF CHINA ANHUI BRANCH

313 CHANGJIANG MIDDLE ROAD

ANHUI 230061 CHINA

WE HEREBY ISSUE THE DOCUMENTARY CREDIT IN YOUR FAVOUR. IT ENGAGES US IN ACCORDANCE WITH THE TERMS THEREOF. THE NUMBER AND THE DATE OF THE CREDIT AND THE NAME OF OUR BANK MUST BE QUOTED ON ALL DRAFTS REQUIRED. IF THE CREDIT IS AVAILABLE BY NEGOTIATION, EACH PRESENTATION MUST BE NOTED ON THE REVERSE OF THIS CREDIT BY THE BANK WHERE THE CREDIT IS AVAILABLE.

40A :FORM OF DOCUMENTARY CREDIT

IRREVOCABLE

20 :DOCUMENTARY CREDIT NUMBER

0002LCC150487

31C :DATE OF ISSUE

30 MAR. 2012

31D :DATE AND PLACE OF EXPIRY

MAY 31, 2006 AT OUR COUNTER

32B :CURRENCY CODE, AMOUNT

USD 22 000.00 (SAY U.S. DOLLARS TWENTY TWO THOUSAND ONLY)

41D :AVAILABLE WITH...BY...

ANY BANK

NEGOTIATION

42C :DRAFT AT...

30 DAYS AFTER DATE OF B/L

42D :DRAWEE

MESSRS TOMAS & BROTHER CO., LTD.

43P :PARTIAL SHIPMENT

PROHIBITED

43T :TRANSSHIPMENT

ALLOWED

44C :LATEST DATE OF SHIPMENT

NO LATER THAN 15 MAY, 2012

45A :DESCRIPTION OF GOODS AND/OR SERVICES

100% cotton terry tea towels.

Art. No. K23009HA—A

46A :DOCUMENTS REQUIRED

+ BENEFICIARY'S SIGNED COMMERCIAL INVOICE IN DUPLICATE PLUS ONE PHOTOCOPY

+ PACKING LIST IN DUPLICATE

+ FULL SET OF ORIGINAL CLEAN ON BOARD OCEAN BILLS OF LADING PLUS 1 N/N COPY MARKED FREIGHT COLLECT MADE OUT TO ORDER AND NOTIFY APPLICANT WITH NAME AND FULL ADDRESS

+ INSPECTION CERTIFICATE ISSUED BY APPLICANT CERTIFYING THAT GOODS HAVE BEEN INSPECTED BY THEM AND FOUND CONFORMITY IN ALL POINT

47A : ADDITIONAL CONDITIONS

+ A FEE OF USD 50.00 OR ITS EQUIVALENT WILL BE DEDUCTED FROM THE PROCEEDS OF EACH SET OF DISCREPANT DOCUMENTS, WHICH

REQUIRE OUR OBTAINING ACCEPTANCE FROM APPLICANT.
+ INSURANCE TO BE COVERED BY ULTIMATE BUYER
+ 5 PERCENT MORE OR LESS BOTH IN CREDIT AMOUNT AND QUANTITY OF EACH ITEM ACCEPTABLE

71B :CHARGES
ALL BANKING CHARGES OUTSIDE HONG KONG ARE FOR ACCOUNT OF BENEFICIARY

48 :PERIOD OF PRESENTATION
DOCUMENTS TO BE PRESENTED WITHIN 21 DAYS AFTER THE DATE OF SHIPMENT BUT WITHIN THE VALIDITY OF THE CREDIT

49 :CONFIRMATION INSTRUCTIONS
WITHOUT

78 :INSTRUCTIONS TO THE PAYING/ACCEPTING/NEGOTIATING BANK
+ UPON RECEIPT OF DOCUMENTS CONFORMING TO THE TERMS AND CONDITIONS OF THIS CREDIT, WE SHALL PAY THE PROCEEDS AS DESIGNATED
+ NEGOTIATING BANK MUST FORWARD ALL DOCUMENTS TO US IN ONE LOT
+ REIMBURSEMENT UNDER THIS L/C, IF APPLICABLE, IS SUBJECT TO ICC UNIFORM RULES FOR BANK TO BANK REIMBURSEMENTS

项目 2.3 信用证的修改

知识链接

修改信用证是对已开立的信用证中的某些条款进行修改的行为。信用证的修改可以由开证申请人提出，也可以由受益人提出。由于修改信用证的条款涉及各当事人的权利和义务，因此不可撤销的信用证在其有效期内的任何修改，都必须征得各有关当事人的同意。

一、信用证修改时应注意的问题

信用证的修改应掌握的原则和注意的问题有以下方面。

（1）非改不可的坚决要改，可改可不改的酌情处理。如合同中规定可以“分批装运”而信用证中规定“不许分批装运”，若实际业务中可以不分批装运，则无需修改该条款。

（2）不可撤销信用证的修改必须经各有关当事人全部同意后方能有效。

（3）开证行发出修改通知后不能撤回。

（4）保兑行有权对修改不保兑，但它必须不延误地将该情况通知开证行及受益人。

（5）受益人应对信用证的修改书做出接受或拒绝的表示。根据《跟单信用证统一惯例》的规定，受益人对不可撤销的信用证的修改表示拒绝的方法有两种：一是向通知行提交一份拒绝修改的声明书；二是在交单时表示拒绝修改，同时提交仅符合未经修改的原证条款的单据。

（6）在同一信用证上，如有多处需要修改的，原则上应一次性提出。一份修改通知书包括两项或多项内容，要么全部接受，要么全部拒绝，不能只接受一部分而拒绝另一部分。

（7）受益人要求修改信用证时，应该及时通知开证申请人，并提出具体的修改要求。

（8）明确修改费用由谁承担。一般按照责任归属来确定修改费用由谁承担。

（9）修改书必须经原通知行传递方始有效。

二、信用证修改程序

信用证修改的一般程序是：开证申请人提出——开证行——通知行——受益人。各方都同意接受该修改书后方能有效。若由受益人提出修改，首先应征得开证申请人的同意，再按上述程序办理。

信用证修改的具体程序如下：

（1）开证申请人向开证行提交修改申请书，并注明信用证号码和修改次数。如果属于金额增加的修改，则应相应增加保证金。

（2）银行经办员对原信用证条款和修改申请书进行对照，对修改内容的合理性进行审核，还要注意修改内容和未修改条款是否相矛盾并且和开证申请人进行及时联系，以改正其不合理内容。

（3）经办人在进口开证登记薄上对修改的内容和次数进行登记。

（4）根据修改申请书将修改内容输入，发送到复核员，并在打印出的 SWIFT 文稿上签字随同修改申请书送交复核员复核。

（5）复核员复核并在 SWIFT 文稿上签字后随同修改申请书送交授权级。

（6）授权级发送信息并在 SWIFT 文稿上签字随同修改申请书退经办人留存。

（7）将一份修改申请书与一份发出后的修改副本退申请单位并要求其签收。

（8）收取修改费用。

技能训练

根据项目 2.2 的技能训练写一封改证函。

模块三

出口货物托运、报检、报关及投保单证

知识目标

了解出口货物托运流程，理解托运单的内容，掌握托运单、报检单、报关单和投保单的缮制方法，熟悉报关单缮制的一般要求。

能力目标

能够根据已知资料填制托运单、报检单、报关单和投保单。

模块任务

任务一　根据下列资料填制海运托运单和报检单

资料一　合同

BBB CHEMICAL PRODUCTION CO., LTD
SALES CONFIRMATION

S/C No.: MN090　　　　Date:　Nov. 06, 2010

The Buyer:　NA TRADING CO., LLC, NEW YORK, USA

This contract is made by and between the Buyer and Seller according to the terms and condition stipulated below:

（1）Commidity and Specification	（2）Qty.	（3）U-price	（4）Amount
		CIF NEW YORK	
Vaseline	4 000pcs	USD 3.00	USD 12 000.00

（5）Packing:100pcs to a CTN.

（6）Time of shipment: During Mar. 2011

（7）Loading port & Destination: From SHANGHAI To NewYork by Sea.

（8）Insurance: To Be Effected By The Seller.

（9）Terms of Payment: by 100% irrevocable letter of credit to be available with drafts at sight to be opened by the seller.

资料二　补充资料

（1）BBB 化工公司（2700601099）向 NA 贸易公司出口一批货物，委托报检员张三进行报检，商品编码为 56121900，随附合同、发票、箱单。

（2）货物存放地点：上海大地仓库。

（3）全套清洁已装船海运提单，空白抬头，说明“运费已付”，通知开证申请人。

任务二　根据下列资料填制投保单和报关单

1. 发票

SHENZHEN BAOAN CORP

2/F No.156 XIYOU RD, SHENZHENG, CHINA

INVOICE

No. SH04-10-001　　　　Date:SEP. 5, 2010

TO: HAIDA HEALTH MANAGEMENT LTD.

TONG SHING BUILDING A, 80 SHEUNG SHA WAN ROAD

KOWLOON, U.S.A

Shipped by QIAN JIN; VOY NO: 566

Sailing on or about Oct.11, 2010 From SHENZHEN PORT, CHINA TO BOSTON U.S.A

L/C No. 380LC046050138　　　　Contract No. SHE101

B/L No.: SH0103580

Mark & Nos.	Description of Good	Quantity	Unit Price	Amout
		80 PCS	CIF BOSTON USD 6 500.00	USD 520 000.00
VADI BOSTON U.S.A C/No.1-10	VIDD CUTTING MACHINES (VI-400) (VIDD)牌 切纸机 VI-400 COUNTRY OF ORIGIN: GERMANY	80 PCS		USD 520 000.00
	SAY TOTAL U.S. DOLLARS FIVE HUNDRED TWENTY THOUSAND ONLY.			
				SHENZHEN BAOAN CORP.

PACKING LIST

Packing	Description of Good	Quantity	Net Weight	Gross Weight
TOTAL TEN(10) WOODEN GASES ONLY.	VIDD CUTTING MACHINES (VI-400) (VIDD 牌 切纸机 VI-400)	@8PCS 80PCS	@144.00kg 1 440.00kg	@156.00kg 1 560.00kg
		80 PCS	1 440.00kg	1 560.00kg
	1×20': ABTU136898 TARE :2275KG			

2. 补充资料

深圳宝安公司（经营单位代码：3122210095）于 2010 年 9 月 30 日自理向深圳海关（关区代码 2308）报关，生产、发货单位与经营单位同，“出境货物通关单”编号：440300201016448，商品编码为：8441.1000，法定计量单位：台，保险费 USD500，外汇核销单号：34/18376399。

项目 3.1 出口货物托运

知识链接

一、办理海洋运输货物的托运

（一）海运货物托运流程

在信用证支付方式下，出口商收到国外开来的信用证经审核（或经修改）无误后即可办理托运。

1. 填写托运单

出口商按信用证或合同内有关装运条款填写托运单并提供全套单证，在收单截止期前送交货运代理公司，作为订舱的依据。

2. 领取装运凭证

货运代理公司收到有关单证后，即缮制海运出口托运单，并会同有关船公司安排船只和舱位，然后由船公司据以签发装货单，作为通知船方收货装运的凭证。

3. 装货、装船

货运代理公司根据船期，代出口商提取货物运进码头，由码头理货公司理货，凭外轮公司签发的装货单装船。

4. 换取提单

货物装船完毕，由船长或大副签发“大副收据”或“场站收据”，载明收到货物的详细情况。托运人凭上述收据向有关船公司换取提单。

知识卡片

船代出口流程

（1）出口船档文件的建立：船舶接受定舱前，建立出口船档文件，内容：船名、航次、预计离港日期。

（2）场站收据缮制：

① 场站收据（共计 11 联）由发货人或其委托的一级货代缮制。

② 订舱：出口科审核场站收据，如可以接受订舱，在场站收据的第五、六、七、八联上盖单证专用章，第二联留底，其余的退还订舱人。

凭箱管部门提箱人提供的场站收据第五联及提箱申请书，签发出口集装箱设备交接单。提箱人凭出口设备交接单向集装空箱堆场提取出口用的空箱。

（3）装箱、盖进场章：

装箱可能在场站或发货人工厂/仓库，装箱后应制作装箱单。

货物装箱后，应对集装箱实施铅封，并将箱号、铅封号、发货件数填入场站收据第六、七、八联中。

出口重箱拖入海关监管的码头/场站后，码头/场站在场站收据第六联上盖进场章并填写日期。

（4）缮制预配清单：接受订舱后，根据场站收据的内容制作集装箱预配清单，按与码头/船公司协商的时间开航前送码头等有关单位，以便码头安排船舶配载。

（5）接受装箱单：订舱人将装箱单交出口科，出口科核对装箱单的箱号、铅封号、提单号等内容与场站收据第六联的内容一致无误后，在场站收据第六联装货单盖申报专用章。

（6）报关：发货人自己或委托报关行报关。

（7）缮制出口舱单：出口舱单在船舶开航前制作完成，供船务外勤人员办理船舶离港结关手续。

（8）装船：码头必须根据订舱人提供的盖有海关放行章的场站收据第六联，安排集装箱货物装船。

（9）船舶离港：装货完毕后，外勤人员向物流科办理船舶离港结关手续。

（10）提供资料：出口舱单、箱号清单、拼箱货的装箱单、船员名单、总申报单。

（11）签发提单：订舱人缴完运费后，凭场站收据第八联（场站收据）运费发票到出口科签发提单。

（二）托运单的填制

1. 托运单的概念

托运单（Booking Note，B/N）是托运人填写并盖章确认的，专门用于委托承运人或承运人代理人填制货运单的一种表单。其样式如本模块末的样单 3-1 所示。表单上列有填制货运单所需要的各项内容，并写有“托运人证实所填内容全部属实并愿意遵守承运人的一切章程”的文字说明。

2. 托运单的作用

（1）货物托运订舱的凭证。

（2）承运人接受订舱，安排运输，组织装运、转运、联运等作业的书面依据。

（3）签发提运单的原始依据。

（4）托运人与承运人之间运输契约的书面记录。

（5）出口货物报关的货运单据。

3. 托运单的内容和制作方法

无论是纸质托运单还是电子数据托运单，以下缮制规范都是一样的。

（1）托运人（Shipper/Consignor）。

填出口企业的名称和地址，若由外贸运输公司代理货主租船订舱的，则填该外运公司的名称。

（2）收货人（Consignee）。

填收货人全称和地址，并填写联系电话、传真号。

在信用证方式下，按信用证的规定填写，一般有两种表示方法。

① 记名收货人：直接将名称、地址表示出来，此收货人常是合同买方。此单不可直接转让，故不常用。

② 指示收货人：空白指示（不记名指示）：填“to order”，单据的持有人可自由转让单据；记名指示：填“to order of ××”，记名人有权控制和转让单据，指示收货人可通过背书进行转让。

在托收方式下：一般填“TO ORDER”。

（3）通知人（Notify Party）。

一般为预定的收货人或收货人委托的代理人，要求填写详细名称和地址。信用证方式下，按规定填写；托收方式下，填写买方名称和地址。

（4）托运单编号（No.）。

一般填写发票号码，信用证若有规定，则按信用证的规定填写。

（5）装运港（Port of Loading）。

填写货物装船所在的港口全称。信用证项下，须按照信用证规定的发运港填制。

（6）卸货港（Port of destination/Discharge）。

即最终目的港，一般按信用证的规定填写。若是内陆城市，应填写货物卸下最后一艘海轮时的港口名称。注意不能用国名或地名代替，若遇重名港口，应加注国名或地名。

（7）目的地（Place of Delivery）。

填写货物最终的交货地的城市名称或地区名称。目的地有时候与卸货港相距甚远，从卸货港到目的地的费用需要明确支付人，才可以填写目的地。

（8）标记及号码（Marks & No.）。

此栏填写与实际货物外包装上正面唛头相同的全部内容，包括数字、字母和简单图形。若信用证规定则按规定填写；若未规定，一般由卖方自行设计；若无唛头，则应注明“N/M”。

（9）货物说明（Description of Goods）。

本栏所填写的内容是符合信用证或合同的，与实际货物的名称、规格、型号、成分、品牌等相一致的货物名称和包装种类。填写大类名称或统称，不同种类的商品应分别填写。

（10）件数（Nos. of Packages）。

按最大包装的件数填写。若货物的包装方式和材料不同，则填写每种货物的最大包装件数，如 20 个托盘，10 个集装箱，25 个板条箱，合计 55 件。

（11）毛重（Gross Weight）。

填报实际货物的毛重，以公斤为计量单位。

若一次装运的货物有几种不同的包装材料或者是完全不同的货物，则应分别计算并填写每种货物的毛净重，然后合计。

（12）体积（Measurement）。

整批货的体积总数，计量单位为立方米（m^3）。

（13）运费支付方式。

一般不显示具体运费，根据合同中的价格术语填写“运费到付（FREIGHT COLLECT）”或“运费预付（FREIGHT PREPAID/PAID）”。若填写了“FREIGHT PREPAID/PAID”，则在“PREPAID AT”栏内填写装运港的名称；若填了“FREIGHT COLLECT”，则在“COLLECT AT”栏内填写目的港的名称。

（14）分批装运、转船（Partial Shipment, Transshipment）。

按信用证的规定，填写“允许”或“不允许”。

（15）装运期、有效期（Date of Shipment/Expiry）。

填写信用证规定的最迟装运期及议付的有效期。为以防万一，装运期最好填写成比规定的最迟装运期提前数天。

（16）制单日期。

填写托运日期，也可与发票日期一致。

（17）提单正本份数（Nos. of Original B(s) /L）。

提单签发的份数，按航运惯例通常是正本提单一式二份或三份，每份具有同等效力。收货人凭其中的一份提取货物后，其他份自动失去其效力。但副本提单的份数可视托运人的要求而增加。

（18）货物的交接方式（散货运输不填）。

整箱交接——FCL/FCL；

整箱接、拼箱交——FCL/LCL；

拼箱接、整箱交——LCL/FCL；

拼箱交接——LCL/LCL。

（19）特殊条款。

信用证、合同有关运输方面的特殊要求、配货要求等，如货物不能倒置、立即装运，电放提单，分批条款对每批数量的具体规定等。

（20）托运人签字、盖章。

托运人必须盖章签字才能生效。

二、办理航空货物运输的托运

（一）国际航空托运要点

托运国际货物，托运人所交运的货物必须符合有关始发、中转和目的地国家的法律、法令和规定以及有关航空公司的规定。交运货物前，托运人必须自行或委托代理人办妥海关、卫生检疫等出境手续。托运人托运鲜活易腐物品，应当提供最长允许运输时限和运输注意事项，订妥舱位，按约定时间送机场办理托运手续。因运输条件或者货物性质不同而不能在一起运输的货物，应当分别填写托运书。

（二）国际托运书的填制

根据《华沙公约》第五条第（1）和（5）款规定，货运单应由托运人填写，也可由承运人或其代理人代为填写。实际上，目前货运单均由承运人或其代理人填制。为此，作为填制货运单的依据托运书，应由托运人自己填写，而且托运人必须在上面签字。

1. 概念

“托运书”（Shippers Letter of Instruction）是托运人用于委托承运人或其代理人填制航空货运单的一种表单。表单上列有填制货运单所需各项内容，并应印有授权于承运人或其代理人代其在货运单上签字的文字说明。其样式如样单 3-2 所示。

2. 托运书的内容和填制要点

（1）托运人（Shipper）。

填写托运人的全称、街名、城市名称、国名，以及便于联系的电话号、电传号或传真号。

注意：

① 集中托运时的托运人是货运代理人，直接托运时的托运人是货主。

② 有时承运人要求托运人提供账号，以便在收货人拒付运费时向托运人索偿。

③ 在信用证结汇方式下，托运人一般按信用证的受益人内容填写。

④ 托运危险货物时，托运人必须填写实际托运人，航空公司不接受货运代理人托运。

（2）收货人（Consignee）。

填写收货人的全称、街名、城市名称、国名（特别是在不同国家内有相同城市名称时，必须要填上国名），以及电话号、电传号或传真号，本栏内不得填写“order”或“to order of the shipper”（按托运人的指示）等字样，因为航空货运单不能转让。

（3）始发站机场（Airport of Departure）。

填写始发站机场的全称。

（4）目的地机场（Airport of Destination）。

填写目的地机场（不知道机场名称时，可填城市名称），如果某一城市名称用于一个以上国家时，应加上国名。例如：LONDON UK 伦敦，英国；LONDON KY US 伦敦，肯达基州，美国；LONDON TO CA 伦敦，安大略省，加拿大。

① 按国际航空运输协会（IATA）规范的机场代码填报。

② 机场名称不明确时，可填写城市名称，并使用城市名称。

③ 标签上的卸货港机场代码与托运单上目的地机场代码必须一致。

④ 如果有“转运路线”要求，可以填在专门栏目内。

知识卡片

IATA 简 介

国际航空运输协会（International Air Transport Association—IATA）是一个由世界各国航空公司所组成的大型国际组织，其前身是 1919 年在海牙成立并在“二战”时解体的国际航空业务协会。1944 年 12 月，出席芝加哥国际民航会议的一些政府代表和顾问以及空运企业的代表聚会，商定成立一个委员会为新的组织起草章程。1945 年 4 月 16 日在哈瓦那会议上修改并通过了草案章程后，国际航空运输协会成立。总部设在加拿大蒙特利尔，执行机构设在日内瓦。

（5）要求的路线/申请订舱（Requested Routing/Requseting Booking）。

本栏用于航空公司安排运输路线时使用，但如果托运人有特别要求，也可填入本栏。

（6）供运输用的声明价值（Declared Value For Carriage）。

填写供运输用的声明价值金额，该价值即为承运人负担赔偿责任的限额。承运人按有关规定向托运人收取声明价值费，但如果所交运的货物毛重每公斤不超过 20 美元（或其等值货币），无需填写声明价值金额，可在本栏内填入“NVD”（No Value Declared，未声明价值）。如本栏空着未填写时，承运人或其代理人可视为未声明货物价值。

（7）供海关用的声明价值（Declared Value For Customs）。

国际货物通常要受到目的站海关的检查，海关根据此栏所填数额征税。

（8）保险金额（Insurance Amount Requested）。

中国民航各空运企业暂未开展国际航空运输代保险业务，本栏可空着不填。

（9）处理事项（Handling Information）。

填写附加的处理要求，例如：另请通知（Also Notify）。除填收货人之外，如托运人还希望在货物到达的同时通知他人，请另外填写通知人的全名和地址。

（10）货运单所附文件（Document To Accompany Air Waybill）。

填写随附在货运单上送往目的地的文件，应填上所附文件的名称。例如：托运人的动物证明（Shipper Scertification For Live Animals）。

（11）件数和包装方式（Number And Kind of Packages）。

填写该批货物的总件数，并注明其包装方法。例如：包裹（Package）、纸板盒（Carton）、盒（Case）、板条箱（Crate）、袋（Bag）、卷（Roll）等。如货物没有包装，就注明为散装（Loose）。

（12）实际毛重（Actual Gross Weight）。

本栏内的重量应由承运人或其代理人在称重后填入。如托运人已经填上重量，承运人或其代理人必须进行复核。

（13）运价类别（Rate Class）。

本栏可空着不填，由承运人或其代理人填写。

M——最低运价

N——45 公斤以下普通货物运价

Q——45 公斤以上普通货物运价

C——指定商品运价

（14）计费重量（千克）（Chargeable Weight）（kg）。

本栏内的计费重量应由承运人或其代理人在量过货物的尺寸（以厘米为单位）后，由承运人或其代理人算出计费重量后填入。如托运人已经填上，承运人或其代理人必须进行复核。

（15）费率（Rate/Charge）。

本栏可空着不填。

（16）货物的品名及数量（包括体积及尺寸）（Name And Quantity of Goods）（Incl. Dimensions or Volume）。

填写货物的品名和数量（包括尺寸或体积）。货物中的每一项均须分开填写，并尽量填写详细，如：“9 筒 35 毫米的曝光动画胶片新闻短片”（美国制）等，本栏所属填写内容应与出口报关发票和进口许可证上所列明的相符。危险品应填写适用的准确名称及标贴的级别。

（17）托运人签字（Signature of Shipper）。

托运人必须在本栏内签字。

（18）日期（Date）。

填写托运人或其代理人交货的日期。

三、办理国际多式联运货物的托运

（一）国际多式联运概述

1. 含义

“国际多式联运”（Multimodal Transport）是一种以实现货物整体运输的最优化效益为目标的联运组织形式。它通常是以集装箱为运输单元，将不同的运输方式有机地组合在一起，构成连续的、综合性的一体化货物运输。

2. 国际多式联运与其他运输的区别

（1）货运单证的内容与制作方法不同。

国际多式联运大都为“门到门”运输，故货物于装船或装车或装机后，应同时由实际承运人签发提单或运单，多式联运经营人签发多式联运提单。这是多式联运与任何一种单一的国际货运方式的根本不同之处。在此情况下，海运提单或运单上的发货人应为多式联运的经营人，收货人及通知方一般应为多式联运经营人的国外分支机构或其代理；多式联运提单上的收货人和发货人则是真正的、实际的收货人和发货人，通知方则是目的港或最终交货地点的收货人或该收货人的代理人。多式联运提单上除列明装货港、卸货港外，还要列明收货地、交货地或最终目的地的名称以及第一程运输工具的名称、航次或车次等。

（2）多式联运提单的适用性与可转让性与一般海运提单不同。

一般海运提单只适用于海运，从这个意义上说，多式联运提单只有在海运与其他运输方式结合时才适用，但现在它也适用于除海运以外的其他两种或两种以上的不同运输方式的连贯的跨国运输。

多式联运提单把海运提单的可转让性与其他运输方式下运单的不可转让性合二为一，因此多式联运经营人根据托运人的要求既可签发可转让的，也可签发不可转让的多式联运提单。如属前者，收货人一栏应采用指示抬头；如属后者，收货人一栏应具体列明收货人名称，并在提单上注明不可转让。

（3）信用证上的条款不同。

根据多式联运的需要，信用证上的条款应有以下三点变动。

① 向银行议付时不能使用船公司签发的已装船清洁提单，而应凭多式联运经营人签发的多式联运提单，同时还应注明该提单的抬头如何制作，以明确可否转让。

② 多式联运一般采用集装箱运输（特殊情况除外，如在对外工程承包下运出机械设备则不一定采用集装箱），因此，应在信用证上增加指定采用集装箱运输条款。

③ 如不由银行转单，改由托运人或发货人或多式联运经营人直接寄单，以便收货人或代理能尽早取得货运单证、加快在目的港（地）提货的速度，则应在信用证上加列“装船单据由发货人或由多式联运经营人直寄收货人或其代理”之条款。如由多式联运经营人寄单，发货人出于议付结汇的需要应由多式联运经营人出具一份“收到货运单据并已寄出”的证明。

（4）海关验放的手续不同。

一般国际货物运输的交货地点大都在装货港，目的地大都在卸货港，因而办理报关和通关的手续都是在货物进出境的港口。而国际多式联运货物的起运地大都在内陆城市，因此，内陆海关只对货物办理转关监管手续，由出境地的海关进行查验放行。进口货物的最终目的地如为内陆城市，进境港口的海关一般不进行查验，只办理转关监管手续，待货物到达最终目的地时由当地海关查验放行。

（二）国际多式联运货物的托运

货物托运的办理：

1. 接受托运申请，订立多式联运合同

多式联运经营人根据货主提出的托运申请和自己的运输线路等情况，判定是否接受该托运申请。发货人或其代理人根据双方就货物的交接方式、时间、地点、付费方式等达成协议并填写场站收据，并把其送至多式联运经营人进行编号。多式联运经营人编号后留下货物托运联，将其他联交还给发货人或其代理人。

2. 空箱的发放、提取及运送

多式联运中使用的集装箱一般由多式联运经营人提供这些集装箱的来源，可能有三种情况：一种是多式联运经营人自己购置使用的集装箱，二是向借箱公司租用的集装箱，三是由全程运输中的某一分运人提供的集装箱。如果双方协议由发货人自行装箱，则多式联运经营人应签发提箱单，或租箱公司或分运人签发提箱单交给发货人或其代理人，

由他们在规定日期到指定的堆场提箱并自行将空箱拖运到货物装箱地点，准备装货。

3. 出口报关

若多式联运从港口开始，则在港口报关；若从内陆地区开始，则应在附近内陆地区海关办理报关。出口报关事宜一般由发货人或其代理人办理，也可委托多式联运经营人代为办理。报关时应提供场站收据、装箱单、出口许可证等有关单据和文件。

4. 货物装箱及接受货物

若是发货人自行装箱，发货人或其代理人提取空箱后，在自己的工厂和仓库组织装箱。装箱工作一般要在报关后进行，并请海关派人员到装箱地点监装和办理加封事宜。如需理货，还应请理货人员现场理货并与其共同制作装箱单。

对于由货主自行装箱的整箱货物，发货人应负责将货物运至双方协议规定的地点。多式联运经营人或其代表在指定地点接受货物，如果是拼箱货，则由多式联运经营人在指定的货运站接收货物。验收货物后，代表多式联运经营人接收货物的人应在场站收据正本上签章，并将其交给发货人或其代理人。

5. 订舱及安排货物运送

多式联运经营人在合同订立后，应立即制定该合同涉及的集装箱货物的运输计划。该计划应包括货物的运输路线、区段的划分、各区段实际承运人的选择及确定各区间衔接地点的到达、起运时间等内容。

订舱泛指多式联运经营人要按照运输计划安排洽定各区段的运输工具，与选定的各区段实际承运人订立各区段的分运合同。这些合同的订立由多式联运经营人本人或委托的代理人办理，也可请前一区段的实际承运人作为后一区段的实际承运人订舱。

货物运输计划的安排必须科学并留有余地，工作中应相互联系，根据实际情况调整计划，避免彼此脱节。

6. 办理保险

在发货人方面，应投保货物运输保险。该保险由发货人自行办理，或由发货人承担费用而由多式联运经营人代为办理。货物运输保险可以是全程投保，也可以为分段投保。在多式联运经营人方面，应投保货物责任险和集装箱保险，由多式联运经营人或其代理人向保险公司或以其他形式办理。

7. 签发多式联运提单，组织完成货物的全程运输

多式联运经营人的代表收取货物后，多式联运经营人应向发货人签发多式联运提单。在把提单交给发货人之前，应注意按双方议定的付费方式及内容、数量向发货人收取全部应付费用。

多式联运经营人有完成和组织完成全程运输的责任和义务。在接受货物后，要组织各区段实际承运人、各派出机构及代表人共同协调工作，完成全程中各区段的运输与各区段之间的衔接工作，并做好运输过程中所涉及的各种服务性工作和运输单据、文件及有关信息等组织和协调工作。

8. 运输过程中的海关业务

按惯例，国际多式联运的全程运输均应视为国际货物运输，因此，该环节工作主要包括货物及集装箱进口国的通关手续、进口国内陆段保税运输手续及结关等内容。如果陆上运

输要通过其他国家海关和内陆运输线路时，还应包括这些海关的通关及保税运输手续。

如果货物在目的的港交付，则结关应在港口所在地海关进行。如果在内陆地交货，则应在口岸办理保税运输手续，海关加封后方可运往内陆目的地，然后在内陆海关办理结关手续。

9. 货物交付

当货物运往目的地后，由目的地代理通知收货人提货。多式联运经营人或其代理人需按合同规定，收取收货人应付的全部费用，收回提单签发提货单。提货人凭提货单到指定堆场和地点提取货物。

技能训练

1. 根据信用证填制海运托运单。

40A: Form of Documentary Credit
IRREVOCABLE

20: Documentary Credit Number
LC2010873301004

31C: Date of Issue
101019

31D: Date and Place of Expiry
101216 IN COUNTRY OF BENEFICIARY

50: Applicant
ANTAK DEVELOPMENT PTE LTD
101 KIT CHENER ROAD
JALAW PLA 2A SINGAPORE

59: Beneficiary—Name & Address
XIAOSHAN JJJ PAPER CO., LTD
YOUYI VILLAGE CHUNJIANG STREET
TEL: 8657163586666 FAX: 8657163586657

32B: Currency Code, Amount
Currency USD Amount#121 000.00#

39A: Percentage Credit Amt Tolerance
10/10

41D: Available With… By…
WITH ANY BANK
BY NEGOTIATION

42C: Draft at..
DRAFTS AT 90 DAYS AFTER SIGHT
FOR FULL INVOICE VALUE

42D: Drawee – Name & Address
BANK OF CHINA SINGAPORE BRANCH
4 BATTERY ROAD #01-00 BANK OF CHINA BUILDING
SINGAPORE

43P: Partial Shipments
ALLOWED

44T: Transshipment
ALLOWED

44A: On Board Disp/ Taking Charge at
China port

44B: For Transportation to…
SINGAPORE

44C: Latest Date of Shipment
101125

45A: Description of Goods & / or Services
COMMODITY: WASTE PAPER, NO. 3
QUANTITY: 1 000.00 MTS
UNIT PRICE: USD 121.00/ MT
TOTAL AMOUNT: USD 121 000.00 CIF SINGAPORE

46A: Documents Required
. SIGNED COMMERCIAL INVOICE IN 3 COPIES INDICATING L / C NO. AND CONTRACT NO. OGO-QX1036.
. FULL SET OF CLEAN ON BOARD OCEAN BILL OF LADING CONSIGNED TO ORDER, MARKED "FREIGHT PREPAID" AND NOTIFYING APPLICANT.
. PACKING LIST / WEIGHT MEMO IN 3 COPIES INDICATING QUANTITY, GROSS AND NET WEIGHT OF EACH CONTAINER.
. CERTIFICATE OF QUANTITY/WEIGHT IN 3 COPIES.
. CERTIFICATE OF NON-WOOD PACKING MATERIAL.
. INSURANCE POLICY/CERTIFICATE ENDORSED IN BLANK
FOR 110% OF INVOICE VALUE, COVERING ALL RISKS AND WAR RISK AMERICA, INC.
. CERTIFICATE OF 14 DAYS FREE TIME DETENTION FOR CONTAINERS AT DESTINATION.

47A: Additional Conditions
. BOTH QUANTITY AND CREDIT AMOUNT 10 PCT MORE OR LESS ARE ALLOWED.

71B: Charges
ALL BANKING CHARGES OUTSIDE THE ISSUING BANK ARE FOR

ACCOUNT OF BENEFICIARY.

48: Period for Presentation

DOCUMENTS MUST BE PRESENTED WITHIN 21 DAYS AFTER DATE OF ISSUANCE OF THE TRANSPORT DOCUMENT BUT WITHIN THE VALIDITY OF THE CREDIT.

49: Confirmation Instructions

WITHOUT

2. 根据合同填制空运托运单。

GUANGZHOU FOOD CO.,LTD.

No.:QX060

SALES CONTRACT Date: 8TH, SEP. 2010

Hereby we confirm having sold to NME GROUP OF CO. SEOUL.

The following goods on terms and conditions specified below:

Marks & No	Description of goods:	Quantity	Unite Price	Amount
N/M	CHICKEN SEASONING G.W: 20KG/CARTON M: 0.5M^3/CARTON	1 000CTNS	USD 15/CTN	USD 15 000.00

SHIPMENT: 15TH, SEPTEMBER, 2010 FROM GUANGZHOU TO SEOUL BY AIR

TERMS OF PAYMENT: FCA GUANGZHOU.

INSURANCE: To be covered by the Seller for 110% of the invoice value against all risks and war risk.

Confirmed by the Buyer
NME GROUP OF CO., SEOUL

Confirmed by the Seller
GUANGZHOU FOOD CO.,LTD

3. 根据下述材料，填写出口货物托运单。

SELLER: ANHUI TT TRADE CO.

BUYER: BIG CO. LTD., SINGAPORE

ISSUING BANK: CITI BANK

SHIPMENT: SHIPMENT BY STEAMER NO LATER THAN JAN. 18, 2011 FROM SHANGHAI TO SINGAPORE WITH PARTIAL SHIPMENT AND TRANSSHIPMENT ALLOWED.

DOCUMENTS REQUIRED: 3/3 ORIGINAL PLUS 3 NON-NEGOTIABLE COPIES OF CLEAN "SHIPPED ON BOARD" MARINE BILLS OF LADING MADE OUT TO THE ORDER OF ISSUING BANK MARKED FREIGHT PREPAID, NOTIFY: APPLICANT.

TRADE TERMS: CIF SINGAPORE

GOODS: BIG BRAND MACHINE

ART.NO.	QUANTITY	UNIT PRICE	AMOUNT	G.W.	MEAS (M3)
T12	200 CTNS	USD 90.00	USD 18 000.00	25KGS	3.50
AD	200 CTNS	USD 100.00	USD 20 000.00	25KGS	3.20

MARKS: BIG/SINGAPORE/NO.1-400

预计装期：2011.01.10 有效期：2011.01.30

提货地点：上海大宇仓库

项目 3.2 出口货物报检

知识链接

一、报检概述

（一）含义

报检是指有关当事人根据法律、行政法规的规定，以及对外贸易合同的约定或证明履约的需要，向检验检疫机构申请检验、检疫、鉴定，以获准出入境或取得合法凭证及某种公证证明所必须履行的法定程序和手续。

（二）报检程序

（1）发货人备齐货物后，在装运前一定时间内向出入境检验检疫机构报检，填制出口报检单（见样单 3-3），随附发票、箱单、合同、厂检单等副本。

（2）厂地检验检疫局对所申请的商品进行检验和查验，合格后下发出入境货物换证凭单。

（3）货物出境时，经口岸检验检疫机关查验合格，签发通关单或换发检验检疫证书。

（三）出境货物报检的要求

（1）报检单位必须在检验检疫机构注册登记，报检时填写登记号；报检员在报检时应该出示报检员证。

（2）每份报检单限填一批货物，特殊情况下，对批量小的同一类货物，以同一运输工具，运往同一地点，同一收货、发货人，同一报关单的货物，可填写同一份报检单。

（3）应附资料：合同、信用证、厂检单或检验检疫机构出具的换证凭单（正本）、包装性能合格单、发票、装箱单等。

（4）凭样成交的应提供成交样品。

二、报检单的填制

（一）填制要求

（1）报检人须按要求填写报检单所列内容，书写工整、字迹清晰，不得涂改，报检日期按检验检疫机构受理报检日期填写。

（2）报检单必须加盖报检单位印章。

报检单位应加盖公章，并准确填写本单位在检验检疫机构登记的代码。所列各项必须完整、准确、清晰、不得涂改。

（二）填制方法

（1）报检单位：指向检验检疫机构申报检验、检疫、鉴定业务的单位，报检单应加盖公章。

（2）报检单位登记号：指在检验检疫机构的报检注册登记号。

（3）报检日期：报检当天的日期。

（4）发货人：按合同、信用证中所列卖方名称填写，并录入其在检验检疫机构的注册代码。如需要出具英文证书的，填写中英文。

（5）收货人：按合同、信用证中所列买方名称填写。如需要出具英文证书的，填写中英文。

（6）货物名称：按合同、信用证上所列名称及规格填写。

（7）H.S. 编码：按《协调商品名称及编码制度》中所列编码填写。以当年海关公布的商品税则编码分类为准，目前我国为十位。

（8）产地：指货物的生产/加工的省（自治区、直辖市）以及地区（市）名称，填写省、市、县名。

（9）数/重量：按实际申请检验检疫的数量/重量填写。重量一般填写净重，如填写毛重，或以毛重作净重则需注明。

（10）货物总值：按本批货物合同或发票上所列的总值填写（以美元计），如同一报检单报检多批货物，需列明每批货物的总值（注：如申报货物总值与国内、国际市场价格有较大差异，检验检疫机构保留核价权力）。

（11）包装种类及数量：填写包装材料的种类和包装数量。

（12）运输工具名称号码：填写货物实际装载的运输工具类别名称（如轮船、飞机、货柜车、火车等）及运输工具编号（船名、飞机航班号、车牌号码、火车车次）。报检时，未能确定运输工具编号的，可只填写运输工具类别。

（13）合同号、信用证号：根据对外贸易合同填写，或填订单、形式发票的号码。

（14）贸易方式：A. 一般贸易、B. 三来一补、C. 边境贸易、D. 进料加工、E. 其他贸易。

（15）货物存放地点：注明具体地点、厂库。

（16）发货日期：实际发货日期。

（17）输往国家和地区：出口货物的最终销售国。

（18）许可证/审批号：须办理出境许可证或审批的货物应填写有关许可证号或审批号。

（19）生产单位注册号：指生产/加工本批货物的单位在检验检疫机构的注册登记编号。

（20）启运地：货物最后离境的口岸及所在地（申报换证凭条的，应录入出境的具体口岸名称）。

（21）到达口岸：货物的入境口岸。

（22）集装箱规格、数量及号码：填写装载本批货物的集装箱规格（如 40 英尺、20 英尺等）以及分别对应的数量和集装箱号码全称。若集装箱太多，可用附单形式填报。

（23）合同订立的特殊条款以及其他要求：指贸易合同或信用证中贸易双方对本批货物特别约定而订立的质量、卫生等条款，和报检单位对本批出境货物的检验检疫的其他特别要求。

（24）标记及号码：货物的标记号码，应与合同、发票等有关外贸单据保持一致。若没有标记号码则填“N/M”。

（25）用途：从以下 9 个选项中选择：

① 种用或繁殖；② 食用；③ 奶用；④ 观赏或演艺、⑤ 伴侣动物；⑥ 试验；⑦ 药用；⑧ 饲用；⑨ 其他。

（26）随附单据：报检时随附的单据种类划“ √ ”或补填。

（27）需要证单名称：需要检验检疫机构出具的证单，在对应的窗口打“ √ ”，并应注明所需证单的正副本的数量。

（28）报检人签名：由持有《报检员证》的报检人员手签。

（29）检验检疫费：由检验检疫机构计费人员核定费用后填写。

（30）领取证单：报检人在领取证单时填写领证日期及领证人姓名。

知识卡片

出境货物报检时应提供的单据

（1）出境货物报检时，应填写《出境货物报检单》，并提供外贸合同或销售确认书或定单，信用证、有关函电，生产经营部门出具的厂检结果原件，检验检疫机构签发的《出境货物运输包装性能检验结果单》（正本）等。

（2）凭样品成交的，须提供样品。

（3）经预检的货物，在向检验检疫机构办理换证放行手续时，应提供该检验检疫机构签发的《出境货物换证凭单》（正本）。

（4）产地与报关地不一致的出境货物，在向报关地检验检疫机构申请《出境货物通关单》时，应提交产地检验检疫机构签发的《出境货物换证凭单》（正本）。

（5）按照国家法律、行政法规的规定实行卫生注册和质量许可的出境货物，必须提供经检验检疫机构批准的注册编号或许可证编号。

（6）出口危险货物时，必须提供《出境货物运输包装性能检验结果单》（正本）和《出境危险货物运输包装使用鉴定结果单》（正本）。

（7）出境特殊物品的，根据法律法规规定应提供有关审批文。

技能训练

1. 根据所给资料填制报检单。

资料一：

SALES CONTRACT

No.: QJ760125

Date: Oct. 10, 2012

The Buyer: Moon River Import & Export Corporation, Busan, Korea

The Seller: JiangSu HongJing Industrial & Trade Corporation

This contract is made by and between the Seller and the Buyer, whereby the Seller agrees to sell and the Buyer agrees to buy the under-mentioned goods according to the terms and conditions stipulated below:

(1)

Name of Commodity	Quantity	Unit Price	Total Price
TV SET 52CM (Dragon Brand)	1 000 SETS (1 000 CTNS)	USD 80/SET	USD 80 000.00

(2) Packing: In Cartons

(3) Port of Loading: LIANYUNGANG PORT, JiangSu, China

(4) Port of Destination: BUSAN PORT, Korea

(5) Shipping Mark: N/ M

(6) Date of shipment: Apr. 2013 / By Vessel

(7) Terms of Payment: Letter of Credit (No.: WE570346)

(8) Documents Required: Certificate of Quality issued by CIQ indicating the No. of L / C

资料二：

江苏宏景工贸公司（3200600018）向韩国月亮河进出口公司出口一批货物，委托报检员李红进行报检，商品编码为 8415101000，随附合同、发票、箱单、厂检单。

2. 根据以下信息制作出境货物报检单，要求格式清楚、内容完整。

相关资料如下：

卖方：SHANGHAI YONGHE CO., LTD. 上海永和有限公司

单位登记号：3101018881

生产单位注册号：67854322

电话：021-88666664，联系人：赵铭

买方：SIK TRADING CO., LTD.

合同号：10DU17589

信用证号：JOCO10388

许可证号：CT88661125844

品名：ALARM CLOCKS（闹钟）

产品尺寸：15CM×4CM×20CM

包装：每 32 个装一纸箱

外箱尺寸：60CM×80CM×80CM
毛重：8KGS/CTN
净重：7.5KGS/CTN
H.S.编码：9105110000
数量：9 600 个
总价：76 800.00 美元
单价：USD 8.00/PC　FOB SHANGHAI
唛头：S.T.C/ 09DU17589/COPENHAGEN /NO.1-300/MADE IN CHINA
装运港：上海
目的港：哥本哈根
装运期：2010 年 8 月
船名：YAQING
航次：Voy. 6080
集装箱规格、数量及号码：5×20'FCL, FSU110, FSU111, FSU112, FSU113, FSU114
产地：上海
货物存放地点：上海市新元路 201 号

项目 3.3　出口货物报关

知识链接

一、出口货物报关单的概念

出口货物报关单是由海关总署规定统一格式和填制规范，由出口企业或其代理人填制并向海关提交的申报货物状况的法律文书，是海关依法监管货物出口、征收关税及其他税费、编制海关统计以及处理其他海关业务的重要凭证。其样式如样单 3-4 所示。

二、出口货物报关单的填制

出口货物的收货人或发货人，或其委托的代理人（以下统称"报关人"），都必须在货物进、出口的时候填写"出口货物报关单"向海关申报，同时提供批准货物出口的证件和有关的货运、商业单据，以便海关依据这些单据证件，审查货物的出口是否合法，确定关税的征收或减免事宜，编制海关统计。

（一）出口口岸

填写货物实际出口我国关境口岸海关的名称，例如：货物由天津新港进境，"进口口岸"栏填"新港海关"+"0202"。

（二）备案号

1. 含义

备案号是指进出口货物收发货人办理报关手续时应向海关递交的备案审批文件的编号。

B—来料加工登记手册编号

C—进料加工登记手册编号

D—加工贸易不作价设备手册编号

Z—征免税证明编号

H—出口加工区进出货物

2. 填报要求

（1）一份报关单只允许填报一个备案号。无备案审批文件的报关单，本栏目免于填报。

（2）备案号的标记码必须与“贸易方式”、“征免性质”、“征免”、“用途”及“项号”等栏目相协调。

（3）加工贸易货物，填报加工贸易手册编号。

（4）进出口征减免税审批货物填报征免税证明编号，不得为空。

（5）对进入特殊区域的保税货物，在“备案号”栏应填报标记代码为“H”的电子账册的备案号。

（6）进口实行原产地证书联网管理的《内地与香港关于建立更紧密经贸关系的安排》（香港 CEPA）、澳门 CEPA 项下进口货物，本栏填报“Y”+“11 位原产地证书编号”，如：“Y3M03A000001”。

（三）出口日期

出口日期是指运载所申报出口货物的运输工具办结出境手续的日期。

（四）申报日期

申报日期是指海关接受进出口货物的收发货人或受其委托的报关企业向海关申报货物进出口的日期。

（五）经营单位

1. 含义

对外签订并执行进出口贸易合同的我国境内企业、单位或者个人的名称及海关注册编码。

2. 填报要求

（1）“经营单位”栏填写经营单位的中文名称及编码。

（2）有代理报关资格的报关企业代理其他进出口企业办理进出口报关手续时，填报委托的进出口企业的名称及海关注册编码。

（3）进出口企业之间相互代理进出口，或者没有进出口经营权的企业委托有进出口经营权的企业代理进出口的，填报“代理方的中文名称及编码”。

3. 特殊情况下确定并填报经营单位的原则

（1）援助、赠送、捐赠的货物，经营单位填报接受货物单位的中文名称及编码。

（2）经营单位编码第 6 位为“8”的单位只有报关权而没有进出口经营权，不得作为经营单位填报。

（3）境外企业不得作为经营单位填报。

（4）如果对外签约，执行合同不是同一单位，则以执行合同的单位为准。

（六）运输方式

填写的是运输方式名称或代码。

* 注意：水路运输 2、汽车运输 4、航空运输 5。

（七）运输工具名称

一份报关单只允许填报一个运输工具名称。水路运输填：船舶英文名称或船舶编号/航次号，航空运输填报航班号。

（八）提运单号

1. 含义

提运单号是指进出口货物提单或运单的编号。

2. 填报要求

（1）一份报关单只允许填报一个提运单号，一票货物对应多个提运单号，应分单填报。

（2）实际进出境的不同运输方式的填报要求：水路运输：填进出口提单号，如有分提单的，填“提单号*分提单号”；航空运输填：填“总运单号_分运单号”，无分运单的填报“总运单号”。

3. 无实际进出境的，本栏目免于填报

（九）发货单位

1. 含义

发货单位是指出口货物在境内的生产或销售单位。

2. 填报要求

应填报中文名称及编码；如果没有编码，填报中文名称。

（十）贸易方式

一份报关单只允许填报一种贸易方式，不同贸易方式的，分单填报；本栏目按海关规定的“贸易方式代码表”选择填报相应的贸易方式简称或代码。

（十一）征免性质

一份报关单只允许填报一种征免性质，涉及多个征免性质的，应分单填报。本栏目按照“征免性质代码表”选择填报相应的征免性质简称或代码。

（十二）结汇方式

1. 含义

结汇方式是指出口货物的发货人或其代理人收结外汇的方式。

2. 填报要求

（1）出口报关单填报结汇方式，按照海关规定的“结汇方式代码表”选择填报相应的结汇方式名称或代码，如表3-1所示。

表3-1　结汇方式代码表

结汇方式代码	结汇方式名称	结汇方式代码	结汇方式名称
1	信汇	4	付款交单
2	电汇	5	承兑交单
3	票汇	6	信用证

（2）出口货物报关单“结汇方式”栏必须填，不得为空。

（3）出口货物不需结汇的，应填报“其他”。

（十三）许可证号

一份报关单只允许填报一个许可证号。非许可证管理商品的，本栏为空。

（十四）运抵国（地区）

1. 含义

运抵国（地区）是指出口货物直接运抵的国家（地区）。

2. 填报要求

（1）填写货物运抵的国家或地区。

（2）对发生中转运输的货物：如在中转地未发生任何买卖关系，那么运抵国不变；如在中转地发生买卖关系，以中转地作为运抵国填报。

（十五）指运港

装运港是指最终卸货的港口。报关单上的“指运港”栏指出口货物运往境外的最终目的港。注意：指运港与报关单上“最终目的国”一栏对应。

（十六）境内货源地

“境内货源地”栏应按“国内地区代码表”选择国内地区名称或代码填报，代码含义与经营单位代码前 5 位的定义相同。

（十七）批准文号

本栏目填报出口收汇核销单编号。如果出口不需要使用出口收汇核销单贸易方式的货物，本栏无需填报。

（十八）成交方式

1. 含义

成交方式是指国际贸易中表示买卖双方各自应承担的责任、费用和风险，以及货物所有权转移界限的贸易术语。

2. 填报要求

按海关规定的“成交方式代码表”选择填报相应的成交方式名称或代码。

如 CIF/CFR/FOB 条件成交，其成交方式代码依次为 1/2/3。

（十九）运费

1. 含义

运费是指进出口货物从始发地到目的地的国际运输所需要的各种费用。

2. 填报要求

（1）本栏目应填报成交价格中含有运费的出口货物的运费。

（2）本栏应根据具体情况选择运费单价、运费总价或运费率三种方式之一填报，同时注明运费标记，并按海关规定的“货币代码表”选择填报相应的币种代码。运费标记如下：“1”表示运费率，“2”表示每吨货物的运费单价，“3”表示运费总价。

（3）运保费合并计算的，运保费填报在“运费”栏中。

知识卡片

常用币值代码

美元（502）　港元（110）　日元（116）

英镑（303）　欧元（300）　人民币（142）

（二十）保险费

1. 含义

保险费是指进出口货物在国际货物运输中由被保险人支付给保险人的保险费用。

2. 填报要求

（1）本栏目应填报成交价格中含有保险费的出口货物的保险费。出口成交方式为CIF的，应在本栏填报保险费。

（2）本栏应根据具体情况选择保险费总价或保险费率两种方式之一填报，同时注明保险费标记（保险费率标记免填），并按海关规定的“货币代码表”选择填报相应的币种代码。

保险费标记：“1”表示保险费率，“3”表示保险费总价。

（二十一）杂费

1. 含义

杂费是指成交价格以外的，应计入完税价格或应从完税价格中扣除的费用，如手续费、佣金、回扣等。

2. 填报要求

（1）本栏应根据具体情况选择杂费总价或杂费率两种方式之一填报，杂费标记：“1”表示杂费率，“3”表示杂费总价。

（2）应计入完税价格的杂费填报为正值或正率，应从完税价格中扣除的杂费填报为负值或负率。

（二十二）合同协议号

本栏目填报合同协议的编号。

（二十三）件数

1. 含义

件数是指外包装的件数。

2. 填报要求

（1）外包装的进（出）口货物的实际件数。

（2）散装、裸装货物填报为“1”。

（3）如果有关单据列明托盘件数的，或者既有托盘数又有单件件数的填“托盘数”。

（4）如果有关单据有集装箱个数，又列明托盘件数、单件包装件数的填“托盘数”。

（5）如仅列明集装箱个数，未列明托盘或者单件包装件数的，则填“集装箱个数”。

（二十四）包装种类

本栏目应根据进出口货物的实际外包装种类，选择填报相应的包装种类。

（二十五）毛重

1. 含义

毛重是指货物及其包装材料的重量之和，即商品本身的重量加上其包装材料的重量。

2. 填报要求

（1）本栏目计量单位为千克。

（2）本栏目填报进出口货物的实际毛重（千克），不足1千克的填报为“1”。

（二十六）净重

1. 含义

净重是指商品本身的重量。

2. 填报要求

（1）本栏目计量单位为千克。

（2）本栏目填报进出口货物的实际净重（千克），不足1千克的填报为“1”。

（二十七）集装箱号

1. 含义

集装箱号是指集装箱的全球唯一的编号，一般由四个英文字母加七位数字构成。

2. 填报要求

（1）本栏填报装载进出口货物（包括拼箱货）集装箱的箱体信息。分别填报集装箱号、集装箱的规格和集装箱的自重。填报方式为：“集装箱号/规格/自重”

例：Container No.：1×20”TEXU360523120，集装箱的重量：2376。

应填制为：TEXU3605231/20/2376。

（2）多个集装箱的，第一个集装箱号填报在“集装箱号”栏，其余的依次填报在“备注栏”栏。

（3）非集装箱货物，填报为“0”。

（二十八）随附单据

1. 含义

随附单据是指随货物报关单一并向海关递交的单证或文件。合同、发票、箱单、许可证等必备的单证不在本栏填报。

2. 填报要求

（1）本栏目应按海关规定的《监管证件名称代码表》选择填报相应证件的代码和编号。

如：入境货物通关单的编号是：442100104064457，则“随附单据栏”填：“A：442100104064458”。

（2）本栏目只填写一个监管证件的信息，多于一个监管证件的，填写在“标记唛码及备注”栏中。

（3）适用CEPA香港、澳门的原产地证书、已和我国海关联网的，此栏目填“Y”+“：”+“（优惠贸易协定代码）”。

如：适用CEPA香港的原产地证书的填“Y：（03）”，适用CEPA澳门的原产地证书的填：“Y：（04）”。

（4）适用其他优惠贸易协定的原产地证书的，填写“Y”+“：”+“（优惠贸易协定代码：需证商品序号）”。

例如：《曼谷协定》项下提供原产地证书进口报关单中，将商品项号第 1 项到第 3 项及第5项列为优惠贸易协定项下商品，因此，此栏应该填报“Y：（01：1-3，5）”。

（二十九）生产厂家

生产厂家是指出口货物的境内生产企业。

（三十）标记唛码及备注

1. 含义

标记唛码及备注是运输标志的俗称，其英文：Marks、Marks & No.、Shipping Marks 等。

2. 填报要求

（1）除图形以外的所有文字和数字。

（2）受外商投资企业委托代理其进口投资设备、物品的外贸企业名称，填写“委托××公司进口”。

（3）关联的备案号。

（4）关联报关单号。

（5）多个监管证件的，除第一个监管证件以外的，其余的监管证件和代码。

（6）涉及多个集装箱的，除第一个集装箱以外的，其余的集装箱号。

（7）其他申报时必须说明的事项。

（三十一）项号

1. 含义

项号是指在报关单中的排列序号和在备案文件上的商品序号。一张纸质单最多可打印 5 项商品，一份报关单最多打印 20 项商品。以下应分栏填报：（1）不同商品名称的，（2）不同商品编码的，（3）原产国/最终目的国不同的，（4）征免不同的。

2. 填报要求

本栏目中每一个项号下都分两行填报。第一行填报报关单中的商品排列序号，第二行填报《登记手册》（或者原产地证书）中对应的项号。

例如：进口某加工贸易料件，该货物列于加工贸易手册第 5 项，则项号应该填报为：

01

05

（三十二）商品编号

按实际商品编码填报。

（三十三）商品名称、规格型号

1. 含义

（1）商品名称：商品规范的中文名称。

（2）规格型号：是指反映商品性能、品质和规格的一系列指标。

2. 填报要求

（1）本栏目分两行填报。第一行填规范的中文商品名称，第二行填报规格型号（发票、装箱单中的原文）。

（2）规格型号应与所提供的商业发票相符。

（3）加工贸易等已备案的货物，填报的内容必须与备案登记中同项号下货物的商品名称一致。

（三十四）数量及单位

1. 含义

数量及单位是指进（出）口商品的实际数量及计量单位，按海关法定计量单位和成交计量单位填报。

2. 填报要求

“数量及单位”分三行填报。

（1）法定第一计量单位及数量应填报在本栏目第一行。

（2）凡列明海关第二法定计量单位的，必须填报第一及第二法定计量单位及数量。第二计量单位填在本栏第二行。没有第二计量单位的，第二行空着。

如：米/千克：法定第一计量单位为“米”，第二法定计量单位为“千克”。

（3）以成交计量单位申报的，成交单位及数量填在本栏第三行。如果成交计量单位与法定计量单位一致，则本栏目第三行为空。

（三十五）最终目的国（地区）

1. 含义

最终目的国（地区）是指出口货物的最终实际消费、使用或进一步加工制造国家（地区）。

2. 填报要求

本栏目应按海关规定的《国别（地区）代码表》选择填报相应的国家（地区）名称或代码。

（三十六）单价、总价、币制

1. 含义

（1）单价：指商品的一个计量单位以某一种货币表示的价格，包括：对外商品价值金额、计量单位、计价货币、价格术语（其中还有佣金、折扣）等。

如：USD 300.00 per M/T CIF NewYork。

（2）总价：指进出口货物实际成交的商品总价，如：Total Amount：USD 300 000.00 CIF Kobe，总额：30 万美元 CIF Kobe。

（3）币制：指进出口货物实际成交价格的计价货币。

2. 填报要求

（1）“单价”栏：填报同一项号下进出口货物实际成交的商品单位价格的金额。单价如非整数，其小数点后保留四位，第五位及以后略去。例如：珠海某进出口公司出口 DVD 机 1 000 台，每台 100 美元，“单价”栏应填“100”。

（2）“总价”栏：填报同一项号下进出口货物实际成交的商品总价。总价如非整数，其小数点后保留四位，第五位及以后略去。无实际成交价格的，填报货值。例如：上海某进出口公司出口“数码相机”10 000 台，每台 400 美元。

（3）“币制”栏根据实际成交情况按海关规定的《币制代码表》选择填报相应的币制名称或代码或符号。

（三十七）征免税

1. 含义

征免税是指海关依照《海关法》、《进出口关税条例》及其他法律、行政法规，对进出口货物进行征税、减税、免税或特案处理的实际操作方式。

2. 填报要求

（1）根据海关核发的征免税证明或有关政策规定，对报关单所列每项商品选择填报海关规定的《征减免税方式代码表》中相应的征免税方式的名称。

（2）加工贸易报关单应根据登记手册中备案的征免规定填报。加工贸易手册中备案的征免规定为“保金”或“保函”的，不能按备案的征免规定填报，而应填报“全免”。

技能训练

1. 根据下列资料填制出口报关单。

东莞康丽纺织制造有限公司（3223940019）于 2010 年 8 月 18 日出口加工贸易合同项下的一批成品，手册号：B51497402884（该货物列于手册第 2 项）。由东莞海货运有限公司于 2010 年 8 月 15 日向广州新风海关（5102）申报。生产、发货单位与经营单位相同，运费率为 USD 1 600，保险费为 0.8%，外汇核销单号：24/18376548，出境货物通关单号为：200803251102，法定计量单位：千克。

DONGGUAN KANGLI TEXTILE MANUFACTURE CO., LTD.

INVOICE

LAAUSER DESIGN PTE LTD. DATE: 20100706

Shipment : GUANGZHOU TO TOKYO JAPAN VIA HONGKONG

11 GUL CIRCLE JAPAN 3668. VESSEL: DANU BHUM/5000

CONTRACT NO.: TYZ97028 B/L NO.: LU9246688

DESCRIPTION	QUANTITY	UNIT PRICE	AMOUNT
LADY'S HANDBAG		USD 80/KG Terms : D/P	CFR TOKYO TOTAL : USD 58 400.00
CONT NO.: OOLU5083793 (1×40') 20 PACKED INTO THIS CONTAINER TARE :5 000KG OOLU5216324 (1×40') 44 PACKED INTO THIS CONTAINER TARE :5 000KG			

DONGGUAN KANGLI TEXTILE MANUFACTURE CO., LTD.

DONGGUAN KANGLI TEXTILE MANUFACTURE CO., LTD.

PACKING LIST

SOLD TO: LAAUSER DESIGN PTE LTD. 11 GUL CIRCLE JAPAN 3668		Shipment : SHANGHAI TO TOKYO JAPAN VIA HONGKONG	
DESCRIPTION	QUANTITY	NET WEIGHT	GROSS WEIGHT
LADY'S HANDBAG	1 WOODEN CASE	9.73 KG	9.80 KG
TOTAL :	75 WOODEN CASE	730 KG	785 KG

2. 报关单改错（根据背景资料判断是否正确，若有误请改正）。

（1）上海某纺织品进出口公司出口一批纺织品，成交价格为 CFR 横滨 40 万美元，保费为 1 200 美元。保费栏应填报为 502/1 200/3。

（2）提单显示：1×20 英尺、1×40 英尺两个集装箱，箱号分别为 FBZU135017、FBBU258912，其中 FBZU135017 集装箱号已填制在“集装箱”栏。其备注栏应填报为：“FBZU135017”。

（3）深圳某电子有限公司与香港某公司签约出口的 10 000 台自产 DVD 机经香港中转运至日本名古屋。出口货物报关单的“运抵国”、“最终目的国”和“指运港”分别填报“中国香港”、“日本”、“香港”。

（4）宁波鞋业有限公司（330244××××）将自产的皮鞋委托宁波某进出口公司（330224××××）出口非洲。出口货物报关单的“境内货源地”栏填报：“33024”或“宁波保税区”。

（5）天津五矿进出口公司出口铁矿石 1 万吨，成交价格为 CIF，运费为 100 美元/吨，保费为 500 美元。成交方式栏填报：“FOB”，运费栏填报：“502/100/3”，保费栏填报：“502/500/2”。

（6）珠海服装进出口公司与美国某公司签约，出口服装 144 件，发票上显示：112 美元/打，总额 1 344 美元。数量及单位栏填报：“144 件”。

项目 3.4 出口货物投保

知识链接

出口货物在长途运送和装卸过程中，有可能会因自然灾害、意外事故或其他外来因素而受损。为了保障收货人在货物受损后获得经济补偿，一般在货物出运前，货主都向保险公司办理有关投保事宜，并按合同或信用证要求仔细、认真地填写货物运输险投保单交给保险公司。保险公司若接受了投保，就签发给投保人一份承保凭证即保险单（Insurance Policy）。有时，出口方也可以以出口货物明细单或出口发票副本来代替投保单，但必须加注如运输工具、开航日期、承保险别、投保金额或投保加成、赔款地、保单份数等内容。当被保险货物遭受到保险凭证责任范围内的损失时，保险单是索赔和理赔的依据；在 CIF 合同中，保险单同时又是卖方向买方提供的出口结汇单据之一。

一、投保程序

（一）确定投保的金额

投保金额是收取保险费的依据，又是货物发生损失后计算赔偿的依据。按国际惯例，投保金额一般为成交金额的 110%。

（二）填写投保单

投保单是投保人向保险人提出投保的书面申请，其主要内容包括被保险人的姓名、被保险货物的品名、标记、数量及包装、保险金额、运输工具名称、开航日期及起讫地点、投保险别、投保日期及签章等。

（三）支付保险费，取得保险单

保险费按投保险别的保险费率计算。保险费率是根据不同的险别、不同的商品、不同的运输方式、不同的目的地，并参照国际上的费率水平而制定的。它分为“一般货物费率”和“指明货物加费费率”两种。前者是一般商品的费率，后者是指特别列明的货物（如某些易碎、易损商品）在一般费率的基础上另行加收的费率。

交付保险费后，投保人即可取得保险单（Insurance Policy）。保险单实际上已构成保险人与被保险人之间的保险契约，是保险人对被保险人的承保证明。在发生保险范围内的损失或灭失时，投保人可凭保险单要求赔偿。

二、投保单的填制

（一）投保单的含义

国际货物运输保险投保单是发货人或被保险人在货物发运前，确定装运工具并缮制发票以后，向保险公司（保险人）办理投保手续所填制和提交的单据。其样式如样单 3-5 所示。

（二）投保单的填制

投保单由出口公司在投保时填写，其内容应按合同或信用证要求仔细、认真填写，不能有错。保险公司根据投保单的内容来缮制和签发保险单。各保险公司的投保单格式不尽相同，但内容基本一致，内容如下：

1. 被保险人

除非信用证有特别规定，一般应为信用证的受益人或合同的卖方，即发货人。

2. 保单号 Policy No.

暂空，无需填写。

3. 发票号 Invoicer No.，合同号 Contract No.及信用证号 L/C No.

根据实际填写。

4. 唛头 Marks & Nos.

按信用证规定填写，或与发票等其他单据上的唛头一致。

5. 数量和保险货物项目 Quantity & Description of Goods

数量是出口货物的总数量，如总重量或总包装件数；保险货物项目是货物的品名或规格，一般按提单的填法，填大类名称或货物的统称，不必详细列明各种规格等细节。

6. 发票金额 Amount Invoice

依商业发票填写。

7. 保险金额 Amount Insured

填写计算投保加成后的总保险金额，但需标明成交价格条件。投保加成按规定计算，保险公司一般能接受的最高加成是 30%，超过此金额，保险公司一般不予承保。

8. 装运路线（From…To）

运输路线即货物装运地和目的地。

9. 保费给付地点及赔款地点（Claims Payable At）

一般在 CIF 条件下，卖方支付保险费，赔款偿付地点一般为买方所在地。

10. 保险险别（Insurance Coverage）

按合同规定或信用证条款填写。

11. 投保人签章（Application's Signature & Stamp）

上述内容填完后，投保人须签字盖章才能生效。除上述投保单外，有时出口企业也可用出口货物明细单或发票副本来代替投保单，但必须加注有关的保险项目，如运输工具、开航日期、承保险别、投保金额或投保加成、赔款地、保单份数等要求。

技能训练

根据所给资料填制投保单。

合　同
CONTRACT

THE SELLER: ANHUI TEXTILES IMP. & EXP. CORP.　　CONTRACT NO.: M0090
27 CHANGJIANG ROAD E, 1. HEFEI, ANHUI　　DATE: Oct.10, 2010
THE BUYER: KK (HONG KONG) LTD.
RM.504 FUNGLEE COMM BLDG., 6-8A PRATT AVE., TSIMSHATSUI, KOWLOO, HONG KONG

THE BUYER AND SELLER HAVE AGREED TO CONCLUDE THE FOLLOWING TRANSACTIONS ACCORDING TO THE TERMS AND CONDITIONS STIPULATED BELOW:

1. COMMODITY & SPECIFICATION PACKING & SHIPPING MARK	2. QUANTITY (PCS.)	3. UNIT PRICE	4. AMOUNT
80% COTTON 20% POLYESTER LADIES KNIT JACKET REMARKS: (1) EACH IN PLASTIC BAGS, 24 BAGS TO A CARTON　TOTAL 75 CARTONS L/C NO:GM777090　Invoice No: UT220 (2) SHIPPING MARK : SUPERB H.K. NO.1-70	2 000PCS	@USD 20 CIF H.K.	USD 40 000.00

TIME OF SHIPMENT: No later than the month of Dec. 2010 with partial shipments and transshipment allowed, Vessel: hangcheng v.11.

PORT OF LOADING & DESTINATION: FROM SHANGHAI TO HONG KONG

TERMS OF PAYMENT: By 100% Confirmed Irrevocable Sight Letter of Credit.

INSURANCE: To be effected by the seller for 110% of the CIF invoice value covering ALL RISKS AND WAR RISK as per China Insurance Clauses., Claims payable at HK.

The Buyer:
KK (HONG KONG) LTD.

The Seller
ANHUI TEXTILES IMP. & EXP. CORP.

样单 3-1

<table>
<tr><td colspan="2">Shipper 托运人</td><td colspan="3" rowspan="3">SHIPPING ORDER
货物托运单</td></tr>
<tr><td colspan="2"></td></tr>
<tr><td colspan="2">Consignee 收货人</td></tr>
<tr><td colspan="2" rowspan="3"></td><td colspan="3">S/O No. 托运单号</td></tr>
<tr><td colspan="3">Vessel/Voyage 船名/航次</td></tr>
<tr><td colspan="3">B/L Issued at: 提单发放地点</td></tr>
<tr><td colspan="2">Notify Party 通知人</td><td colspan="3" rowspan="2">Freight Confirm
费用确认</td></tr>
<tr><td colspan="2"></td></tr>
<tr><td colspan="2">Place of Receipt 收货地</td><td colspan="3">Port of Loading 装货港</td></tr>
<tr><td colspan="2"></td><td colspan="3"></td></tr>
<tr><td colspan="2">Port of Discharge 卸货港</td><td colspan="3">Place of Delivery 目的地</td></tr>
<tr><td colspan="2"></td><td colspan="3"></td></tr>
<tr><td>Marks/No.
唛头/号码</td><td>Quantity & Package
件数及包装</td><td>Description of Goods
货物品名及规格</td><td>Gross Weight
（KGS）毛重</td><td>Measurement
（CBM）尺码</td></tr>
<tr><td></td><td></td><td></td><td></td><td></td></tr>
<tr><td colspan="2">Prepaid 预付</td><td colspan="3">Collect 到付</td></tr>
<tr><td colspan="2">Partial Shipment 分批装运</td><td colspan="3">Transshipment 转运</td></tr>
<tr><td colspan="5">货物交接方式</td></tr>
<tr><td colspan="3">特殊条款</td><td colspan="2">Signature & Chop by Shipper
托运人签名及盖单</td></tr>
</table>

样单 3-2

国际货物托运书
SHIPPER'S LETTER OF INSTRUCTION

货 运 单 号 码
NO. OF AIR WAYBILL

<table>
<tr><td>供货商姓名及地址
SHIPPER'S NAME AND ADDRESS</td><td>SHIPPER'S ACCOUNT NUMBER</td><td colspan="2">供承运人用
FOR CARRIER USE ONLY</td></tr>
<tr><td colspan="2" rowspan="4"></td><td>船班/日期
FLIGHT/DAY</td><td>船班/日期
FLIGHT/DAY</td></tr>
<tr><td></td><td></td></tr>
<tr><td></td><td></td></tr>
<tr><td colspan="2">BOOKED</td></tr>
<tr><td colspan="2">收货人姓名及地址
CONSIGNEE'S NAME AND ADDRESS</td><td colspan="2">运费
CHARGES
Pp/Cc 预付/到付</td></tr>
<tr><td colspan="2">代理人的名称和城市
ISSUING CARRIER'S AGENT NAME AND CITY</td><td colspan="2" rowspan="3">空运单上特殊注明:
货物______日_____运到京报关
预定______日______航班
结算运费：
鉴定：代做/代换</td></tr>
<tr><td colspan="2">始发站
AIRPORT OF DEPARTURE</td></tr>
<tr><td colspan="2">到达站
AIRPORT OF DESTINATIPN</td></tr>
<tr><td colspan="4">其他：</td></tr>
</table>

件 数 NO.OF PACKAGES	预计毛重（公斤） ACTUAL GROSS WEIGHT（KG）	运价类别 RATE CLASS	收费重量 CHARGEABLE WEIGHT	费率 RATE CHARGE	货物品名及数量（包括体积或尺寸） NATURE AND QUANTITY OF GOODS

托运人证实以上所填全部属实并愿遵守承运人的一切载运章程。

THE SHIPPER CERTIFIES THAT THE PARTICULARS ON THE FACE HEREOF ARE CORRECT AND AGREES TO THE CONDITIONS OF THE CARRIER.

托运人签字 SIGNATURE OF SHIPPER	日期 DATE	经手人 AGENT	日期 DATE

样单 3-3

中华人民共和国出入境检验检疫

出境货物报检单

报检单位（加盖公章）： *编　号 ____________

报检单位登记号： 联系人： 电话： 报检日期： 年 月 日

发货人	（中文）	
	（外文）	
收货人	（中文）	
	（外文）	

货物名称（中/外文）	H.S.编码	产地	数/重量	货物总值	包装种类及数量

运输工具名称号码		贸易方式		货物存放地点	
合同号		信用证号		用途	
发货日期		输往国家（地区）		许可证/审批号	
启运地		到达口岸		生产单位注册号	
集装箱规格、数量及号码					

合同、信用证订立的检验检疫条款或特殊要求	标记及号码	随附单据（划“√”或补填）	
		□ 合同	□ 厂检单
		□ 信用证	□ 包装性能结果单
		□ 发票	□ 许可/审批文件
		□ 换证凭单	□
		□ 装箱单	□

需要证单名称（划“√”或补填）				*检验检疫费	
□ 品质证书	_正_副	□ 植物检疫证书	_正_副	总金额（人民币元）	
□ 重量证书	_正_副	□ 熏蒸/消毒证书	_正_副		
□ 数量证书	_正_副	□ 出境货物换证凭单		计费人	
□ 兽医卫生证书	_正_副	□ 出境货物通关单			
□ 健康证书	_正_副				
□ 卫生证书	_正_副			收费人	
□ 动物卫生证书	_正_副				

报检人郑重声明：	领取证单	
1. 本人被授权报检。 2. 上列填写内容正确属实，货物无伪造或冒用他人的厂名、标志、认证标志，并承担货物质量责任。	日期	
签名：__________	签名	

注：有“*”号栏由出入境检验检疫机关填写。 ◆国家出入境检验检疫局制

样单 3-4

中华人民共和国海关出口货物报关单

预录入编号： 海关编号：

出口口岸	备案号	出口日期	申报日期	
经管单位	运输方式	运输工具名称	提运单号	
发货单位	贸易方式	征免性质	结汇方式	
许可证号	运抵国（地区）	指运港	境内货源地	
批准文号	成交方式	运费	保费	杂费
合同协议号	件数	包装种类	毛重（公斤）	净重（公斤）
集装箱号	随附单据	生产厂家		
标记唛码及备注				

项号	商品编号	商品名称、规格型号	数量及单位	最终目的国（地区）	单价	总价	币制	征免

税费征收情况

录入员 录入单位	兹声明以上申报无讹并承担法律责任	海关审单批注及放行日期（签章） 审单 审价
报关员		证税 统计
单位地址	申报单位（签章）	
邮编	电话 填制日期	查验 放行

样单 3-5

PICC 中国人民财产保险股份有限公司

进 出 口 货 物 运 输 保 险 投 保 单

APPLICATION FORM FOR CARGO TRANSPORTATION INSURANCE

发票号 Invoice No.		合同号 Contract No.		信用证号 L/C No.	
被保险人 Insured					

标记 Marks & Numbers	包装及数量 Quantity	保险货物项目 Description of Goods	发票金额 Invoice Value	保险金额 Insured Amount

装载运输工具 Conveyance		起运日期 Date of Commencement		赔款偿付地点 Loss If Any Payable at	
运输路线 Voyage	自 From		到 To	转载地点 Port of Transhipment	

投保险别 Insurance coveraged required:	投保人（签名盖章） Application's Signature & Stamp:

申请保险单正本份数为: Issued in Original (s) Only.	□ 保险单(Insurance Policy) □ 保险凭证(Insurance Certificate)	投保日期 DATE	

模块四

主要出口结汇单据

知识目标

熟练理解信用证中有关单据制作的主要条款，掌握汇票、发票、包装单据、运输单据、保险单据的主要内容及制作要点。

能力目标

能根据信用证内容、货物实际装运情况及相关的国际贸易惯例，正确、及时、完整地制作汇票、发票、包装单据、运输单据及保险单据等主要出口结汇单据。

目标任务

任务一：根据下述信用证及货物实际装运情况，缮制全套单据。

1. 信用证实例

MT700

SENDER: THE HONGKONG AND SHANGHAI BANKING
CORPORATION LIMITED
128-140 QUEEN'S ROAD CENTRAL G/F
V HEUN BUILDING, HONGKONG

SEQUENCE OF TOTAL	*27:	1/1
FORM OF DOC. CREDIT	*40A:	IRREVOCABLE
DOC.CREDIT NUMBER	*20:	EMK20122831
DATE OF ISSUE	31C:	120102
DATE AND PLACE OF EXPIRY	*31D:	DATE 120225 PLACE CHINA
APPLICABLE RULES	40E:	UCP LATEST VERSION
APPLICANT	*50:	MTC INDUSTRIES LTD. 1804-6 SINCERE BLDG. CONNAUGHT ROAD CENTRAL HONGKONG

BENEFICIARY	*59: HEFEI JINYUAN IMPORT & EXPORT CORPORATION 210 JINZHAI ROAD HEFEI,CHINA
AMOUNT	*32B: CURRENCY USD AMOUNT 14 009.20
AVALABLE WITH/BY	*41P: ANY BANK IN CHINA, BY NEGOTIATION
DRAFTS AT …	42C: AT SIGHT
DRAWEE	42A: THE HONGKONG AND SHANGHAI BANKING CORPORATION LIMITED
PARTIAL SHIPMENTS	43P: NOT PERMITTED
TRANSSHIPMENT	43T: NOT PERMITTED
PORT OF LOADING/ AIRPORT OF DEPARTURE	44E: ANY CHINESE PORT
PORT OF DISCHARGE	44F: HONGKONG
LATEST DATE OF SHIP	44C: 120215
DESCRIPT. OF GOODS AND/OR SERVICES	45A: 1700 DOZEN BOBBING HEAD DOLL AS PER BENEFICIARY'S S/C NO. 2012HF – 007 AND APPLICANT'S P/O NO. S3345
DOCUMENTS REQUIRED	46A: +COMMERCIAL INVOICE IN TRIPLICATE +PACKING LIST IN TRIPLICATE +FULL SET ORIGINALS CLEAN ON BOARD OCEAN BILL OF LADING MADE OUT TO ORDER, ENDORSED IN BLANK MARKED FREIGHT PREPAID AND NOTIFY APPLICANT WITH FULL ADDRESS MENTIONING THIS L/C NO. +INSURANCE POLICY IN DUPLICATE FOR FULL INVOICE VALUE PLUS 10 PERCENT COVERING OCEAN MARINE CARGO ALL RISK CLAUSE (1/1/1981) OF PICC AND STATING CLAIMS PAYABLE IN HONGKONG IN THE CURRENCY OF THE DRAFT +BENEFICIARY TO TELEX APPLICANT WITHIN 2 DAYS AFTER SHIPMENT ADVISING FULL– SHIPMENT DETAILS AND A COPY OF TELEX TO THIS

		EFFECT REQUIRED +BENEFICIARY'S CERTIFICATE CERTIFYING THAT ONE COMPLETE SET OF NON-NEGOTIABLE SHIPPING DOCUMENTS HAS BEEN DIRECTLY TO APPLICANT BY EXPRESS AIRMAIL WITHIN 2 DAYS AFTER SHIPMENT.
ADDITIONAL COND.	47A:	+BILL OF LADING MUST BE EVIDENCING SHIPMENT EFFECTED BY FULL CONTAINER LOAD 1×20'S CONTAINER +THE NUMBER,THE DATE OF CREDIT AND THE NAME OF OUR BANK MUST BE QUOTED ON ALL DRAFTS. +ALL DOCUMENTS TO BE DESPATCHED TO US IN TWO CONSECUTIVE SETS. THE ORIGINAL BY COURIER AND THE DUPLICATE BY AIRMAIL. +SHIPPING MARK: T.E.T.M HONGKONG C/NO. MADE IN CHINA +A FEE OF USD 60.00 WILL BE CHARGED BY US IF DOCUMENTS CONTAINING DISCREPANCIES ARE PRESENTED WHICH REQUIRE OUR OBTAINING ACCEPTANCE FROM OUR CUSTOMER.
CHARGES	71B:	ALL BANKING CHARGES OUTSIDE LC ISSUING BANK ARE FOR ACCOUNT OF BENEFICIARY INCLUDING OUR REIMBURSEMENT CHARGES.
PERIOD FOR PRESENTATION	48:	WITHIN 15 DAYS AFTER THE DATE OF SHIPMENT, BUT WITHIN THE VALIDITY OF EXPIRY DATE OF THIS CREDIT.
CONFIRMATION INSTRUCTION	49:	WITHOUT

INFORMATION TO PRESENTING BANK 78: ALL DOCUMENTS ARE TO BE REMITTED IN ONE LOT BY COURIER TO THE HONGKONG AND SHANGHAI BANKING CORPORATION LIMITED 128-140 QUEEN'S ROAD CENTRAL G/F V HEUN BUILDING, HONGKONG

THE END OF THE LC.

2. 货物实际装运情况

货号	出口数量	单价	包装方式	件数	毛、净重	尺码
GT4335	332DOZ	USD 6.5	1CTN/4DOZ	83CTNS	14/12 KGS	0.162 5M^3
GP2331	268DOZ	USD 8.4	1CTN/4DOZ	67CTNS	16/14 KGS	0.162 5M^3
GP6982	500DOZ	USD 7.92	1CTN/5DOZ	100CTNS	23/19 KGS	0.211 25M^3
GW4358	600DOZ	USD 9.4	1CTN/5DOZ	120CTNS	21/17 KGS	0.211 25M^3

合同号码：2012HF－007　　合同日期：5 DEC., 2011

商业发票号码：2012HFINV　　商业发票日期：27 JAN., 2012

装运港：SHANGHAI　装船日期：2 FEB., 2012　　装运船名和航次：HANJING HE　V5234

提单日期：2 FEB., 2012　　提单号码：2012COS007

保单号码：2012PC7789　　保单日期：1 FEB., 2012

成交条件：CIF HONGKONG

项目4.1 汇 票 制 作

知识链接

一、汇票概述

（一）汇票的含义

汇票（Bill of Exchange，Draft）是一人向另一人签发的，要求见票时或在将来的固定时间或可以确定的时间，对某人或其指定的人或持票人支付一定金额的无条件的书面支付命令。

（二）汇票的基本当事人

汇票的基本当事人有出票人、付款人和收款人。

（1）出票人（Drawer），即签发汇票的人，一般是出口方或其指定的银行。

（2）付款人（Drawee，Payer），即接受支付命令付款的人，一般是进口方或其指定的银行。

（3）收款人（Payee），即受领汇票所规定的金额的人。

（三）汇票的主要种类

1. 按出票人不同，汇票可以分为商业汇票和银行汇票

（1）商业汇票（Commercial Draft）。

凡是由商号、个人开立的汇票叫商业汇票。在国际贸易中，商业汇票的付款人可以是买方，也可以是买方指定的银行。

（2）银行汇票（Banker's Draft）。

凡是由银行开立的汇票叫银行汇票。银行汇票的付款人也是银行。

2. 根据在使用过程中是否附带商业单据，汇票分为光票和跟单汇票

（1）光票（Clean Bill）。

光票是指在流通过程中，不附带任何商业单据的汇票。银行汇票在使用中多数采用光票。

（2）跟单汇票（Documentary Bill）。

跟单汇票是指在流通过程中，随附商业单据的汇票。商业汇票一般为跟单汇票。在国际贸易中，大多使用的是跟单汇票。

3. 根据付款时间的不同，汇票可以分为即期汇票和远期汇票

（1）即期汇票（Sight Draft）。

汇票上规定在提示或见票时立即付款的汇票称为“即期汇票”。即期汇票无须承兑。汇票上没有明确表示付款日期，也没有注明到期日者，即可视为见票即付的汇票。

（2）远期汇票（Time Bill，Usance Bill）。

汇票上规定付款人于一个指定的日期或在将来一个可以确定的日期付款的，称为远期汇票。

远期汇票的付款时间有以下几种表示方法：

① 定日付款：如 30 June, 2010。

② 见票后若干天付款：如 At 30 days after sight。

③ 出票后若干天付款：如 At 45 days after date of draft。

④ 提单签发日后若干天付款：如 At 30 days after date of bill of lading。

4. 根据承兑人不同，汇票分为商业承兑汇票和银行承兑汇票

（1）商业承兑汇票（Commercial Acceptance Bill）。

商业承兑汇票是由一家工商企业开立的，以另一家工商企业为付款人的远期汇票，在另一家工商企业承兑后，该汇票即为商业承兑汇票。

（2）银行承兑汇票（Banker's Acceptance Bill）。

由一家工商企业开立的，以一家银行为付款人的远期汇票，在银行承兑后，该汇票即为银行承兑汇票。

（四）汇票的使用

汇票的使用有出票、提示、承兑、付款等，如需转让，通常经过背书进行转让。汇票遭到拒付时，还要涉及做成拒绝证书和行使追索等法律权利。

1. 出票（Issue）

出票是指出票人在汇票上填写付款人、付款金额、付款日期和地点以及收款人等项

目，签字后经持票人交给受票人的行为。在出票时，关于收款人的写法有三种：

（1）来人抬头（Pay Bearer）。

这种抬头方式，当汇票需要转让时，无需经过背书，仅交付汇票即可转让。来人抬头方式的汇票流通性很强，但安全性很差。在国际贸易中一般较少采用。

（2）限制性抬头（Pay ×× Co. only）。

这种抬头方式的汇票，不能流通转让，仅限特定的人收款。安全性很好，但流通性很差。由于流通性差的特点，在实际业务中很少采用。

（3）指示性抬头（Pay ×× Co. or order，Pay to the order of × Co.）。

这种抬头方式，当汇票转让时，需要经过背书，这样既有一定的安全性，又有一定的流通性。这种抬头方式的汇票是国际贸易中经常采用的。

2. 提示（Presentation）

提示是持票人把汇票交给受票人让其看汇票的行为，有付款提示和承兑提示两种。当持票人交给受票人的汇票是即期汇票时，受票人见票即付，也就是提示即付款。当持票人交给受票人的汇票是远期汇票时，第一次提示时即承兑；当汇票到期时，再一次进行提示，提示后付款。

3. 承兑（Acceptance）

承兑是指受票人对远期汇票表示承认到期付款的行为。一般在汇票上标有“承兑”字样，经过承兑的汇票，主债务人由出票人变为受票人，即承兑人。承兑人承担在远期汇票到期时付款的责任。经过银行承兑的汇票信誉度比较高，容易被人们接受。

4. 付款（Payment）

付款是受票人也就是付款人把款项付给收款人的行为。付款后，这张汇票的债权债务关系即告终止。即期汇票见票时付款，远期汇票在汇票到期时付款。

5. 背书（Endorsement）

在票据市场上，对于指示性抬头的汇票，只有经过背书这一法定程序才能进行流通和转让。汇票可以经过背书不断地转让下去。对于受让人，所有前面的背书人和原出票人都是他的“前手”，所有在他后面的受让人都是他的“后手”，后手对前手具有追索权。

6. 拒付（Dishonor）

拒绝付款和拒绝承兑都称为拒付。有时付款人拒不见票、死亡或破产以致付款行为不能实施时，也称为拒付。

二、托收方式下汇票的缮制说明

汇票作为一种支付工具总是和一定的支付方式相结合而共同完成国际贸易支付行为的。托收这一支付方式尽管属于商业信用，但在国际贸易实践中还是经常采用的。一笔交易的达成，总是基于所签订的合同，托收方式下的汇票正是依据合同条款而编制的，如样单 4-1 和样单 4-2 所示。。

（一）汇票的号码

每一张汇票都有号码，汇票的号码写在“No.”的后面，例如“No. SDSHY03/0066”。需要注意的是汇票的号码和商业发票的号码是一致的。

（二）出票的地点和日期

出票地点一般印就在汇票上，通常是出口方所在地，出票日期一般在交单时由银行代为填写。

（三）表明“汇票”字样

汇票上有“Exchange for...”的字样，它表明这是一张汇票，而非本票或支票。

（四）汇票的金额

汇票必须载明它的金额，“Exchange for...”的后面是汇票的小写金额，例如“Exchange for USD 1 000.00”;“the sum of...”的后面是它的大写金额，例如“the sum of U.S. DOLLARS ONE THOUSAND ONLY”。需要注意的是，大写金额的最后要写上“ONLY”字样。

知识卡片

汇票金额的填写方法：

汇票金额有整数和有零有整数两种情况，填写的方法是不同的：

（1）整数的填写方法：如果汇票金额是整数，例如：100 000 美元，填写时在“Exchange for...”的后面写汇票的小写金额，即 USD 100 000；“the sum of…”的后面写它的大写金额，即“U.S. DOLLARS ONE HUNDRED THOUSAND ONLY。”

（2）有零有整数的填写方法：如果汇票金额是有零有整的数，例如：100 000.65，填写时在“Exchange for…”的后面写汇票的小写金额，即 USD 100 000. 65；“the sum of…”的后面写它的大写金额，即“U.S. DOLLARS ONE HUNDRED THOUSAND AND 65/100 ONLY。”

（3）零头的写法：以 0. 65 为例，有下列几种情况：

① cents sixty-five

② point sixty-five/six five

③ 65% or 65/100

其中比较常用的是 cents sixty-five 和 65/100。

（五）表明是托收方式的汇票

在国际贸易中，按交单的条件不同托收可分为付款交单（D/P）和承兑交单（D/A）两种，其在汇票上的表示方法是不同的。

付款交单时，首先需标明 D/P 字样。即期付款交单在 “At sight of…”的前面标上 D/P 字样，即“D/P At sight of…”；若是远期付款交单，除需表明 D/P 字样外，在“At”和“sight”之间有远期付款的时间，如“At 30 days after sight of…”。

承兑交单均为远期，在缮制时标上“D/A”字样。

（六）汇票的收款人

如前所述，汇票的收款人有几种填法，一般都采用指示性的抬头方式，即用“pay to the order of...”来表示。格式在我国出口业务中，此栏通常填写由××银行指示。如“pay to the order of Bank of commerce, Shanghai”。

（七）汇票的出票依据

出票依据中一般要写明合同号码，商品的成交数量以及支付方式。如，“drawn under Contract No. SHWJH 04016 against shipment of 22 bales of shoes from Shanghai to Hongkong for collection”。它表明合同号码为“SHWJH 04016”，商品的成交数量为“22”，支付方式为“collection”。

（八）汇票的付款人

在汇票的左下角有一英文单词“To”，汇票的付款人写在“To”的后面，在托收中，汇票的付款人一般填写合同中的买方。

（九）出票人

汇票的出票人写在汇票的右下角。托收方式下，填写合同中的卖方名称，加盖公司的印章并由负责人签字。

三、信用证方式下汇票的内容及缮制说明

在信用证支付方式下，当出口商收到由通知行转来的信用证以后，与合同对照，经审核无误后，便根据信用证的要求缮制汇票，如样单 4-3 所示，缮制方法如下：

（一）汇票的编号

和托收方式下一样，信用证方式下汇票的编号写在“No.”的后面，例如“No.: STICO/04-478”。需要注意的是汇票的编号和商业发票的编号是一致的。

（二）出票的地点和日期

出票的地点和日期一般写在汇票的右上角。信用证项下汇票的出票地点一般已印就在汇票的右上角。出票的日期一般在出口商办理议付时，由议付行代为填写。

信用证项下汇票的出票日期受两个条件的限制：一个条件是信用证的有效期，例如信用证的有效期是 2010 年 1 月 20 日，则汇票的出票日期不能迟于 2010 年 1 月 20 日；另一个条件是提单的签发日期，再如假设上例中提单的签发日为 2010 年 12 月 28 日，因为根据国际惯例的规定，银行不接受超过提单签发日后 21 天提交单据，所以，虽然信用证的有效期是 2010 年 1 月 20 日，但是单据的提交日期也必须在 2010 年 1 月 18 日之前。所以信用证项下汇票的出票日期要兼顾信用证有效期和提单签发日期两个方面，以便能顺利地收回货款。

（三）表明“汇票”字样

与托收项下的汇票一样。

（四）汇票的金额

一般情况下，信用证项下汇票金额和商业发票金额是相同的，汇票金额不能超过信用证金额。如信用证的金额有规定的浮动幅度，汇票金额可按允许的幅度予以增减。根据《UCP600》的规定，如果信用证金额中有“大约”字样，应该理解为相关的金额可以有 10%的增减幅度。信用证汇票的金额大、小写必须一致，否则会导致银行的拒付。信用证项下汇票金额的填写方法与托收项下汇票金额的填写方法一致。

（五）出票的依据

信用证项下汇票的出票依据要根据信用证填写信用证号码、开证日期和开证行的名

称等。

（六）汇票的付款期限

信用证项下汇票的付款期限有即期付款和远期付款之分。如果信用证项下的汇票是即期付款，则应当是“At sight of…”。在印就的汇票格式中，“At ”和“sight”一般是分开的，中间用“…….”表示，此时应在“…….”部分填上“****”符号或“×××××”符号，把“At”和“sight”连接起来。如果信用证项下的汇票是远期付款，则按表示远期付款时间的方法加以表示。

（七）汇票的收款人

信用证项下汇票的收款人的抬头方式常用的是指示性的抬头方式，即用“pay to the order of...”来表示。在我国出口业务中，收款人一般填写外贸公司在国内的往来银行或议付行。

（八）汇票的付款人

信用证项下汇票的付款人一般写开证行，而不写进口商即开证申请人。《UCP600》规定：“信用证不得开成凭以申请人为付款人的汇票兑用”。汇票的左下角有一英文单词“To”，汇票的付款人写在“To”的后面，例如 “To Bank of China, Hongkong”，这张汇票的付款人是中国银行香港分行。

（九）出票人

信用证项下汇票的出票人是信用证的受益人即出口商，写在汇票的右下角，同时加盖公司印章并经负责人签字。需要注意的是出票人的印章必须与其出具的商业发票等其他单据的印章一致。

技能训练

1. 根据本模块任务一缮制汇票。
2. 根据下列内容填制汇票。

ISSUING BANK: DEUTSCHE BANK(ASIA) HONGKONG

L/C NO. 346789

L/C DATE: NOV.15, 2010

AMOUNT: USD 23 896.00

APPLICANT: MELCHERS (H.K.) LTD., RM.1232, SHUNTAK CENTRE, 345 CONNAUGHT ROAD, CENTRAL HONGKONG

BENEFICIARY: CHINA NATIONAL ARTS AND CRAFTS IMP. & EXP. CORP. HEFEI BRANCH

WE OPENED IRREVOCABLE DOCUMENTS CREDIT AVAILABLE BY NEGOTIATION AGAINST PRESENTATION OF THE DOCUMENTS DETAILED HEREIN AND OF BENEFICIARY’S DRAFTS IN DUPLICATE AT SIGHT DRAWN ON OUR BANK.

INV. NO.: IBM1223

DATE OF NEGOTIATION: DEC. 10, 2010

项目 4.2 发票制作

知识链接

发票根据不同的需要可以划分为不同的种类，如商业发票（Commercial Invoice）、海关发票（Customs Invoice）、形式发票（Proforma Invoice）、领事发票（Consular Invoice）、银行发票（Banker's Invoice）、联合发票（Combined Invoice）以及厂商发票（Manufacturer's Invoice）等。

一、商业发票

（一）商业发票的作用

商业发票（Commercial Invoice）是出口企业开立的凭以向买方收款的发货价目清单，也是出口企业对于一笔交易的全面说明。商业发票是出口贸易结算单据中最主要的单据之一，所有其他单据都应以它为中心来缮制。在制单顺序中，一般先缮制商业发票，稍后再缮制其他单据，以便向商业发票看齐。在外贸业务中，商业发票具有以下方面的作用：

（1）商业发票是出口企业向买方发送货物的凭证。

（2）商业发票是进出口双方收付货款和记账的凭证。

（3）商业发票是进出口双方办理报关、清关、纳税的凭证。

（4）商业发票是出口企业缮制其他出口单据的依据。

（二）商业发票的内容及缮制说明

商业发票没有固定的格式，每个出具商业发票的企业都可有自己的格式，格式虽不尽相同，但其所填制的项目却相差无几，如样单 4-4 所示。

1. 出口公司的名称和地址

在托收项下一般填写合同中卖方的名称及地址；若为信用证方式支付，出票人的名称和地址应与信用证的受益人的名称和地址相一致（特殊情况除外）。

商业发票的出票人有两种表示方法：一是发票的信头直接显示受益人的名称，二是让受益人在发票上进行签署。在实务中，如果发票的出票人是受益人下属的某个部门，根据国际商会专家小组的意见，这是不允许的。

2.进口人的名称和地址

进口人即商业发票的抬头人，在信用证业务中，按照《UCP600》的规定，除可转让信用证外，商业发票的抬头人必须与信用证的开证申请人相一致；在托收业务中，填写合同中买方的名称和地址。填写时名称和地址应分行合理放置。

3. 单据的名称

"INVOICE"或"COMMERCIAL INVOICE"字样应用粗体字印出，以便与其他单据区别开来。

4. 发票号码

商业发票应该有自己的编号。因为商业发票是所有单据中的中心单据，所以商业发票编号可以代表整套单据的代表号。开证行拒付货款指出单据中的问题，也是指××号（即商业发票号）单据项下存在单证不符。该号码由出口公司根据本公司的实际情况自行编制。

5. 发票日期

根据《跟单信用证统一惯例》的规定，除非信用证另有规定，银行将接受出单日期早于信用证开立日期的单据，但该单据需在信用证规定的时限内提交。据此，发票日期可早于开证日期，但不得迟于信用证的议付有效期或最迟交单期。

6. 运输细节

主要规定起运地、目的地及使用的运输方式。起运地、目的地及运输方式均应按信用证规定填写，并要和提单上的起运地、目的地及运输方式相一致。若信用证规定起运地为“任何中国港口”，则货物必须在某一中国港口装运，该栏填写的就应是该具体装货港口的名称；若信用证的目的地为“美国口岸”，可参照合约或订单将货物运往任何美国港口。但应注意目的地必须与价格条件相一致，如价格条件为 CIF 旧金山，那么货只能运往旧金山，而不能运往美国的其他港口，该栏填写的也应是具体的目的地旧金山。

7. 合同号码

应按信用证要求以原句说法在商业发票上表示出来。一笔交易牵涉几个合同的，应在发票上表示出来。

8. 信用证号码

按照信用证填写。

9. 付款条件

按信用证规定填写。

10. 唛头及件号

商业发票上的唛头及件号既要按照刷唛的实际情况填制，也要与提单上的唛头相符，还要符合信用证上的规定。

货物包装上的唛头是为了便于辨识货物而制作的。如果信用证规定了具体的唛头，而且带有“唛头仅限于……”或“只有这样的唛头才能接受”或“唛头应包括……”等类似词语时，唛头中的每一个字母、数字、排列顺序、位置、图形和特殊标注等都应按信用证规定的原样显示在发票上。

如果信用证规定了具体的唛头，例如，“QTY.，G.W.”等，但没有“仅限于……”等类似的字样，则唛头可以按文字要求加注实际内容，如“QTY. 1 000SETS, G.W. 8 000KGS”等。

若信用证无唛头规定，可按照合同要求填制，也可由出口商自行选用。若没有运输标志，此栏可填：“N/M”。

11. 货物的描述

是商业发票的主要部分。所有商品在商业发票上的名称描述都应严格按照信用证规定填写。信用证未规定的内容，尽量不表明。但是，若信用证对品名只规定统称，有时在商业发票上可用具体名称表示。如信用证规定品名为：“药物”，实际出口货物是“安乃近”，发票可表示为“安乃近”。但最好的表示方法是按照信用证规定表示“药物”，然后再表示具体的名称“安乃近”。

信用证规定的货名并非英文文字，这时发票也应按照原文显示出来（可同时用英文表述）；信用证规定了多种货名的，应根据实际发货情况注明其中的一种或几种，不可盲目照抄。除了信用证规定的货物外，发票不能再显示其他的货物或免费样品等。

商品的品质、规格的描述也必须按信用证规定的原词表示，不得随便增减或更改。

信用证中引导货物内容的词或词组常用的有：

（1）Description of goods;

（2）Description of merchandise,;

（3）Covering shipment of;

（4）Covering the following goods by,;

（5）Shipment of goods 等。

12. 商品的数量

商业发票上的数量、重量等要和提单上的数量、重量一致，不能有出入，当然也必须符合信用证的规定。

知识卡片

如果信用证没有规定货物数量有增减幅度，只要符合下述条件，对货物数量的容差允许有 5%的增减幅度。

（1）采用信用证方式支付，且受《跟单信用证统一惯例》的约束。

（2）信用证未规定货物的数量不得增减。

（3）支取金额不超过信用证的金额。

（4）货物数量不是按包装单位或个数计数的，而是按长度（米、码）、体积（立方米、立方米）、容积（升、加仑）、重量（吨、公斤、磅）等计数。

需要注意的是，当信用证规定的金额或数量允许有 5%的增减时，该信用证项下不同颜色、规格的货物，分别可以满足该增减幅度。但是如果其中有单独一项货物或金额超过规定，即使总金额和总数量在规定的范围之内，亦是不允许的。

13. 单价和总值

单价和总值也是商业发票的主要项目，必须正确计算、缮制并认真复核。特别要注意小数点的位数是否正确，金额是否符合信用证的规定。

在信用证的单价或总值处需表示价格条件，如 FOB、CFR、CIF 等。因为它关系到买卖双方承担风险和所负责任的界限划分问题，牵涉到运费由谁支付。保险由谁投保的问题，也是进口地海关核定关税的依据，因而不可遗漏。在价格条件后有“Liner Terms”，“Stowed”，“Trimmed”等都应该填写。

如果信用证中有佣金或折扣的规定，应按信用证规定填制。“Commission”和“Discount”两个词不能互用，因进口国海关对“Commission”要征税，而对“Discount”则可免税。

如信用证的总金额是按照含佣价计算的，则商业发票上的总金额也应按含佣价计算，不要减佣；如来证单价为含佣价，但总金额已扣除佣金，则在商业发票的总金额之下要减去佣金。例：

QTY.	Unit Price	Amount
	CIFC5% SINGAPORE	
500PCS	USD100/PC	USD 50 000.00
	Less 5% Commission:	USD 2 500.00
	CIF NET VALUE:	USD 47 500.00

有些国家的来证要求在商业发票上分别表示运费、保险费和 FOB 值，我们应照办，并且运费、保险费和 FOB 值三者相加总和应等于商业发票上的 CIF 值。

14. 商品的包装、件数

商业发票上必须表明商品的包装、件数，同时应打出货物的毛、净重及包装尺码，这些都是缮制托运单、提单、保险单等的必要资料。不过这些内容绝大部分都在商业发票的补充单据——装箱单据上表示。

15. 出口商的名称及负责人的签字或盖章

出口商的名称一般打印在商业发票的右下角。根据《跟单信用证统一惯例》的规定，商业发票无需签字，但信用证有规定者除外。

此外，某些国家的信用证经常要求在商业发票上注明“进口许可证号”（Import License No.）、“关税号”（Customs Tariff No.）、“外汇核准号”（Foreign Exchange Permit No.）等均应照办。

有些地区、国家开来的信用证，经常要求在商业发票上加注某些声明。如，证明货物系中国产、价格是真实正确的等等，也均应照办。例如：

（1）证明原产地。

例：“兹证明所列货物系中国产”。

This is to certify that the goods named herein are of Chinese Origin.

We hereby certify that the above mentioned goods are of Chinese Origin.

（2）证明货物符合合同。

例：“兹证明本批货物符合第××号合同/确认书”。

We hereby certify that the goods are in accordance with Contract/Confirmation No.××.

（3）证实发票的真实可靠。

例：“兹证明本发票所列货物在价格、品质规格各方面均真实无误”。

We certify that this invoice is in all respects true and correct both as regards to the price and description of the goods referred herein.

又例：“兹证明本发票真实无误，是本批货物唯一的发票，货值中并未扣除任何折扣，货物的原产地在中国”。

We hereby certify that this invoice is authentic and it is only invoice issued by us for the goods described herein, and that it shows their exact value without deduction of any discount and that their origin is of China.

（4）证明已寄有关单据。

例：“兹证明发票、装箱单各一份，已于装运后立即直接航邮给开证申请人”。

This is to certify that one copy of invoice and packing list have been airmailed directly to applicant immediately after shipment.

（5）证明不装载于限制性的船只或停靠限制性的港口。

例：“兹证明本发票所列货物不装载于悬挂以色列国旗或驶靠任何以色列港口的船只”。

We certify that the goods mentioned in this invoice have not been shipped on board of any vessel flying Israeli flag or due to call at any Israeli port.

知识卡片

《UCP600》对商业发票的缮制有以下一些规定：

（1）商业发票必须表明是由信用证中指定的受益人出具（可转让信用证除外）。

（2）商业发票必须做成以开证申请人的名称为抬头（可转让信用证或信用证另有规定除外）。

（3）必须与信用证中的货币相同。

（4）商业发票无须签字。

（5）按指定行事的指定银行、保兑行（如有的话）或开证行可以接受金额大于信用证允许金额的商业发票，其决定对有关各方均有约束力，只要该银行对超过信用证允许金额的部分未作承付或者议付。

（6）商业发票上的货物、服务或履约行为的描述应该与信用证中的描述一致。

二、海关发票

海关发票（Customs Invoice）是按某些国家的规定，在进口货物时，必须按进口国海关规定的一种固定格式和内容所缮制的发票。由出口方逐项填写，进口方据此办理货物的进口报关手续。

（一）海关发票的主要作用

（1）便于进口国海关统计。

（2）便于进口国核定货物的原产地，并根据进口国对不同国家的差别待遇政策，征收差别待遇关税。

（3）便于进口国海关核查进口商品价格，并据此估价完税或确定是否征收反倾销税或反补贴税。

（二）海关发票的内容及缮制

目前，要求提供海关发票的主要国家（地区）有美国、加拿大、澳大利亚、新西兰、牙买加、加勒比共同市场国家、非洲国家等。这里主要以加拿大海关发票（见样单 4-5）

为例来说明海关发票的内容及缮制。

（1）Vendor：卖方的名称及地址。

填写出口企业的名称和地址。

（2）Date of Direct Shipment to Canada：直接运往加拿大的日期。

填写签发提单的日期。如单据送银行预审，可请银行按正本提单的日期代为加注。

（3）Other References：其他参考文号。

填写有关合同、订单或商业发票的号码等。

（4）Consignee：收货人的名称及地址。

必须填写加拿大收货人的名称和地址。

（5）Purchaser's Name and Address：买方的名称和地址。

填写买卖合同上作为买方签字人的名称和地址。如果该当事人与上一栏收货人相同，则在此栏上填写“Same as Consignee”（同收货人）。

（6）Country of Transshipment：转船的国家。

填写转船地点的名称。如在香港转船可填写：“W/T at Hong Kong”，如不转船可填写“N/A”（Not Applicable）。

（7）Country of Origin of Goods：原产国别。

填写货物真实的原产地，如“CHINA”。

（8）Transportation Give Mode and Place of Direct Shipment to Canada：运输方式及直接运往加拿大的起运地点。

填写起运地和目的地的名称以及所用运载工具。如从上海运往加拿大多仑多，使用海运方式，填写为“From Shanghai to Toronto，Canada，By Vessel”。

（9）Conditions of Sale and Terms of Payment：价格条件和支付方式。

按商业发票上的价格条件填写，如“CIF Vancouver By L/C at sight”或“CIF Montreal By D/P at 60 days after sight”等。

（10）Currency of Settlement：结算货币。

填写成交时确定的支付货款的货币名称，须与商业发票上的货币名称一致。

（11）No. of Pkgs：件数。

应填写总包装件数。

（12）Specification of Commodities：货物的描述。

描述货物的包装方式、唛头、件数、货物描述和特征。

应按商业发票的描述填写，并将包装情况及唛头填写在此栏。

（13）Quantity：数量。

填写数量条款的内容，即实际交货的数额，如 1 000PCS、5 000M/T 等。注意这里填写的是商品的具体单位数量，而不是包装的件数。

（14）Unit Price：单价。

完整的单价应包括：计价的数量单位、单位价格金额、计价货币和贸易术语等内容。由于一般情况下，贸易术语在第九栏已经打出，计量单位在第十三栏已经打出，所以，此处只须填写计价货币和单价数额。

例如：“USD 24.00 per M/T CIF Vancouver”或“@USD 24.00”。

（15）Total：总金额。

填写方法与商业发票的相同栏目一样。

如果一张商业发票上有两个或两个以上不同货号的商品，应分别列出单价并相应地填写每一货号的总金额。

（16）Total Weight：总重量。

由净重和毛重两个小栏目构成。填写整批货物的总毛重和总净重。此栏要求与海运提单、装箱单的相同栏目保持一致。

（17）Invoice Total：发票总金额。

按商业发票的总金额填写。填写整批货物的总金额，并在金额的前面加上计价货币的缩写。

（18）If any of fields 1 to 17 are included on the attached commercial invoice, check this box：如果 1～17 栏的任何栏目内容均已包括在所随附的商业发票内，则在方框内填一个“√”记号并将有关的商业发票号填写在横线上。

（19）Exporter's Name and Address：出口商的名称及地址。

可将第一栏卖方名称及地址填入，也可以填写“Same as vendor”。

（20）Originator：原产国负责人（名称与地址）。

此栏填写出口公司名称和地址，填写负责人（制单经办人）名称并签字。

（21）Departmental Ruling：主管当局的现行管理条例。

本栏指加拿大海关和税务机关对该货进口的有关规定，一般在此栏填写“N/A”字样。

（22）If fields 23 to 25 are not applicable, check this box：如果 23～25 这三个栏目均不适用，可在方框内打上“√”记号。

（23）If included in field 17, indicate amount：如果已包括在第 17 栏中，请指出下列项目的费用数额：

① Cost for construction, erection and assembly incurred after importation into Canada：进口到加拿大后因建筑、安装和组建而产生的费用。

根据实际情况填写。如果无此项费用发生，则在横线上方打上“N/A”字样。

② Transportation charges, expenses and insurance from the place of direct shipment to Canada：从起运地至加拿大的运费和保险费。

填写运费和保险费之和，可用原币制填写在横线上面。

③ Export Packing：出口包装费。可按实际金额把包装费用打上。

（24）If not included in field 17, indicate amount：如果不包括在第 17 栏中，请指出下列项目的费用数额。

① Transportation charge, expenses and insurance to the place of direct shipment to Canada：如果第 17 栏中没有包括运费和保险费时，在这一栏填上，否则在横线上方打上“N/A”字样。

② Amount for commissions other than buying commissions：购买佣金以外的佣金。

按实际情况填写或打上“N/A”字样。

③ Export Packing：出口包装费。

按实际情况填写或打上“N/A”字样。

（25）Check：核对。

① Royalty payments or subsequent proceeds are paid or payable by the purchaser：买方已支付的专利费或售后支付的款项。

此栏一般保持空白或打上“N/A”字样。

② The purchaser has supplied goods or services for use in the production of these goods：买方为这些货物的生产提供货物或服务。出口业务中此栏不适用，在方格内打上“N/A”即可。

（三）缮制海关发票应注意的一些问题

（1）各国（地区）使用的海关发票，都有其固定的格式，不能混用。

由于海关发票的格式经常变化，因此，缮制此类发票还应随时从有关部门了解哪些海关发票格式已停用，哪些正在使用。

（2）凡是商业发票和海关发票上共有的项目和内容，必须与商业发票保持一致，不得相互矛盾。

（3）海关发票上若有“出口国国内市场价格”一栏，其价格的高低是进口国海关作为是否征收反倾销税的重要依据，因此要正确缮制。该栏目应以本币表示，价格应比“FOB”价低。

（4）如按 CIF 或 CIP 条件达成的交易，应分别列明 FOB 或 FCA 价、运费、保险费，这里的运费、保险费可按实际情况计算，也可按固定费率计算。但如提单上有运费数字的，则必须与之保持一致。此外，应注意三者价格的总和应等于 CIF 或 CIP 价。

（5）海关发票应以收货人或提单的被通知人为抬头人。

（6）海关发票正面和背面的日期、金额必须一致。

（7）海关发票上的签字必须以个人名义签署。如要求另加证明人，证明人的签字式样不得与发票、汇票或其他单据的签字者同属一人。

三、其他种类的发票

（一）形式发票（Proforma Invoice）

在实际业务中，进口商有时会要求出口商提供一份有关出售货物的名称、规格、单价等内容的非正式的参考性发票，以此向本国贸易管理当局申请进口用汇或进口许可证。这种发票被称之为形式发票，如样单 4-6 所示。

形式发票一般是在业务成交之前开具的，它不是一种正式的发票，不能用于托收或议付；其所列的单价等内容，只是对出口商品基本情况的一种估计，对买卖双方无最终约束力。正因如此，在买卖成交后，还需制作正式发票作为议付的凭证。

形式发票与商业发票关系非常密切，而且在内容和格式上也非常相近。有时信用证在货物内容后出现“按某年某月某日之形式发票”的条款，此时，出口商在制作商业发票时应参照形式发票。如果信用证明确订有“Merchandise as per Profoma Invoice No.: ×××Dated×××”的条款，出口商在缮制商业发票时，应将此条款打上，同时列出形式发票上有关货物的所有内容。

（二）领事发票（Consular Invoice）

领事发票是出口商根据进口国驻在该国的领事馆所提供的一种固定格式而填制的一种特殊发票。领事发票属于官方签发的单据，这种发票可以从领事馆获得，有些国家则规定可由该国领事在出口商已缮制好的单据，如发票或产地证上签证，以证实该票货物的产地。

目前，有些国家如拉丁美洲国家、菲律宾等国的法令规定，凡是运往该国的进口货物，国外出口商必须领取该国的领事签证的发票，作为进口国海关征收进口关税的依据。

领事发票的主要作用有：

（1）作为征收关税的依据。

（2）作为征收反倾销税的依据。

（3）证明出口商所填写的货物名称与数量价格等是否确实等。

各国的领事发票虽格式不一，但其内容大体都包括以下几个方面：出口商的名称与地址、进口商的名称与地址、出口地（港）、进口地（港）、运输方式、有关货物的说明（包括品名、规格、数量、包装、唛头、毛重、净重）、货物的价值和产地等。

使用和填制领事发票时应注意的一些问题有：

（1）当信用证要求提供这种发票时，出口商要考虑能否做到，无法做到时应要求取消该条款。

（2）各国领事馆在签发领事发票或在商业发票上签证时均需收取一定的领事签证费，该笔费用应计入出口货物成本中。

（3）领事发票上的内容除须与信用证内容一致外，还应与商业发票、海运提单等内容一致，以确保单单一致和单证一致。

（4）领事发票上须注明所装运的货物是中国制造或中华人民共和国制造等。

（5）领事发票的签发日期不应迟于汇票和提单的日期等。

（三）厂商发票（Manufacturer's Invoice）

厂商发票是由出口货物的制造厂商所出具的用来证明出口国国内市场的出厂价格的发票。其样式如样单 4-7 所示。它是以本国货币计算价格的。来证要求提供厂商发票，主要是为了供进口国海关估价、核税以及征收反倾销税之用。

厂商发票的内容及缮制要求如下：

（1）在单据的首部有粗体字“**MANUFACTURER'S INVOICE**”字样，以便与其他单据区别开来。

（2）厂商发票的抬头人应填出口商的名称和地址。

（3）出票日期应早于商业发票的日期。

（4）货物的名称、规格、数量、件数等必须与商业发票的内容一致。

（5）货币应采用出口国货币。在填写价格时，可按商业发票的 FOB 价格，再打九折或八五折填入。

（6）货物出厂时，一般无出口装运标记。厂商发票可不打唛头（信用证另有规定者除外）。

（7）必须有负责人的盖章和签字。

技能训练

1. 根据本模块任务一缮制商业发票。
2. 请根据下列信用证条款摘要缮制商业发票。

SIGNED COMMERCIAL INVOICES IN QUADRUPLICATE

APPLICANT: A.B.C Trading.
P.O.Box 2003, Dubai, U.A.E

BENEFICIARY: HENAN YIHAI IMPORT AND EXPORT COMPANY LIMITED
NO.115 WEHUA ROAD, ZHENGZHOU, CHINA

INVOICE NO.:YH-008 DATE: 20 FEB., 2010

DATE OF SHIPMENT: MARCH, 2010

DESTINATION: LONDON

SHIPPING MARK: A.B.C
LONDON
1/100

NAME OF COMMODITY: AGRICULTURAL IMPLEMENT

QUALITY OF GOODS: S303 SHOVEL

QUANTITY: 100 DOZEN

PACKING: IN GUNNY BAGS OF ONE DOZEN EACH

UNIT PRICE: USD 15.00 PER DOZEN CIF LONDON

S/C NO. 2010AG016

L/C NO. T-0216

EACH: GROSS WEIGHT: 24KGS
NET WEIGHT: 22KGS

TOTAL: GROSS WEIGHT: 2 400KGS
NET WEIGHT: 2 200KGS

项目 4.3 包装单据制作

知识链接

包装单据是指一切记载或描述商品包装情况的单据。不同的商品往往需用不同的包装单据。由于国际间货物买卖数量较大、花色品种繁多，有时无法在商业发票上一一列明，而必须使用专门的单据加以说明，这就出现了各种各样的包装单据。

包装单据是商业发票的补充单据，是对商业发票上商品包装情况的描述，便于国外买方在货物到达目的港时，供海关检查和核对货物，也便于买方了解包装件号的具体内容，以方便销售。

实际业务中使用的包装单据名称不尽相同，常用的包装单据主要有：

（1）装箱单（Packing List/Packing Slip）。

（2）包装说明（Packing Specification）。

（3）详细装箱单（Detailed Packing List）。

（4）重量单（Weight Memo）。

（5）重量证明书（Weight Certificate）。

（6）尺码单（Measurement List）。

（7）花色搭配单（Assortment List）等。

一、装箱单

装箱单又称“花色码单”，其上列明每批货物的包装形式和实际装箱情况。在出口业务中，除散装货物外，一般都要求提供装箱单，如样单 4-8 所示。

装箱单无统一格式，所包含的内容也因货物不同而有异。在缮制的过程中，应注意与商业发票上所列货物的名称、规格、数量、包装等内容完全一致，并应与实际货物的装箱情况相符。装箱单的内容及缮制情况如下：

（1）Issuer：装箱单的签发人。填出口公司的名称和地址，应与商业发票上的内容相一致。

（2）To：装箱单的收单人，即收货人。填写进口公司的名称和地址，应与商业发票上的内容相一致。

（3）Invoice No.：填写商业发票的号码。

（4）Date：填写商业发票的签发日期。

（5）Marks and numbers：唛号。填写该批货物的唛头，如无唛头，则填写“N/M”。应与商业发票上的内容相一致。

（6）Number and kind of packages：包装的数量和种类。

按商业发票或信用证或合同的内容填制。

（7）description of goods：货物的描述。

填写货物的品名与规格等。

在标准的装箱单上，此处留有很大的空间，主要是供制单人员根据信用证或合同的不同要求分别加列相关的内容。较多地是在此处加列毛重、净重及尺码或每箱的毛重、净重及尺码等。

（8）Signature：签章。根据需要由签发人签字及/或盖章。

二、重量单

重量单是详细记载货物重量情况的包装单据，是出口商向进口商提供的装货重量的证明书。除装箱单上的内容外，重量单上必须尽量清楚地列明每件货物的毛重、净重以及总的毛重和净重情况。总的毛重和净重必须与商业发票、运输单据、原产地证书、商检证书等单据上相关的描述相一致。

技能训练

1. 根据本模块一任务缮制装箱单。
2. 根据项目 4.2 的技能训练 2 材料缮制装箱单。

项目 4.4　运输单据制作

知识链接

一、海运提单

（一）海运提单的含义

海运提单（Bill of Lading，Ocean Bill of Lading），简称“提单”，是承运人或其代理人签发给托运人的、证明已收到特定的货物或已将特定的货物装船，并负责将货物运送到指定的目的港，交付给收货人的一种物权凭证。

（二）海运提单的性质和作用

（1）海运提单是货物收据。提单是承运人应托运人的要求所签发的货物收据，表明货物已经由承运人接收或装船。

（2）海运提单是物权凭证。提单代表着货物的所有权，货物到达目的港后，提单的合法持有者凭提单向承运人提取货物，而承运人也有义务向提单的持有者交货。提单可以通过背书转让给第三者，第三者可以凭提单向承运人提货。

（3）海运提单是承运人和托运人之间运输契约的证明。提单条款明确规定了承运人、托运人之间的权利与义务、责任与豁免，是处理承运人、托运人或提单的持有者等各方之间争议的依据。

（4）海运提单是托运人凭以向银行办理议付、结汇的主要单据之一，同时在运费的结算和对外索赔中都具有重要的作用。

（三）海运提单的种类

提单可以从不同的角度加以分类，主要可以分为以下几种：

（1）按货物是否已装船提单可分为：已装船提单和备运提单。

“已装船提单”（On board B/L 或 Shipped B/L）是指承运人已将货物全部装上指定船舶后签发的提单，提单上必须注明装运货物船舶的名称，明确表明货物已装船，并写明装运日期。买方和银行一般只接受已装船提单。

“备运提单”（Received for Shipment B/L）是指承运人收到托运货物等待装运期间，应托运人的要求而签发的提单。由于备运提单表示货物尚未装船，能否按时装运及到货时间都难以保证，因此买方和银行一般不愿接受备运提单。

（2）按货物外表状况有无不良批注提单可分为：清洁提单和不清洁提单。

清洁提单（Clean B/L）是指货物装船时表面状况良好，在船公司签发的提单上未有任何货物或包装不良等批注。

不清洁提单（Unclean B/L，Foul B/L）是指承运人在提单上加注货物表面及包装状况有不良或存在缺陷等批注的提单。根据国际惯例的规定，除非信用证明确规定可以接受不清洁提单，否则银行不接受不清洁提单。

（3）按运输方式不同提单可分为：直运提单、转船提单和联运提单。

直运提单（Direct B/L）是指装货船只自装货港直接到达最终目的港，中途不转船所签发的提单。

转船提单（Transshipment B/L）是指从装运港装货的轮船，不直接驶往目的港，而需在中途港换装另外船舶所签发的提单。转船提单有的注明“With transshipment at ××”（在××港转船）字样，也有的仅注明“With transshipment”（须经转船）即可。

联运提单（Through B/L）是指由承运人或其代理人在货物起运地签发的运往最终目的地、收取全程费用并能在目的地凭以提货的提单。

（4）按抬头提单可分为：记名提单、不记名提单和指示提单。

记名提单（Named Consignee B/L，Straight B/L）是指在提单上的“收货人”一栏内具体填写特定的人或公司。这种提单承运人只能将货物交给指定的收货人，否则，承运人应负担责任。除非特别规定，银行一般不接受记名提单。

不记名提单（Blank B/L，Open B/L，Bearer’s B/L）是指在提单的“收货人”一栏内，不填写任何收货人，或仅填写“持有人”（Bearer）字样的提单。这种提单的转让，不需任何背书手续，提单的持有人仅凭提单即可要求承运人交货。该种提单在国际贸易中很少使用。

指示提单（Order B/L）是指在提单的“收货人”一栏内写上“凭指示”（To order）或“凭××指示”（To order of ××）等字样的提单。这种提单经背书后转让，在国际贸易中使用最广。

（5）按船舶经营性质提单可分为：班轮提单和租船提单。

班轮提单（Liner B/L）是指经营班轮运输的轮船公司或其代理人出具的提单。这种提单背面列有详细的运输条款。

租船提单（Charter Party B/L）是指船方根据租船合同签发的提单。提单上注有“一切条件、条款和免责事项按照某年某月某日的租船合同”或批注“根据××租船合同成立”等字样。为了解提单和租船合同的情况，银行或买方在接受这种提单时，通常要求卖方提供租船合同的副本。

（6）按格式提单可分为：全式提单和略式提单。

全式提单（Long Form B/L）是指在提单的背面列有承运人和托运人的权利、义务等详细条款的提单。这种提单在国际贸易中经常使用。

略式提单（Short Form B/L）是指仅载明全式提单正面的必要项目，而略去背面条款的提单。银行一般不接受租船项下的略式提单。

（7）其他种类的提单。

① 预借提单（Advanced B/L）。

预借提单是指信用证规定的装船日期已到或接近到期，而货主因故未能及时备妥货物或因船期延误影响货物装船，在这种情况下托运人要求承运人先行签发已装船提单，以便结汇。承运人应避免签发这种提单。

② 倒签提单（Ante-dated B/L）。

倒签提单是指货物的实际装船日期迟于信用证规定的日期，为使提单的签发日期与信用证规定日期相符，承运人应托运人的要求，在提单上仍按信用证所规定的装船日期填写。倒签提单和预借提单的签发均属不合法行为，承运人需承担由此产生的风险。因此，在实际业务中不应使用预借提单和倒签提单。

③ 过期提单（Stale B/L）。

过期提单是指提单晚于货物到达目的港，收货人不能及时提货或者是提单签发后超过 21 天才向银行交单议付的提单。信用证规定银行拒收过期提单，主要是为了避免货物先于提单到达，卸货后无人提取，因而造成损失或增加费用。由于在近洋运输时容易出现过期提单，所以在近洋国家间的买卖合同中，一般都订有“过期提单可以接受”的条款。

知识卡片

电放提单（Telex Release Bill of Lading）的使用

电放提单是指在货物装船完毕，承运人或其代理人已经签发了提单或已将提单交给了托运人，应托运人的要求，承运人或其代理人收回全套正本提单，并以电传、传真、电子邮件、电报等形式通知其在卸货港的代理人将货交给提单收货人。这种操作方式称为“电放”，这种方式下的提单称为“电放提单”。

在实际业务中主要有两种操作方式，一是承运人或其代理人在每张正本提单上加盖“电放”（SURRENDERED OR TELEX RELEASE ORIGINAL B/L）字样的图章，并将盖章后的提单发送给承运人的卸货港代理，凭以放货；二是承运人或其代理人收回全套正本提单，出具一张“电放电文”并发送给其卸货港代理，凭以放货。

不记名提单、记名提单中收货人通讯方式不详的提单、运费未结清的提单及正本份数不全的提单，承运人或其代理人不接受电放。

（四）海运提单的内容及缮制

海运提单的格式因国家、船运公司的不同而有所不同，但其内容和项目基本一致，以中远海运提单为例（见样单 4-9）。

1. 托运人（Shipper）

即委托承运人装货的货主。一般应按信用证规定以受益人名称及地址填写托运人。如果信用证未规定受益人的地址，提单也可以不填地址，保持单证一致。根据国际惯例的规定，除非信用证特别规定不得以第三者为发货人，否则提单允许以第三者为发货人。信用证要求以某外商为发货人，一般不能接受，尤其当信用证规定提单为空白抬头时。

托收支付方式项下的提单发货人，应按合同规定填写合同中的卖方。

2. 收货人（Consignee）

该栏为提单的抬头，在信用证支付方式下应严格按信用证规定制作；如为托收支付方式下的提单，则一般只做成空白指示或托运人指示提单，即在该栏打上“To Order”或“To Order of Shipper”等字样，切不可做成以买方为抬头人的提单，也不可做成以买方为指示人的提单，以免货款尚未收到时，物权业已转移。

3. 被通知人（Notify Party）

这是货物到达目的港时发送到货通知的对象。如果来证规定了被通知人，应严格按信用证的要求填写被通知人的名称和地址。如果是记名提单或凭收货人指示的提单，而收货人又有详细地址的，则此栏一般可不填，信用证往往也不作规定；如果是空白指示提单或非收货人指示的提单，则必须填写被通知人名称及详细地址。但无论如何提单的副本要填写被通知人的名称及详细地址，且“ONLY”字样照填。

4. 提单号码（B/L No）

提单上必须注明提单号，此号码十分重要，不可漏打。该号码主要是便于工作联系，便于通知和核查。没有号码的提单无效。

5. 若为联运提单，其上有：

（1）前段运输（Pre-carriage by），本栏应填写第一段运输方式的运输工具的名称。如货物从合肥经火车运往上海，由上海装船运往国外，则此处填“by Train”或“by wagon No.×××”。

（2）收货地点（Place of Receipt），本栏填写前段运输承运人接受货物的地点，如合肥。

（3）交货地点（Place of Delivery），是指最终目的地，如货物从南通海运至美国旧金山，然后再由旧金山陆运至芝加哥，则交货地点应填写芝加哥。

6. 船名及航次（Name of Vessel, Voy. No.）

应按装船的实际情况缮制。若无航次号可不填。如果是联运方式而其中包括有海运者，则本栏填写其中海运的船名及航次号。

根据《UCP600》，如果提单没有表明信用证规定的装货港为装货港，或者载有“预期的”或类似的关于装运港的限定语，则需以已装船批注表明信用证的装运港、发运日期以及实际船名。即使提单以事先印就的文字表明了货物已装载或装运于具名船只，本规定仍适用；如果提单载有“预期船只”或类似的关于船名的限定语，则需以已装船批注明确发运日期以及实际船名。

7. 装运港（Port of Loading）

填写实际装船港口的具体名称。如信用证规定为“Chinese Port”，提单上的装运港栏则填写中国范围内实际的具体港口名称，如“XINGANG”（新港）或“GUANGZHOU”（广州），而不能按信用证规定照填“Chinese Port”。如果信用证规定的装货港与实际装货港不符时，应及时修改信用证，以免影响出口结汇。

根据《UCP600》，通过预先印就的文字，或已装船批注注明货物的装运日期，表明货物已在信用证规定的装运港装上具名船只，银行可以接受；如果提单没有表明信用证规定的装货港为装货港，或者载有“预期的”或类似的关于装运港的限定语，则需以已装船批注表明信用证的装运港、发运日期以及实际船名。即使提单以事先印就的文字表明了货物已装载或装运于具名船只，本规定仍适用。

8. 卸货港（Port of Discharge）

在直达船运输的情况下，此栏即为最终目的港。若在转运的情况下，该栏所填写的应是第一程海运船只上的货物卸下的地点。例如，货物从上海（SHANGHAI）运往洛杉矶（LOS ANGELES），须在香港（HONGKONG）转船，则该栏目应填“HONGKONG”，而“LOS ANGELES”应填在下一栏，即“Final Destination”栏内。

如信用证规定两个以上的港口者，或笼统规定“××主要港口”如“European Main Ports”（欧洲主要港口时），只能选择其中之一或填写具体卸货港名称。

9. 唛号（Marks & Nos.）

如信用证有规定应严格按信用证规定缮制，上、下、左、右顺序都不可颠倒，并应与商业发票上的唛号保持一致；如信用证没有规定或不用信用证方式支付的，可按商业发票上的唛号缮制，并注意做到单单一致。

提单上的唛号是重要的项目，因此本栏不能留空不填，若散装货物没有唛号，可以表示“No Mark”或“N/M”。

10. 包装的件数和种类（No. and Kind of Packages）

填写实际货物的件数和包装的单位，应与唛头中件号的累计数相一致。如散装货无包装件数者，可表示“In Bulk”。

如果在同一张提单上有两种以上包装单位，如 100 件中有 40 件是木箱装，60 件是纸箱装，应分别填写不同包装单位的数量，然后再表示件数。如：

40 Wooden cases
60 Cartons
100 packages

11. 货名（Description of Goods）

提单上有关货物的名称，可以用概括性的商品的统称，不必列出详细规格。但应注意不能与来证所规定的货物的特征相抵触。例如，出口货物有餐刀、水果刀、餐叉、餐匙等，信用证上分别列明了各种商品的名称、规格和数量，提单上可用“餐具”这一统称来表示。又如，来证规定货物的名称为“复写纸”（Carbon Paper）。它是一种独特的商品，我们不能用“纸”（Paper）来代替复写纸，否则银行可以拒付。

12. 毛重（Gross Weight）

即货物的总毛重。除非信用证另有规定，一般以公斤作为计重单位。

13. 尺码（Measurement）

即货物的体积。除非信用证另有规定，一般以立方米作为计算单位，保留小数点后三位小数并注意与其他单据保持一致。

14. 运费支付情况的说明

除非信用证另有规定，此栏一般不填写运费的具体数额，只填写运费的支付情况。此栏应参照商业发票中的价格条件填写，十分重要，不可遗漏。如成交价格为 CFR、CIF，则应注明“运费已付”（Freight Prepaid）；如成交价格为 FOB，则应注明“运费到付”（Freight Collect），以明确运费由谁支付。当有些来证要求注明所支付的运费的金额时，只需按实际支付数额填写即可。

15. 大写件数（Total Packages in Words）

用大写英文字母打出，须与小写件数一致。

16. 正本提单的份数（No. of Original B(s)/L）

托收支付方式下的正本提单的份数一般为一至三份都可以。信用证支付方式项下的提单正本份数必须依据信用证规定。例如，信用证规定：“3/3 original on board ocean Bills of Lading...”，则须出具三份正本。如果信用证规定为全套，则作成 1 份、2 份或 3 份都可以，并用大写“ONE”、“TWO”或“THREE”表示。为了简化提单工作与减少重复提单在社会上造成的麻烦，《跟单信用证统一惯例》规定，提单可以是一套单独一份的正本单据。正本提单不论有多少份，其法律效率是一样的，其中任何一份正本提单提货后，其他各份正本提单即告失效。

正本提单须有“Original”字样。

17. 提单的签发地点和日期（Place and Date of Issue）

提单的签发地点应是装货港的地点，如中途转船，应是第一程船装货港的地点。提单的签发日期通常是装船完毕的那一天，该日期不得迟于信用证或合约所规定的最迟装运日期。

18. 装船批注的日期和签署（Laden on Board the Vessel Date…By…）

根据《跟单信用证统一惯例》的解释，如果提单上没有预先印就的“已装船”（Shipped on board...）字样，则必须在提单上加注装船批注（On board notation），装船批注中所显示的日期即视为货物的装船日期。

19. 承运人签署（Signed for the Carrier）

每份正本提单都必须有船方或其代理人的签章才能生效。根据《跟单信用证统一惯例》的规定，提单必须注明承运人的名称，然后由承运人或作为承运人的具名代理人或其代表，或船长或作为船长的具名代理人或代表签署。以上任何人的签字或证实均须表明其身份。

关于提单签字的式样，有以下几种参考格式：

（1）由承运人签发的提单：

ABC Shipping Co.

as carrier

（签署）

（2）由承运人的具名代理人签发的提单：

XYZ Sipping Co.

As agent for（or “on behalf of”）

ABC Shipping Co.（carrier）

（签署）

（3）由船长签发的提单：

Smith（船长名）

master of

ABC Shipping Co.（承运人公司名）

（签署）

（4）由船长的具名代理人签发的提单：

MXN Co（代理人公司名称）

签字

As agent for（or “on behalf of”）Smith（船长名）

master of

ABC Shipping Co.（承运人公司名）

（签署）

外贸公司在收到提单后应逐份检查签章有无遗漏，同时注意信用证是否有提单必须手签的条款，如有此规定必须手签。

在提单的缮制过程中还应注意，不属于上述范围内，但信用证上要求在提单上加注的内容，如要求在提单上列名信用证的号码等，必须按信用证要求办理。

二、航空运单

（一）航空运单概述

航空运单（Airway Bill）是航空公司或其代理人对航空运输货物接管后签发的一种单据。航空运单是承运人签发的货物收据，是托运人与承运人之间运输契约的证明。此外，航空运单还具有运费账单、报关单据以及承运人内部业务往来依据的单据的性质。但它不代表货物的所有权，不能背书转让。货物到达目的地后，收货人凭航空公司的提货通知单提货。其样式如样单 4-10 所示。

航空运单根据出单人不同，可以分为航空主运单（Master Air Waybill，MAWB）和航空分运单（House Air Waybill，HAWB）。凡由航空公司签发的航空运单称为航空主运单。航空主运单作为运输合同，当事人一方是实际承运人航空公司，另一方是航空货运代理公司（作为托运人）。航空分运单是航空货运代理人在办理集中托运业务时签发给每一个发货人的货物收据。它是航空货运代理公司与发货人之间订立的运输合同。

我国的航空货运单是由航空公司或其代理签发。对于需要航空运输的货物，托运人首先必须填制《国际货物托运书》，然后由航空公司凭此托运书填制航空运单。

我国航空运单由一式 12 联组成，包括 3 联正本，6 联副本和 3 联额外副本。正本 3 份中，第一份正本交托运人向银行结汇，上面注有“Original-For the Shipper”；第二份正本由航空公司留存，上面注有“Original-For the Issuing Carrier”；第三份正本由航空公司随机交收货人，上面注有“Original-For the Consignee”。各副本单据由航空公司根据需要分发。

（二）航空运单的内容及缮制说明

在信用证方式下，航空运单必须严格按照信用证的规定进行缮制。不同航空公司的航空运单格式不尽相同，但内容基本一致。

1. 航空运单的号码（Air Waybill Number）

航空货运单号码一般被印在每一份运单的左上角和右下角两处，由 11 位数字组成。

一般前三位是航空公司的IATA数字代号，如中国民航代号是999、南方航空公司的代号是784，第四位至第十位数字表示货运单顺序号，最后一位是检测号。

2. 航空公司的名称（Name）

航空运单上要注明航空公司的全称及简称。如中国民航（The Civil Aviation Administration of China）简称CAAC。除此之外，还印有“不可转让”（Not Negotiable）字样，明确表示航空运单是不可转让的。

3. 托运人的名称和地址（Shipper's Name and Address）

在信用证方式下，填写受益人的名称和地址，在其他方式下则为合同中卖方的名称和地址。

4. 发货人账号（Shipper's Account Number）

此栏通常留空不填。

5. 收货人的名称和地址（Consignee's Name and Address）

在信用证方式下，收货人的名称和地址必须严格按信用证要求填制。为保证出口商的利益，签约时最好以开证行为收货人，以防进口商借口单据有问题拒绝或拖延付款，而货物却被提走。托收方式下，在征得代收行同意的情况下，可以以代收行为收货人。

收货人栏内必须填写收货人的全称和详细地址，不得做成指示性抬头（To order）。因为航空运单不是物权凭证，航空公司凭收货人栏的名称通知其提货，而不是凭航空运单的持有人提货。

6. 收货人账号（Consignee's Account Number）

除信用证特别要求外，通常不填。

7. 签单承运人的代理人的名称和城市（Issuing Carrier's Agent Name and City）

如由货运代理公司签发，此栏填写实际名称和城市名。如承运人直接签发，此栏可不填。

8. 代理人的IATA代号（Agent's IATA Code）

填写代理人的IATA（International Air Transport Association，国际航空运输协会）代号。

9. 代理人账号（Agent's Account No.）

该栏一般不用填写。

10. 起航机场和指定航线（Airport of Departure and Requested Routing）

填写起航机场名称及实际航线名称。

11. 会计事项（Accounting Information）

本栏填制有关财务说明事项。一般填写内容有：

付款方式：现金、支票、旅费证（MCO）等；用旅费证付款时，还需填上MCO号码、旅客客票号码、航班、日期等；货物飞离后运费更改，将更改通知单单号填在本栏；运费支付方式填写预付（FREIGHT PREPAID）或到付（FREIGHT COLLECT）。

12. 转运机场（Airport of Transshipment）

按信用证规定填写，如无转运，此栏不填。《UCP600》规定，空运单据中的转运是指在信用证规定的起飞机场到目的地机场的运输过程中，将货物从一飞机卸下再装上另一飞机的行为。空运单据可以注明货物将要或可能转运，只要全程运输由同一空运单据涵盖。即使信用证禁止转运，注明将要或可能发生转运的空运单据仍可接受。

13. 目的地机场（Airport of Destination）

按信用证或合同的规定填写目的地机场名称。

14. 航班/日期（Flight/Date）

填写航班号及实际起飞日期。填写此栏要注意飞行日期不能迟于信用证规定的最后装运期。

根据《UCP600》的规定，空运单据出具日期将被视为发运日期，除非空运单据载有专门批注注明实际发运日期，此时批注中的日期将被视为发运日期。空运单据中其他与航班号和航班日期相关的信息将不被用来确定发运日期。

15. 费用币制及费用代号（Currency and Charges Code）

币值通常按货币国际标准代码表示，如 RMB、HKD 等；费用代号通常不填。

16. WT/VAL and Other（运费/声明价值费和其他费用）

如果运费和声明价值费或其他费用预付，在 PPD（Prepaid）栏打“×”；如为到付，则在 COLL（Collect）栏打“×”。

17. 供运输使用声明价值（Declared Value for Carriage）

对贵重物品，应向承运人声明其价值。当货物因承运人的原因造成损失或灭失时，可从承运人处获得赔偿。若托运时没有声明价值，此栏可填“NVD”（No Value Declared），表明无声明价值。

18. 供海关用声明价值（Declared Value for Customs）

填写托运人向海关申报的货物商业价值，作为海关征税的依据。若货物没有商业价值，则填“NCV”（No Commercial Value），表示无商业价值。

19. 处理情况（Handling Information）

填写包括标记、件号、包装方式、随机文件等事项，也可填写信用证对本批货物运输的一些特别要求，一般此栏不填。

20. 件数（No. of Pieces）

填写装运外包装件数。

21. 毛重（Gross Weight）

填写货物总毛重。除非信用证另有规定，一般重量单位以（kg）表示。

22. 运价等级（Rate Class）

航空公司常根据货物不同的重量等级制定不同的运价，一般有以下几种运价等级，可用不同的代号表示：

“M”（Minimum Charge）：起码运价。

“N”（Normal under 45 kg. Rate）：代表 45 千克以下普通货物运价。

“Q”（Quantity over 45 kg. Rate）：代表 45 千克以上普通货物运价。

“C”（Special Commodity Rate）：代表特种商品运价。

“R”（Reduced Class Rate Less Than Normal Rate）：代表折扣运价，即低于 45 kg 的普通货物运价的等级运价。

“S”（Surcharged Class Rate More Than Normal Rate）：表示加价运价，即高于 45 kg

的普通货物运价的等级运价。

23. 商品编号（Commodity Item No.）

应根据航空公司的类别填写，通常情况下此栏留空。

24. 计费重量（Chargeable Weight）

一般按毛重计费，如按起码运价计收运费，此栏可不填。

25. 费率（Rate）

按实际计费的费率填入。一般按每公斤计算。

26. 运费总额（Total）

运费总额=计费重量×费率。

27. 货物的品名和数量（Nature and Quantity of Goods）

按信用证或合同规定填写。一般填写商品名称、数量和尺码（指体积或容积）。因无专门的唛头栏目，通常可将唛头打在货物品名之下。

28. 以重量计算的运费额（Weight Charge）

将运费额按照实际情况填入“Prepaid”（预付）或“Collect“（到付）栏中。

29. 其他费用（Other Charges）

其他费用主要包括运单费、仓储费和危险货物费等，按实际情况填写。

30. 由于承运人的原因而产生的其他费用总额（Total Other Charges Due Carrier）

如运单费、仓储费等。按各项费用相加填入。

31. 预付费用总额（Total Prepaid）

是预付费用及其他费用的总额，亦即以上各项相加总额。

32. 发货人或代理人签名（Signature of Shipper or his Agent）

由发货人或其代理人在本栏签名。

33. 承运人或其代理人签字及签运单日期、地点（Executed on（date）at（place），Signature of Issuing Carrier）

本栏填写运单签发日期和地点，并经承运人或其代理人签章。签发日期应与起飞日期相一致，若运单上未载明起飞日期，则签发日期视为卖方完成交货的日期，签发地点应在始发站所在地。

（三）航空货运单使用应注意的问题

1. 航空货运单不可以转让

航空货运单不是物权凭证，不可以进行转让。一般在其正面印有“不可转让”（NOT NEGOTIABLE）字样。

2. 航空货运单可以用于不同种类的货物的运输

一份航空货运单既可以用于单种货物的运输，也可以用于不同种类货物的运输。

3. 一份航空货运单只能用于一个托运人

一份航空货运单只能用于一个托运人在同一时间、同一地点托运的，由承运人承运的运往同一目的港、同一收货人的一件或多件货物。

4. 航空货运单可用于全程运输

一份航空货运单既可用于单程货物运输，也可用于多程货物运输，直至全程运输结束。

技能训练

根据本模块任务一缮制海运提单。

项目 4.5 保险单制作

知识链接

一、保险单的作用

保险单是保险人与被保险人之间订立的保险合同的凭证。其样式如样单 4-11 所示。其主要作用有:

（1）保险单是保险人对保险单所列的货物在其承保范围内承担灭失和损害赔偿责任的凭证。

（2）在运输过程中，当被保险货物遭受保险合同责任范围内的损失时，保险单是被保险人索赔、保险人理赔的依据。

（3）在 CIF 或 CIP 合同中，保险单是出口商向银行或进口商收款时必须提交的单证之一。

二、保险单据的种类

在我国出口业务中使用的保险单据主要有以下几种。

（一）保险单（Insurance Policy）

保险单俗称“大保单”，是正式的保险合同。除了正面载明被保险人的名称、被保险货物的名称、数量、标记、运输工具的种类和名称、保险险别、保险责任起讫和保险金额等项目外，保险单背面还载有保险双方当事人详细的权利义务条款。目前，在国际贸易中主要使用这种保险单。

（二）保险凭证（Insurance Certificate）

保险凭证俗称“小保单”，它是一种简化的保险单。其背面没有条款，但与保险单具有同等的法律效力。如果信用证要求提供保险单，不可用保险凭证代替，如果信用证要求提供保险凭证，则可用保险单代替保险凭证。

（三）联合凭证（Combined Certificate）

联合凭证是比保险单更加简化的保险单据。保险公司将承保的险别、保险金额加注在出口公司出立的商业发票上，其他项目均按照商业发票所列为准。这是商业发票与保险单相结合的一种凭证。这种单据目前仅适用于对港澳地区和新马地区的一些业务。

（四）预约保单（Open Policy）

预约保单是保险人承保被保险人在一定时期内发运的，以 CIF 条件成交的出口货物或以 FOB 条件成交的进口货物的保险单。它是一种长期性的货物运输保险合同。合同中规定了承保范围、承保险别、保险责任、总保险限额、航程区域、运输工具、保险费率、赔偿处理等项目。在保险单的有效期间，凡属于预约保险范围内的货物，在每批货物装运后，由被保险人向保险公司或进口商发出“保险声明”（Insurance Declaration）或“装运通知”（Shipment Advice），作为正式保险单生效的标志，其副本或相关的受益人证明书通常作为议付的单据之一。预约保险单对于经常有进出口货物的公司而言十分方便。

三、保险单的内容及缮制说明

保险单是我国目前使用最广的保险单据，由保险公司根据出口商投保时提供的相关资料来填制。保险单的基本格式及缮制内容如下：

（一）保险人即保险公司的名称（Name of Insurance Company）

印就在保险单的上方，如中国人民保险公司（The People’s Insurance Company of China，××Branch）、中国太平洋保险公司（China Pacific Insurance Company Limited，××Branch）等。

（二）保险单号次（Insurance Policy No.）

由保险公司提供。

（三）发票号码（Invoice No.）

填写本批投保货物的发票号码。

（四）被保险人（Insured）

被保险人即投保人，即人们通常所说的保险单的抬头。在 CIF 或 CIP 条件下，出口货物都由出口商申请投保，所以在信用证没有特别规定的情况下，都以信用证受益人名称为被保险人。

如信用证规定须过户给银行或第三者时，则在投保人之后加打“Held to the order of ××”。

如果信用证规定保险单做成“背书给××银行”（Endorsed to order of ×× Bank），可在被保险人栏填写受益人名称，并在保单背面注明：“To order of ×× Bank”，然后再由受益人盖章，表示背书。

如果信用证规定被保险人为受益人以外的某公司或某银行，保险单应直接打该公司或银行的名称。如信用证在被保险人名称前注有“to the order of ××”，填制保险单时应照办，受益人不需背书。

如果信用证要求保险单做成“To Order”，可以在被保险人栏照填，同时加以背书，其效果与填写信用证的受益人加以背书一样。

在 FOB 或 CFR 价格条件下，若买方委托卖方代办保险，被保险人一栏可做成“××（卖方）on behalf of ××（买方）”，由卖方按此形式在保险单背面背书。

（五）标记（Marks & Nos.）

保险单上的标记应和提单、发票及其他单据上的标记一致。一种简化的打法是在保险单上不填标记，在标记栏内注明：“按××号发票上的标记”（As Per Invoice No.×××），以减少产生差错的可能。

也有人认为，上述打法未必使制单简化，反而给挑剔的开证人或开证行找到借口，认为保险单未填写标记而保留追索权。因而在唛头并不复杂的情况下，不如把实际标记打上，以免后患。

此外，保险索赔时须提供商业发票，这样做便于将两种单据相互对照。

（六）包装及数量（Quantity）

应参照商业发票填写。

以单位包装件数计算者，可只填总件数，如“100 Cartons”；如散装货物应注明“In Bulk”，然后填写重量，如“150 M/T in bulk”；一批货物分为散装及袋装，应分别予以注明，如“100 M/T in bulk and 1 000 M/T in 20 bags gross for net”。

（七）保险货物项目（Description of Goods）

可参照商业发票中描述的商品名称填制，也可填写货物的统称。

个别信用证有时要求所有单据都表示本信用证号码，保险单也不例外，保险单号码可在本栏空白处表示。

（八）保险金额（Amount Insured）

保险单上的保险金额有两栏，即“保险金额”（Amount Insured）（小写金额）和“总保险金额”（Total Amount Insured）（大写金额）。两栏金额要完全一致，所用的货币也要与信用证金额所用的货币完全一致。

按国际惯例的规定，保险金额一般按发票金额或成交金额加 10%计算。如投保加成超过 10%，应根据实际情况确定。

发票金额有折扣或佣金时，不能按扣除佣金或折扣后的发票净金额加成计算，否则会造成保险金额不足。

保险金额不用辅币，其货币单位以下的辅币采取进位制。如计算出保险金额为 13 579.05 美元，应进位为 13 580 美元。

大写的保险金额后应加一个“整”（Only）字，以防涂改。

（九）保费（Premium）及费率（Rate）

保费及费率一般没有必要在保险单上表示。中国人民保险公司的保险单格式上已印就“AS ARRANGED”（按照约定）。但来证如要求标明保费及费率时，则应打上具体数字及费率。

有的信用证要求在保险单上表示“保险费已付”，可在保险单的空白处注明。

（十）装载运输工具（Per Conveyance S.S）

如由海洋运输，须打船名。如果该船在中途转船，在投保时业已确定二程船名，则把二程船名也打上。如：S.S.“ZHUANGYUN” to be transshipped at Hongkong onto S.S “ZHONGHE”；如二程船名无法确定，可填写 S.S.“ZHUANGYUN” with transshipment at Hongkong；如连转船地点也不知道，可填写 S.S.“ZHUANGYUN” with transshipment。

如由铁路运输，则填写“By Train”或“By Railway”或加上车号，如“Wagon No. 2475”。

如由航空运输，则填写“By Airplane”。

如由邮包运输，则填写“By Parcel Post”。

如由海陆联运，则填写船名及陆运目的地。

如由陆空陆联运，则填写“Train/Air/Truck”。

（十一）开航日期（Slg. on or about）

开航日期应填上提单的签发日期。但一般按如下方式填写：

海运填写“As Per B/L”。

陆运填写“As Per Cargo Receipt”。

空运填写“As Per Airway Bill”。

邮运填写“As Per Post Receipt”等。

（十二）起运地和目的地（Form...To...）

保险单上的起运地和目的地必须和提单或其他运输单据一致。

如需转运，则应加打转运港名称，即 Form（装运港）To（目的港）W/T（With Transshipment）或 Via（转运港）。例如：Form Shanghai To Vancouver with transshipment at（or Via）Hongkong。

如果信用证要求海运至某目的港而保险规定保到内陆，保险单应该填写目的港后再填写内陆地名。

（十三）承保险别（Conditions）

本栏是保险单的核心内容。它主要规定了保险公司对该批货物承保的责任范围，也是被保险人在货物遭到损失后，确定是否属于保险公司责任的根据。本栏应按投保资料缮制，并要严格符合信用证条款的要求。

（十四）勘查、理赔代理人（Insurance Survey Agent）

有的信用证要求保险单显示勘查、理赔代理人名称，可查阅中国人民保险公司的有关货损检验、理赔代理人名册。应填写该代理人的详细地址，以便收货人在出险后向其联系和索赔。勘查理赔代理人一般由保险公司自己选定，但要提供其地址，以便在损失发生时，收货人通知其代理人进行勘查和赔款事宜。

（十五）赔付地点（Claim payable at...）

每份保险单均应列出赔付地点。

信用证如有规定，应按信用证规定地点填制。一般信用证规定在赔付地点后要注明偿付的货币名称，例如：“At New York in USD”。赔款的货币名称一般与 L/C 的货币名称一致。

若信用证未规定赔付地点，赔付地点一般填写保险单上所载明的目的港（地）。

若来证规定不止一个目的港或赔付地点，则应全部照填。

如来证规定一旦发生货损，赔款给××公司，则应在保险单赔付地点后加打“Pay to ××Co.”。

（十六）保险单的签发日期和地点（Date and Place of Issue）

保险单的出单日期要在提单或其他货运单据签发日期之前，最迟可与上述单据出单日期为同一天，以表示货物在装运前已办理保险。

为了便于掌握，有些出口公司要求保险公司在缮制保险单时把发票日期作为保险单的日期，这是因为发票总是在货物启运前缮制的。

保险单的签发地点一般填受益人所在地。

（十七）保险公司签章（Authorized Signature）

保险单只有经保险公司或其代表签章后才生效。

技能训练

根据下列信用证实例及货物实际装运情况，缮制汇票、商业发票、装箱单、海运提单、保险单。

信用证实例：

中国银行　新加坡分行

BANK OF CHINA SINGAPORE BRANCH

4 BATTERY ROAD #01-00 BANK OF CHINA BUILDING,
SINGAPORE 049908. TEL: 4398333
CABLE: CHUNGKUO TELEX: 223047BKCHINA
FAX: 3458792 SWIFT: BKCHSGSG

ADVISING BANK: BANK OF CHINA, SHANGHAI
IRREVOCABLE DOCUMENTARY CREDIT NO. 1123456
DATED:15 APR. 2004
DATE AND PLACE OF EXPIRY: 27 MAY 2004　IN BENEFICIARY'S COUNTRY
BENEFICIARY: SHANGHAI JINHAI IMP. & EXP. GROUP GARMENTS BRANCH
NO. 50 LANE 424 YAOHUA ROAD, SHANGHAI CHINA
APPLICANT: ANTAK DEVELOPMENT PTE LTD
101KIT CHENER ROAD
JALAN PLA 2A SINGAPORE
TEL NO.: 3423457
FAX NO.: 4723456
AMOUNT: USD 56 300.00　CIF SINGAPORE (SAY UNITED STATES DOLLARS FIFTY SIX THOUSAND AND THREE HUNDRED ONLY)
PARTIAL SHIPMENT NOT ALLOWED.
TRANSHIPMENT NOT ALLOWED .
SHIPMENT FROM CHINA PORT TO SINGAPORE.
LATEST SHIPMENT DATE: 25 MAY 2004
THIS CREDIT IS AVAILABLE WITH THE ADVISING BANK BY NEGOTIATION AGAINST PRESENTATION OF THE DOCUMENTS DETAILED HEREIN AND BENEFICIARY'S DRAFT(S) AT SIGHT DRAWN ON ISSUING BANK FOR FULL INVOICE VALUE.

DOCUMENTS REQUIRED (IN TWO –FOLD UNLESS OTHERWISE STIPULATED):

1. SIGNED COMMERCIAL INVOICE

2. SIGNED WEIGHT /PACKING LIST

3. CERTIFICATE OF CHINESE ORIGIN

4. INSURANCE POLICY /CERTIFICATE ENDORSED IN BLANK FOR 110% CIF VALUE, COVERING: ALL RISKS AND WAR RISK

5. FULL SET PLUS ONE PHOTO COPY OF CLEAN ON BOARD OCEAN BILLS OF LADING MADE OUT TO ORDER OF BANK OF CHINA, SINGAPORE, MARKED FREIGHT PREPAID AND NOTIFY APPLICANT

EVIDENCING SHIPMENT OF:

700 DOZENS MEN COTTON WOVEN LABOURER SHIRTS

（USD 19 180.00）

800 DOZENS MEN COTTON WOVEN SHIRTS (USD 31 680.00)

160 DOZENS MEN COTTON WOVEN SHIRTS (USD 5 440.00)

S/C NO. 00SHGM3178B

SHIPPING MARKS:

K.K.G.T.

73178 SINGAPORE

NO. 1-190

OTHER TERMS AND CONDITIONS:

1. ALL BANK CHARGES，INCLUDING REIMBURSEMENT CHARGES，OUTSIDE SINGAPORE ARE FOR ACCOUNT OF BENEFICIARY.

2. THE NUMBER AND DATE OF THIS CREDIT, AND THE NAME OF ISSUING BANK MUST BE QUOTED ON ALL DOCUMENTS.

3. THE WHOLE CONSIGNMENT TO BE UNDER ONE BILL OF LADING.

4. BENEFICIARY'S CERTIFICATE TO CERTIFY THE FOLLOWINGS ARE REQUIRED:

(1) INVOICE WEIGHT /PACKING LIST AND NON–NEGOTIABLE BILL OF LADING MUST BE AIRMAILED TO THE APPLICANT IMMEDIATELY AFTER SHIPMENT.

(2) COPIES OF INVOICE AND BILLS OF LADING HAVE BEEN FAXED TO APPLICANT IMMEDIATELY AFTER SHIPMENT.

5. INSURANCE POLICY OR CERTIFICATE MUST SHOW CLAIMS SETTLING AGENT AS: "CHINA INSURANCE CO., LTD. SINGAPORE".

6. BILLS OF LADING TO EVIDENCE THE FOLLOWINGS:

(A) SHIPMENT EFFECTED INTO 20 FOOT CONTAINER LOAD (CY-CY)

(B) SHIPMENT EFFECTED BY CONTAINERISED VESSEL ONLY.

(C) SHOWING APPLICANT'S ADDRESS, TELEPHONE NOS. AND FAX NO.

(D) SHOWING CARRIER/CARRIER'S AGENT AS: "CHINA OCEAN SHIPPING

(GROUP) CO.".

(E) SHOWING CONTAINER NUMBER.

7. PACKING: GOODS MUST BE PACKED IN STRONG CARTONS AND STRAPPED WITH STRONG NYLON STRAPS. WEIGHT /PACKING LIST TO SHOW THIS EFFECT IS REQUIRED.

8. ALLOWED TO INCREASE OR DECREASE THE QUANTITY AND AMOUNT BY 5%.

INSTRUCTION TO THE NEGOTIATING BANK:
THE AMOUNT AND DATE OF EACH NEGOTIATION MUST BE ENDORSED ON THE REVERSE OF THE ORIGINAL CREDIT BY THE NEGOTIATING BANK.
ALL DOCUMENTS ARE TO BE SENT TO ISSUING BANK IN ONE LOT.
UPON RECEIPT OF DOCUMENTS IN CONFORMITY WITH THE TERMS AND CONDITIONS OF THIS CREDIT, WE SHALL CREDIT OUR HEAD OFFICE ACCOUNT WITH US.
THIS CREDIT IS ISSUED SUBJECT TO《UCP500》

AUTHORISED SIGNATURES

货物装运情况：

发票号：SHGM 7056　　日期：2004 年 5 月 10 日

每件货物毛、净重及尺码：

货号/规格	装运数量及单位	毛/净重（件）	尺码
1094L	700 DOZ	33 KGS/31KGS	68×46×45（CM^3）
286G	800 DOZ	45 KGS/43KGS	72×47×49（CM^3）
666	160 DOZ	33 KGS/31KGS	68×46×45（CM^3）

包装情况：

一件一塑胶袋装，6 件一牛皮纸包，8 打或 10 打一外箱。

尺码搭配：

1094L：	15	16	17
	3	3	4 =10 打/箱
286G：	M	L	XL
	1.5	3	3.5＝8 打/箱
666：	M	L	XL
	1.5	3.5	3 =8 打/箱

提单号码：COSCO-503

承运船名及航次：ZHONGHE　　V. 040

集装箱号：COSU—257289

B/L DATE：2004 年 5 月 15 日

保险单号码：SZDB 331　　日期：2004 年 5 月 13 日

保险代理: CHINA INSURANCE CO., LTD.
4 BATIERY ROAD #08-0018TH FLOOR
BANK OF CHINA BUILDING SINGAPORE 0104

样单 4-1

托收项下的汇票（即期付款交单方式）

Bill of Exchange

No. SDSHY04/0026　　　　Shanghai, 2nd Jan., 2014

Exchange for HKD 50 000.00

D/P　At sight of this FIRST of exchange (the SECOND of the same tenor and date being unpaid), pay to the order of　CHINA CITIC BANK, SHANGHAI BRANCH

the sum of　Hongkong Dollars Fifty Thousand only.

Drawn under Contract No. SHWJH 04016 against shipment of 22 bales of shoes from Shanghai to Hongkong for collection.

To: ANTAK DEVELOPMENT PTE LTD
HONGKONG

For Shanghai Textiles Import and
Export Corporation, Shanghai
Manager

样单 4-2

托收项下的汇票（承兑交单方式）

Bill of Exchange

No. SDSHY04/0026　　　　Shanghai, 2nd Jan., 2014

Exchange for HKD 50 000.00

D/A　At 30 days after sight of this FIRST of exchange (the SECOND of the same tenor and date being unpaid)

pay to the order of　CHINA CITIC BANK, SHANGHAI BRANCH

the sum of　Hong kong Dollars Fifty Thousand only.

Drawn under Contract No. SHWJH 04016 against shipment of 22 bales of shoes from Shanghai to Hong kong for collection.

To: ANTAK DEVELOPMENT PTE LTD
HONG KONG

For Shanghai Textiles Import and
Export Corporation, Shanghai
Manager

样单 4-3

信用证项下的汇票

Drawn under BANK OF CHINA, SINGAPORE

L/C or A/P NO. 45002005

Dated MAY 02, 2014

Payable with interest @% per annum

No. 20030615 **EXCHANGE** FOR USD 25 160.00 Shanghai, China MAY 25, 2014

At ********** sight of this FIRST of exchange (the SECOND of exchange being unpaid) pay

to the order of OURSELVES

The sum of SAY UNITED STATES DOLLARS TWENTY FIVE THOUSAND ONE HUNDRED AND SIXTY ONLY

To: BANK OF CHINA, SINGAPORE
4 BATTERY ROAD, SINGAPORE

UNIVERSAL,TRADING CO., LTD.

杨铭

样单 4-4

<table>
<tr><td>Issuer</td><td colspan="2" rowspan="2">商业发票
COMMERCIAL INVOICE</td></tr>
<tr><td rowspan="2">To</td></tr>
<tr><td>No.:</td><td>Date:</td></tr>
<tr><td rowspan="2">Transport details</td><td>S/C No.:</td><td>L/C No.:</td></tr>
<tr><td colspan="2">Terms of payment</td></tr>
</table>

Marks and numbers	Number and kind of packages, description of goods	Quantity	Unit price	Amount

样单 4-5

Revenue Canada **Revenue Canada**
Customs and Excise **Douanes et Accise**

CANADA CUSTOMS INVOICE
FACTURE DESDOUANES CANADIENNES

page of / de

1. Vendor (Name and Address) /*Vendeur (Nom et adresse)*

2.Date of Direct Shipment to Canada/*Date d' expedition directe vers le Canada*

3.Other References (include Purchaserys Order No.)
Autres references(inclure le n de commande de l' acheteur)

4. Consignee (Name and Address)/ *Destinataire (Nom et adresse)*

5. Purchaser's Name and Address(if other than Consignee)
Nom et adresse de l' acheteur(S'il differe du destinataire)

6. Country of Transhipment/*Pays de transbordement*

7. Country of Origin of Goods
pays d'origine des marchandises

If Shipment Includes Goods of Different Origins Enter Origins against Items in12
Si L'expedition Comprend des Marchandises D'origines Differentes Preciser Leur Provenance En 12

8. Transportation Give Mode and Place of Direct Shipment to Canada
Transport Preciser mode et point d' expedition directe vers le canada

9. Condirtions of Sale and Terms of Payment
(i.e Sale,Consignment Shipment, Leased Goods, etc.)
Conditions de vente et modalites de paiement
(p.ex. venle, expedition en consignation, location, de marchandises, etc.)

10.Currency of Settlement/*Devises du paiement*

11.No. of Pkgs *Nore de colis*	12.Specification of Commodities (Kind of Packages, Marks,and Numbers,General) Description and Characteristics, i.e. Grade, Quality *Designation des articles (Nature des colis, marques et numeros, description gererale et caracteristiques,p.ex. classe, qualite)*	13. Quantity (State Unit) *Quantite (Preciser l'unite)*	Selling Price/*Prix de vente* 14.Unit Price *Prix unitaire*	15. Total

18. If any of fields 1 to 17 are included on an attached commercial invoice, check this box ☐
Si les renseignements des zones 1à 17 figure sur la factures commerciale,cocher cette boite
Commercial Invoice No./ *N" de la facture commerciale*__________

16. Total Weight/*Poids Total*
Net
Gross/*Brut*

17. Invoice Total
Total de la facture

19.Exporter's Name and Address(if other than Vendor)
Nom et adresse de l' exportateur(s'il differe du vendeur)

20.Originator (Name and Address)/*Expediteur d' origine(Nom et adresse)*

21.Departmental Ruling(if applicable)/*Decision du Ministere(S' il y a lieu)*

22.If fields 23 to 25 are not applicable, check this box ☐
Si les zones 23 e 25 sont sans objet, cocher cette boite

23. If included in field 17 indicate amount:
Si compris dans le total à la zone 17, Préciser:
(Ⅰ)Transportation charges, expenese and insurance from the place of direct shipment to Canada
Les frais de transport, depenses et assurances a partir du point of expedition directe vers le Canada.
$__________
(Ⅱ)Costs for const ruction, erection and assembly incurred after importation into Canada *Les couts de construction, d' erection et d'assemblage, apres importation au Canada*
$__________
(Ⅲ)Export packing
Le cout de l'emballage d' exportation
$__________

24.If not included in field 17 indicate amount:
Si non compris dans le total à la *zone17,Preciser:*
(Ⅰ)Transportation charges, expense and insurance to the place of direct shipment to Canada
Les frais de transport, depenses et assurances Jusqu' au point d' expedition directe vers le Canada
$__________
(Ⅱ)Amounts for commissions other than buying commissions
Les commissions autres que celles versees Pour l'achat
$__________
(Ⅲ)Export packing
Le cout de l'emballage d' exportation
$__________

25.Check (if applicable):
Cocher (s'il y a lieu):
(Ⅰ)Royalty payments or subsequent proceeds are paid or payable by the purchaser
Des redevances ou produits ont ete ou seront Verses par l'acheteur
☐
(Ⅱ)The purchaser has supplied goods or services for use in the production of these goods
L'acheteur a foumi des merchandises ou des services pour la production des merchandises
☐

样单 4-6

形式发票

安徽省服装进出口股份有限公司
ANHUI GARMENTS IMP.& EXP.CO., LTD.

436 CHANGJIANG ROAD (C), HEFEI, ANHUI, CHINA

TEL.0551 - 2832168 2832188
FAX: 0551 - 2832000 2832111 2832222
P.C.: 230061
E - Mail: agiec @ mail.hf.ah.cn
HTTP: //www.ahgiec.com

PROFORMA INVOICE
(WITHOUT ENGAGEMENT)

INVOICE No. ....

TO:

Date ....

COMMODITY	SPECIFICATIONS	QUANTITY	UNIT PRICE	AMOUNT

This invoice is supplied to enable you to apply for the necessary Import Licence
Actual orders shall be subject to our final confirmation.

Insurance:
Payment:
Shipment:

安徽服装进出口股份有限公司
ANHUI GARMENTS IMP.& EXP.CO., LTD.

代签人 Per Pro.　　经理 Manager.

E.&O.E.

样单 4-7

厂 商 发 票

发 票

TO: **MANUFACTURER INVOICE** NO.

数量 Quantities	货 名 Description of Goods	单价 Unit Price	总值 Total Amount
	Re: Your Sales Confirmation No.		

安 徽 天 长 服 装 厂

TIANCHANG GARMENTS FACTORY, ANHUI

....

样单 4-8

<table>
<tr><td colspan="2">Issuer</td><td colspan="2" rowspan="2">装 箱 单
PACKING LIST</td></tr>
<tr><td colspan="2" rowspan="2">To</td></tr>
<tr><td>Invoice No.</td><td>Date</td></tr>
<tr><td>Marks and numbers</td><td colspan="3">Number and kind of packages, description of goods</td></tr>
</table>

样单 4-9

海 运 提 单

Shipper

B/L NO.

中国远洋运输（集团）总公司
CHINA OCEAN SHIPPING（GROUP）CO.
CABLE：COSCO BEIJING
TLX：210740 CPC CN

ORIGINAL

Consignee

Notify Party

Combined Transport Bill OF LADING

RECEIVED in apparent good order and condition except as other wise noted the total number of containers or other packages or units enumerated below for transportation from the place of receipt to the place of delivery subject to the terms and conditions here of. One of the Bills of Lading must be surrendered duly endorsed in exchange for the goods or delivery order. On presentation of this document duly endorsed to the carrier by or on behalf of the Holder of the Bill of Lading. the rights and liabilities arising in accordance with the terms and conditions here of shall, without prejudice to any rule of common law or statute rendering them binding on the Merchant、become binding in all respects between the carrier and the holder of the Bill of Lading as though the contract evidenced hereby had been made between them. IN WITNESS

Where of the number of original Billls of Lading stated under have been signed、all of this tenor and date. one of which being accomplished, the other（s）to be vold.

Pre – carriage by	Place of Receipt	
Ocean Vessel Voy. No.	Port of Loading	
Port of Discharge	Place of Delivery	Final Destination（of the goods – not the ship）See Article 7 paragraph（2）

Particulars Furnished by Merchants

Marks & Nos. Container Seal No.	No. of containers or P'kgs	Kind of Packages、Description of Goods	Gross Weight kgs.	Measurement

TOTAL NO. OF CONTAINERS OR PACKAGES'（IN WORDS）

FREIGHT & CHARGES	Revenue' Tons	Rate	Per	Prepaid	Collect

Ex. Rate：	Prepaid at	Payable at	Place and date of Issue
	Total Prepaid	No. of Original B（s）/L	Signed for the Carrier

LADEN ON BOARD THE VESSEL
DATE BY ____________（TERMS CONTINUED ON BACK HEREOF）
（COSCO STAND AND FORM 11） Printed in 1999

样单 4-10

空 运 单

FROM	TO	MASTER AIRWAYBILL NO.	HOUSE AIR BILL NO.
			EES NO.

Shipper's Name and Address

Shipper's Account Number

Not Negotiable
Air Waybill
(Air Consignment note)

EES

ISSUED BY
BEIJING EASTERN
INTERNATIONAL TRANSPORTATION
CO., LTD. SHANGHAI BRANCH
北京百福东方国际运输服务有限责任公司上海分公司

Copies 1, 2 and 3 of this Air Waybill are originals and have the same Validity

Consignee's Name and Address

Company's Account Number

Telephone:

It is agreed that the goods described herein are accepted for carriage in apparent good order and condition (except as noted) and SUBJECT TO THE CONDITIONS OF CONTRACT ON THE REVERSE HEREOF THE SHIPPER'S ATTENTION IS DRAWN TO THE NOTICE CONCERNING CARRIER'S LIMITATION OF LIABILITY Shipper may increase such limitation of liability by declaring a higher value for carriage and paying a supplemental charge if required.

Notify Party

Accounting information

Airport of Departure (Addr. of first Carrier) and requested Routing

To	By first Carrier	Routing and Destination	to	by	to	by	Currency	CHGS Code	WT/VAI PP	WT/VAI COLL	Other PP	Other COLL	Declared Value for Carriage	Declared Value for customs

Airport of Destination	Flight/Date	For Carrier Use Only	Flight/Date	Amount of Insurance	INSURANCE - If carrier offers insurance and such insurance is requested in accordance with the conditions thereof indicate amount to be insured in figures in box marked Amount of Insurance.

Handing information

(For USA only) These commodities licensed by U.S. for ultimate destinstion. Diversion contrary to U.S. law is prohibited.

No. of Pieces RCP	Gross Weight	Kg lb	Rate Class Commodity Item No.	Chargeable Weight	Rate/Charge	Total	Nature and Quantity of Goods (incl. Dimensions or Volume)

Prepaid	Weight Charge	Collect	Other Charges
	Valuation Charge		
	Tax		
	Total Other Charges Due Agent		Shipper certifies that the particulars on the face hereof are correct and that insofar as any part of the consignment contains dangerous goods, such part is properly described by name and is in proper condition for carriage by air according to the applicable Dangerous Goods Regulations.
	Total Other Charges Due Carrier		Signature of Shipper or his Agent
Total Prepaid		Total Collect	
Currency Conversion Rates		CC Charges in Dest Currency	Executed on (date) at (place) Signature of Issuing Carrier or its Agent

For Carrier's Use only at Destination	Charges at Destination	Total Collect Charges

ORIGINAL 3 (FOR SHIPPER) A

样单 4-11

保 险 单

中 国 人 民 保 险 公 司

THE PEOPLE'S INSURANCE COMPANY OF CHINA

总公司设于北京 一九四九年创立

Head Office: BEIJING Established in 1949

保 险 单

INSURANCE POLICY

号次

中国人民保险公司（以下简称本公司）

This Policy of Insurance Witnesses that The People's Insurance Company of China (hereinafter called "the Company")

根据 China National Textiles Imp. & Exp. Corp.（以下简称被保险人）的要求，由被保险人

at the request of .... (hereinafterr called "the Insured") and in consideration of the agreed premium paid

向本公司缴付约定的保险费，按照本保险单承保险别和

to the Company by the Insured, Undertakes to insure the undermentioned goods in transportation subject to the conditions of this

背面所载条款与下列特款承保下述货物运输保险，特立本保险单。

Policy as per the Clauses printed overleaf and other special clauses attached hereon.

标　记 Marks & Nos.	包装及数量 Quantity	保险货物项目 Description of Goods	保险金额 Amount Insured
As per Invoice No.			

总保险金额：

Total Amount Insured: ....

保费 Premiun as arranged 费率 Rate as arranged 装载运输工具 Per conveyance S.S. ....

开行日期 Slg. on or abt. .... 自 From .... 至 to ....

承保险别：

Conditions

所保货物，如遇出险，本公司凭本保险单及其他有关证件给付赔款。

Claims, if any, payable on surrender of this Policy together with other relevant documents.

所保货物，如发生保险单项下负责赔偿的损失或事故，

In the event of accident whereby loss or damage may result in a claim under this Policy, immediate notice

应立即通知本公司下述代理人查勘。

applying for survey must be given to the Company's Agent as mentioned hereunder:

中国人民保险公司上海分公司

THE PEOPLE'S INSURANCE CO. OF CHINA

SHANGHAI BRANCH

赔款偿付地点

Claim payable at ....

日期 Date .... 上海 Shanghai

地　址：中国上海中山东一路23号。

Address: 23 Zhongshan Dong Yi Lu, Shanghai, China.

Cable: 42001 Shanghai.

Telex: 33123 PICCS CN

....

General Manager

模块五

其他结汇单据制作

知识目标

了解原产地证书的含义及种类，掌握一般产地证书和普惠制产地证书的内容和缮制要点。掌握出口货物报检单的内容和缮制要点，熟悉出口报检基本流程和检验证书的内容。并要求掌握其他附属单据，如装船通知、受益人证明的含义及作用；掌握装船通知、受益人证明的内容和缮制要点。这些证明文件也是国际贸易中不可缺少的重要单证。

能力目标

（1）能根据货物要求缮制一般产地证书和普惠制产地证书，（2）能根据合同和信用证的检验检疫条款缮制出口货物报检单，（3）能根据合同、信用证和货物的实际情况缮制装船通知、受益人证明等其他出口单证。

目标任务

任务一　根据以下资料缮制一般原产地证书与普惠制原产地证书

安徽化工进出口有限公司主要经营化工、医药类产品的进出口业务。多年来，公司不断开拓国际市场，其出口产品已远销欧洲、美洲、大洋洲、亚洲近 50 个国家和地区，并且在国际市场上享有良好的声誉。近期，该公司与意大利 UNIWORLD S.R.L.公司成交了 40MT（2FCL）硫酸锰。下面是合同与信用证：

（一）合同

安徽化工进出口公司

ANHUI CHEMICAL IMPORT AND EXPORT COMPANY
15 CHANGJIANG ROAD, HEFEI, ANHUI, CHINA.
SALES　CONFIRMATION

S/C：ZSC98
DATE：SEP. 16, 2010

买方：

BUYER：UNIWORLD S.R.L.

ADDRESS：VIA ARZAGA 28, 20185 MILANO, ITALY

TEL NO.:（39）5321668

兹经买卖双方同意成交下列商品订立条款如下：

The undersigned sellers and buyers have agreed to close the following transaction according to the terms and conditions stipulated below:

货物名称及规格 NAME OF COMMODITY AND SPECIFICATION	数量 QUANTITY	单价 UNIT PRICE	金额 AMOUNT
MANGANESE SULPHATE ASSAY：96%MIN H_2O：96%MIN	40MT	CIF MILANO USD 600/MT	CIF MILANO USD 24 000.00

SHIPMENT: TO BE EFFECTED BEFORE MARCH, 2011 FROM SHANGHAI TO MILANO, ITALY WITH PARTIAL SHIPMENT NOT ALLOWED AND TRANSSHIPMENT ALLOWED.

PAYMENT: SIGHT L/C

PACKING: 25KG/BAG

MARKS&NOS: UNIWORLD
AHG11312
MILANO
NW：25KGS

INSURANCE: TO BE COVERED BY THE SELLER FOR 110% OF INVOICE VALUE AGAINST ALL RISKS AND WAR RISKS.

卖方盖章 买方盖章

THE SELLER THE BUYER

（二）信用证

L/C NO.：ZLC92

DATE OF ISSUE: 20101008

DATE/PLACE EXP: 20111008, CHINA

APPLICANT: UNIWORLD S.R.L.
VIA ARZAGA 28, 20185 MILANO, ITALY

BENEFICIARY: ANHUI CHEMICAL IMPORT AND EXPORT COMPANY
15 CHANGJIANG ROAD, HEFEI, ANHUI, CHINA.

AMOUNT: USD 24 000.00

AVAIL WITH …

BY NEGOTIATION: ANY BANK
DRAFTS AT: AT SIGHT
PARTIAL SHIPMENT: NOT ALLOWED
TRANSSHIPMENT: ALLOWED
…
DOCS REQUIRED:
* COMMERCIAL INVOICE AND PACKING LIST IN QUADRUPLICATE.
* FULL SET OF CLEAN ON BOARD B/L.
* INSURANCE POLICY FOR 110% OF INVOICE VALUE AGAINST ALL RISKS AND WAR RISKS.
* CERTIFICATE OF ORIGIN ISSUED BY THE CHINA COUNCIL FOR THE PROMOTION OF INTERNATIONAL TRADE.
* INSPECTION CERTIFICATE OF QUALITY ISSUED BY CCIB.
* BENEFICIARY'S CERTIFICATE STATING THAT ONE FULL SET OF ALL COPY DOCUMENTS HAVE BEEN SENT TO UNIWORLD S.R.L. BY COURIER BEFORE ETA OF SHIPMENT.
* SHIPPING ADVICE SHOULD BE SENT TO UNIWORLD S.R.L. AFTER SHIPMENT.

其他相关资料：产地证书号：9035427043； 申请单位注册号：208743522
申领人：王华 电话：5674601 申领日期：2011 年 3 月 18 日
发票号：AHG11312 发票日期：2011 年 3 月 4 日
商品 HS 编码：3215.1900
商品毛重：40.5MT 净重：40MT
运输工具名称：CHANGJIANG V102

任务二 根据任务一的材料完成商品检验申请单以及检验证书的缮制。

补充资料：申请日期：2011 年 3 月 19 日 报检号：10365792
FOB 总价为：USD 21 600.00 毛重：40.5MT；净重：40MT
货物存放地点：安徽大市场

任务三 根据任务一的材料在货物装船出运时，向客户发装船通知，并签发受益人证明。

补充资料：提单号：CPH8326 船名：CHANGJIANG V102
装运时间：2011 年 3 月 28 日

项目 5.1　原产地证书制作

知识链接

一、原产地证书的含义

原产地证书（Certificate of Origin），又叫原产地证明书或简称产地证书，是出口商应进口商要求而提供的，由公证机构、政府或出口商出具的证明货物原产地或制造地的一种证明文件。它是商品进入国际贸易领域的“经济国籍”和“护照”。它也是贸易关系人交接货物、结算货款、索赔理赔、进口国通关验收、海关计征税率的有效凭证。另外，它还是出口国享受配额待遇、进口国对不同出口国实行不同贸易政策的凭证。

二、原产地证书的作用

对进口国而言，出口国签发的原产地证书的作用主要有以下五点。

（一）确定税率的依据

现在各国基本上都采用多种税率，各国海关在对进口货物征收进口关税时，常常依据产地证书来确定按何种税率征税，或减、免征税。一般情况下，订有双边或多边贸易协定的国家，对持有一般原产地证书的货物按正常税率征税；普惠制给惠国对持有普惠制原产地证书的，按普惠制税率征税，实施关税减让；同属一个地区经济集团的国家，对持有该集团国家出具产地证书的，给予该集团协议规定的、互惠的减免税待遇。

（二）进行贸易统计的依据

各国海关都承担对进出境货物进行统计的职责，海关统计是对进出口贸易活动进行的国家统计。原产地证书则是海关据以统计的重要依据之一。

（三）实施进口数量控制、反倾销、反补贴等外贸措施的依据

为了保护本国生产者的利益，各国都或多或少制定了一些进口货物数量控制措施，如进口配额、许可证制度、反倾销、反补贴制度等。为实行这些控制制度，首先需要确定进口的这批货物来自哪个国家，然后确定这批货物是否受到进口数量限制，是否需要进口许可证，是否要冲销配额，是否需要征收反倾销税、反补贴税。产地证书为进口国具体实施进口国别政策和进口数量限制等提供了证明货物原产地（原产国）的依据。

（四）控制从特定国家进口货物，确定是否准予放行的依据

有些国家出于政治或其他特殊的原因，禁止进口某国的产品。在这种情况下，原产地证书是有关国家海关确定货物能否予以放行的重要依据。

（五）证明商品内在品质或结汇的依据

对于国家的传统商品，产地证还在贸易活动中起到证明商品内在品质的作用，提高商品的竞争力。例如：持有中国原产地证书的丝绸比持有其他不产丝绸国家产地证书的丝绸更能卖出好价格。另如：东北大豆、河北沧州金丝小枣等，这些商品的产地本身就是商品品质的最好说明。此外，产地证书有时还是贸易双方进行交接、结汇的必备单据。

三、原产地证书的分类

原产地证书按种类可分为普惠制原产地证书、一般原产地证书、区域性经济集团互惠原产地证书、专用原产地证书等。

（一）一般原产地证书（Certificate of Origin of the People's Republic of China）

一般原产地证，简称 C/O，是用以证明有关出口货物生产地、制造地的一种证明文件，是在国际贸易行为中证明货物“原籍”的证书。其样式如样单 5-1 所示。它的适用范围是：征收关税、贸易统计、保障措施、歧视性数量限制、反倾销和反补贴、原产地标记、政府采购等方面。在我国，凡符合“中华人民共和国进出口货物原产地条例”规定的出口产品均可申请办理一般原产地证明书。一般原产地证书通常由商检机构（中华人民共和国检验检疫局，CIQ）出具或商会（中国国际贸易促进委员会，CCPIT）出具。现在我国多数出口商习惯于使用贸促会出具的证书。

（二）普惠制原产地证书（Generalized System of Preference Certificate of Origin）

普惠制（GSP）全称普遍优惠制，是发达国家给予发展中国家的出口产品（制成品和半制成品，包括某些初级产品）的一种比正常关税更优惠的关税优惠制度。出口企业若想获得普惠制优惠关税待遇，必须遵守普惠制原产地规则。普惠制原产地规则是各给惠国关于受惠国出口产品享受普惠制待遇必备条件的规定。它是普惠制的主要组成部分和核心。为了确保普惠制关税优惠待遇的好处仅给予在发展中国家生产、收获和制造，并从发展中国家出运的产品，各给惠国都制定了详细的原产地规则。原产于第三国的产品，如果仅在受惠国进行简单加工或经受惠国转运，一般是没有资格享受普惠制待遇的。普惠制原产地规则是衡量受惠国出口产品是否取得普惠制原产地资格、能否享受普惠制优惠待遇的标准。

普惠制原产地证书是根据普惠制给惠国的原产地规则和有关要求，普惠制受惠国官方机构出具的具有法律效力的受惠国的出口产品在给惠国享受在最惠国税率基础上进一步减免进口关税的官方凭证，是普遍的、非歧视的、非互惠的。一般来说，由联合国贸发会议规定普惠制原产地证书的统一格式。

知识卡片

在我国，普惠制产地证由进出口商品检验局签发。目前给予我国普惠制待遇的国家共 38 个：欧盟 27 国（比利时、丹麦、英国、德国、法国、爱尔兰、意大利、卢森堡、荷兰、希腊、葡萄牙、西班牙、奥地利、芬兰、瑞典、波兰、捷克、斯洛伐克、拉脱维亚、爱沙尼亚、立陶宛、匈牙利、马耳他、塞浦路斯、斯洛文尼亚、保加利亚、罗马尼亚）、挪威、瑞士、土耳其、俄罗斯、白俄罗斯、乌克兰、哈萨克斯坦、日本、加拿大、澳大利亚和新西兰。凡是向给惠国出口受惠商品，均须提供普惠制产地证书，才能享受关税减免的优惠，所以不管对方是否要求提供这种产地证书，我国出口商均应主动提交。

普惠制产地证的书面格式名称为格式 A（Form A）。但对新西兰还须提供格式 59A（Form 59A），对澳大利亚不用任何格式，只须在商业发票上加注有关声明文句。

（三）区域性经济集团互惠原产地证书

区域性经济集团互惠原产地证书是订有区域性贸易协定的经济集团内的国家官方机构签发的享受互惠减让关税的凭证。例如：《〈亚太贸易协定〉优惠原产地证明书 Form M》、《中国–东盟自由贸易区原产地证书 Form E》、《中国–巴基斯坦自由贸易区曼谷原产地证书 FORM P》、《中国–智利自由贸易区原产地证书 Form F》等。

（四）专用原产地证书

国际组织或国家根据政治和贸易措施的特殊需要，针对某一特殊行业的特定产品规定的原产地证书，这些产品应符合特定的原产地规则。专业性原产地证有纺织品产地证、手工制纺织品（产地）证、烟草真实性证书和手工制品（产地）证等。如《金伯利进程国际证书》、《输欧盟烟草真实性证书》、《输欧盟特定产品原产地名称证书》、《输欧盟农产品原产地证书》、《原产地标记证书》等。

在我国，这些专业性产地证的签证机构视情况而定。我国政府与外国政府签订的双边协议对这类产地证的签发有特别规定的，依照协议的规定办理。例如，《输欧共体的纺织品产地证》由商务部授权的纺织品出口证书发证机构（许可证事务局和各地方商务主管部门）签发，一般是连同纺织品出口配额一同发放。虽然自 2005 年 1 月 1 日起欧盟、美国、加拿大和土耳其全部取消对我国纺织品的配额限制，不再实施配额许可证管理，进口国海关也不再检查我国主管部门出具的纺织品出口许可证，但是，出口企业仍须出具纺织品原产地证和丝麻织品原产地证。《烟草真实性证书》由指定的部分进出口商品检验局（上海、山东、云南等）签发。

在国际贸易实务中，应该提供哪种产地证明书，主要依据合同或信用证的要求。一般对于实行普惠制国家出口货物，都要求出具普惠制产地证明书。如果信用证并未明确规定产地证书的出具者，那么银行应该接受任何一种产地证明书。下面将重点介绍一般产地证和普惠制原产地证的申请程序及缮制说明。

四、一般原产地证书

（一）一般原产地证书的申领

1. 申领时间

一般原产地证签证是一项政策性和技术性较强的专门工作。我国出口商品所使用的产地证由商务部统一规定和印制，并由国家质量监督检验检疫总局或中国国际贸易促进委员会签发。根据我国有关规定，出口企业最迟于货物出运前三天向签证机构申请办理原产地证书，以便发证机构有足够的时间审核、查对。

2. 申领的程序及所需材料

办理时，首先由出口企业向发证机构办理注册登记手续。申请单位如实填写《中华人民共和国出口货物原产地证书/加工装配证明书申请书》，并提供审批机构的批件、营业执照、协议书及其他有关文件，对于来料加工和含有进口成分的产品还必须提供《来料加工清单》和《含进口成份商品成本明细表》，经发证机构下厂调查落实审核后，如符合签证要求，就可以申请签证。

其次，企业按签证机构要求提供已方缮制的《中华人民共和国原产地证明书》一套，出口公司在原产地证书上声明该产品确是本国出产或制造，然后由受惠国的官方机构出具证明，证明出口公司的声明是正确的，符合给惠国的原产地标准，双方都必须加盖公章，签署人亲笔签名，并随附出口货物商业发票、提单、信用证和买卖合同等签证机构认为必要的其他证明文件。

（二）一般原产地证书内容及缮制说明

应在证书右上角填上证书编号。每份证书要编制顺序号码，便于区别和查对。此栏不得留空，否则证书无效。

第一栏：Exporter，出口方。

此栏不得留空，填写出口方的名称、详细地址及国家（地区），一般可按外贸合同的卖方或发票抬头人填写。若经其他国家或地区需填写转口商名称时，可在出口商后面加添英文 VIA，然后再填写转口商名称、地址和国家。例如：

××× International Trading Corp.

No. ×××，××× ROAD，×× CITY，×× PROVINCE, CHINA

VIA HONGKONG ×× Co., Ltd

No. ×××，××× ROAD, HONGKONG

第二栏：Consignee，收货方。

应填写最终收货方的名称、详细地址及国家（地区），通常是外贸合同中的买方或信用证上规定的提单通知人。但有时由于贸易的需要，信用证规定所有的单证收货人一栏留空，在这种情况下，此栏应加注“TO WHOM IT MAY CONCERN”或“TO ORDER”，但不得留空。若需填写转口商名称时，可在收货人后面加填英文 VIA，然后再填写转口商名称、地址、国家。

第三栏：Means of transport and route，运输方式和路线。

海运、陆运或空运应填写装货港（地）、到货港（地）及运输线路。如需经转运，还应注明转运地。例如，“通过海运，于 2014 年 1 月 5 日由广州经香港转运至鹿特丹港”，英文为“FROM GUANGZHOU TO ROTTERDAM BY VESSEL VIA HONGKONG ON JAN. 5, 2014”。

第四栏：Country / region of destination，目的地国家（地区）。

指货物最终运抵港，一般应与最终收货人或最终目的港的国别一致，不能填写中间商国家名称。

第五栏：For certifying authority use only，检验机构用栏。

此栏为签证机构在签发后发证书、补发证书或加注其他声明时使用。证书申领单位应将此栏留空。一般情况下，该栏不填。

第六栏：Marks and numbers，运输标志。

应按照出口发票上所列唛头填写完整图案、文字标记及包装号码，不可简单地填写

“按照发票（AS PER INVOICE NO. ×××）”或者“按照提单（AS PER B/L）”。货物无唛头，应填写 N/M（NO MARK，无唛头）。此栏不得留空。如唛头多本栏填写不下，可填写在第七、八、九栏的空白处；如还不够，可用附页填写。

第七栏：Number and kind of packages，Description of goods，包装数量及种类、商品名称。

商品名称要填写具体名称，例如：睡袋（SLEEPING BAGS）、杯子（CUPS），不得用概括性表述，例如：服装（GARMENT）、食品（FOOD）等。包装数量及种类要按具体单位填写，应与信用证及其他单据严格一致。包装数量应在阿拉伯数字后加注英文表述。例如：100 箱彩电，填写为“100 CARTONS (ONE HUNDRED CARTONS ONLY) OF COLOUR TV SET”。如货物系散装，在商品名称后加注“散装”（IN BULK），例如：1 000 公吨生铁，填写为“1 000M/T(ONE THOUSAND M/T ONLY) PIG IRON IN BULK”。有时信用证要求在所有单证上加注合同号、信用证号码等，可加在此栏。本栏的末行要打上表示结束的符号“*******”，以防加添内容。

第八栏：H. S. Code，商品编码。

此栏要求填写 8 位数的 H.S. 编码，与报关单一致。若同一证书包含几种商品，则应将相应的税目号全部填写。此栏不得留空。

H.S.: 全称《商品名称及编码协调制度》，是目前国际上最新的国际贸易商品分类目录，具有严密的科学性和逻辑性，已在国际上广泛采用。我国海关对进出境货物监管和商检签发普惠制产地证、一般产地证都已采用 H.S. 商品编码，可到发证机构或网上查询。

第九栏：Quantity，数量。

填写出口货物的数量并与商品的计量单位联用。如上述的 100 箱彩电，此栏填“100 SETS”。1 000 公吨散装生铁，此栏填“N.W. 1 000M/T”（净重 1 000 公吨）或“1 000 M/T (N.W.)”。如果只有毛重时，则需注明“G.W.”。

第十栏：Number and date of invoices，发票号码及日期。

必须按照所申请出口货物的商业发票填写。该栏日期应早于或同于实际出口日期，为避免对月份、日期的误解，月份一律用英文表述，例如：2014 年 12 月 10 日，用英文表述为：DEC.10, 2014。此栏不得留空。

第十一栏：Declaration by the exporter，出口方声明。

该栏由申领单位已在签证机构注册的人员签字并加盖中英文的印章，填写申领地点和日期，该栏日期不得早于发票日期（第十栏）。手签人签字与公章在证面上的位置不得重合。

第十二栏：Certification，签证机构证明。

由签证机构签字、盖章。签字和盖章不得重合，并填写签证日期、地点。签发日期不得早于发票日期（第十栏）和申请日期（第十一栏）。

（三）出国展览中销售的展品和小卖品填证时应注意的几个问题

（1）第二栏：收货人的名称、地址、国家。

如展品已确定由展览团自己在国外直接销售，此栏可填展览团的全称、所在展出国名及城市名称。例如，中华人民共和国展览团，德国、科隆。

如展品尚未确定买主，此栏可留空，待展览团到国外再补填。

如展品已全部卖断给商人，按正常要求填写。

（2）第七栏：包件数量及种类、商品名称。

展品的品种规格繁多，而每种商品的数量又很少，此栏可填：×××箱展览品（见所附清册第×页至第×页），例：FIFTY (50) CARTONS OF EXHIBITS (DETAILS WITH THE LIST OF EXHIBITION PAGE ×× TO PAGE ×××)。

含有进口成份的产品，按要求另列。

整个展品的包件数量，按照运输提单的数量填写。

（3）有些国家规定，要注上展览会的名称、地址，填在第七栏的最下面，如：××××年柏林×××国际博览会。

一般展品清册都有几十页甚至上百页，作为证书的附件时，应在清册封面右上方打上证书编号，清册的末页由主办申请单位和检验检疫局同时盖章、签字，并注上签证地点及日期（地点及日期应与证书一致）。

（4）第五栏、第十栏可以不填。其他各栏按正常要求填写。

（四）一般原产地证书的更改或重发

对签证机构已签发的原产地证书，当申请单位需要更改其内容时，申请单位应书面申明理由，提交已更改的产地证，并退回原证书正本。

对签证机构已签发的原产地证明书遗失或损毁的，申请单位应书面说明遗失或损毁的原因，提交重新填制的产地证书副本或复印件。

（五）有关一般原产地证的其他注意事项

中国原产地证明书一律用打字机缮制，证面要保持清洁、整齐。缮制证书一般使用英文，如信用证有特殊要求必须使用其他文种的，也可接受。申请签发中国原产地证明书，要向签证机构提供申请书一份，缮制好的证书一套（一正三副）和商业发票一份。

申请单位应认真填写申请书内各项内容，必须严格按《中华人民共和国原产地规则》的规定办理，切实保证申报内容真实、准确。签证机构审核的重点是含有进口成分的商品是否符合《中华人民共和国含有进口成分出口货物原产地标准主要制造、加工工序清单》的规定要求，除审核有关资料外，必要时还将进行下厂调查，调查商品的原料构成情况、加工工序情况、进口成分所占比例等情况，以此判断商品是否符合原产地标准。

申请单位的手签人员应熟悉中华人民共和国出口货物原产地标准。申请单位的手签人员应熟悉《中华人民共和国出口货物原产地规则》、《中华人民共和国出口货物原产地规则实施办法》和《中华人民共和国含有进口成分出口货物原产地标准主要制造、加工工序清单》，熟悉商品名称和H.S.编码，熟悉所经营的出口商品情况，尤其是含有进口成分的商品的原材料构成情况及加工工序情况。如果申请单位要求更改已签发的证书内容，要向签证机构办理更改手续，切不可擅自更改。办理更改要说明正当的理由和提供真实可靠的依据，同时退回原签发证书。签证机构经核实后，再签发新证书。

当申请人在产地证缮制过程中发生差错时，为了节省重新缮制时间和及时结汇，可以在错误处修改一次，但为了保持产地证书证面整洁，签证机构只能在证书修改处加盖一次校正章。唛头、H.S.编码、数量、发票号码、日期不得加盖校正章，如这些栏目填制中发生差错，必须重新填制。

五、普惠制原产地证书

（一）普惠制原产地证明书申请步骤

原产地证明格式 A（见样单 5-2）的全称是《普遍优惠制原产地证明书（申报与证明之联合格式）格式 A》，英文为：《GENERALIZED SYSTEM OF PREFERENCES CERTIFICATE OF ORIGIN (COMBINED DECLARATION AND CERTIFICATE) FORM A》。一般于出运前五天申请，申请时应提供的单证有《普惠制原产地证明书申请书》、《普惠制原产地证明书 FORM A》一式三份，出口货物商业发票和签证机构认为必要的其他证明文件。其申请一般需经过以下几个步骤。

1. 注册

根据有关规定，凡是在我国工商行政管理部门取得注册登记的外贸进出口企业、生产企业、三资企业和三来一补企业，均可向企业所在地的商检机构提出注册申请。

注册时应提供：

（1）政府主管部门授予企业进出口经营权的文件。

（2）企业营业执照副本。

（3）填制完整的《普惠制产地证注册登记证》和《企业申请签发普惠制原产地证明书注册登记表》。

（4）含有进口成份的商品，必须提交《产品成本明细单》。

（5）《产地证手签人员授权书》。

2. 调查

企业如果要申请签发普惠制产地证，其产品必须符合进口给惠国的原产地标准。简言之，产品必须取得中国原产地资格。对于企业申报的产品，在收到有关企业的注册申请后，商检机构将派专员对生产企业进行实地调查，核对企业提供的有关资料，查看生产企业的原材料生产和加工工序情况，核算产品中使用的进口成分的价值在制成品中所占的比例，以便确定其原产地资格。

3. 审核

经审核，企业及其产品的原产地资格符合有关规定，商检机构将给企业进行注册登记，给予注册编号。至此，该企业便可向商检机构办理产地证的申请签发。

4. 签证

普惠制产地证和中国出口货物原产地证都是联合单证，即申请单位的申报和签证机构的证明。因此，这两种产地证均需由申请单位填制，并在规定的栏目签名、盖章后，将证书送到商检机构。商检机构根据发票等有关单证对产地证进行审核，审核无误，在证书的有关栏目盖章、签名。

（二）普惠制原产地证明书格式 A 缮制说明

原产地证明书格式 A 是出口商的声明和官方机构的证明合二为一的联合证明，一正二副。联合国贸发会议优惠问题特别委员会对原产地证明书格式 A 的印刷格式、填制方法都有严格明确的规定，对所需纸张的质量、重量、大小尺寸，使用文件做了规定，并要求正本加印绿色检索图案，防止涂改或伪造。第一副本为白色，第二副本为黄色。因此，填制必须十分细心，本证书一律不得涂改，证书不得加盖校正章。本证书一般使用英文填制，也可使用法文。特殊情况下，第二栏可以使用给惠国的文种。唛头标记不受文种限制，可据实填写。

普惠制产地证书标题栏（右上角）REFERENCE NO. 填上检验检疫局所编定的证书号。例如：证书号 G084107080010030 是注册号为 410708001 的单位 2008 年办理的第 30 票 FORM A 证书。在证书横线上方填上“中华人民共和国”，国名必须填打英文全称，不得简化。如：

Issued in **THE PEOPLE'S REPUBLIC OF CHINA**

（国内印制的证书，已将此印上，无须再填打）

第一栏：GOODS CONSIGNED FROM，出口商名称、地址、国家。

填写出口商的名称、地址和国家的名称。

例如：SHANGHAI SILK IMPORT AND EXPORT CORP.

17 ZHONG SHAN ROAD (E.1), SHANGHAI, CHINA.

注：此栏带有强制性，应填明详细地址，包括街道名、门牌号码等。中国地名的英文译音应采用汉语拼音，如：中国 杭州 北山路 97 号 邮编：310007（NUMBER 97, BEI SHAN ROAD, HANGZHOU, CHINA. POST CODE NO. 310007）。

第二栏：GOODS CONSIGNED TO, 收货人的名称、地址、国家。

例：JERSON & JESSEN, LANGE NUHREN9, F-2000, HAMBURG, GERMANY

注：（1）该栏应填写给惠国最终收货人名称（即信用证上规定的提单通知人或特别声明的收货人），如最终收货人不明确，可填发票抬头人，但不可填写转口商的名称。（2）欧洲联盟、挪威对此栏是非强制性要求，如果商品直接运往上述给惠国，而且进口商要求将此栏留空时，可打上“TO ORDER”或者留空。

第三栏：MEANS OF TRANSPORT AND ROUTE，运输方式及路线。

一般应填写装货、到货地点（始运港、目的港）及运输方式（如海运、陆运、空运），如：ON/AFTER NOV. 6, 2014, FROM SHANGHAI TO HAMBURG, GERMANY BY SEA。

转运商品应加上转运港，如 VIA HONG KONG。对输往内陆给惠国的商品，如瑞士、奥地利，由于这些国家没有海岸，因此如系海运，都须经第三国，再转运至该国，填证时应注明。例：ON/AFTER NOV. 6, 2004 BY VESSEL FROM GUANGZHOU TO HAMBURG W/T HONG KONG IN TRANSIT TO SWITZERLAND。

第四栏：FOR OFFICAL USE，供官方使用。

此栏由签证当局填具，正常情况下，出口公司应将此栏留空。下列特殊情况，签证当局在此栏加注：如货物已出口，签证日期迟于出货日期，签发“后发”证书时，此栏加盖“ISSUED RETROSPECTIVELY”红色印章；如证书遗失、被盗或损毁，签发“复本”证书时盖上“DUPLICATE”红色印章，并在此栏注明原证书的编号和签证日期，并声明原发证书作废。其文字是 THIS CERTIFICATE IS IN REPLACEMENT OF CERTIFICATE OF ORIGIN NO.…DATED…WHICH IS CANCELLED。

第五栏：ITEM NUMBER，商品顺序号。

如同批出口货物有不同品种，则按不同品种、发票号等分列“1”，“2”，“3”，……。单项商品，此栏填写“1”。

第六栏：MARKS AND NUMBERS，唛头及包装号。

例如：C&J

HAMBURG

NO.1–160

填具的唛头应与货物外包装上的唛头及发票上的唛头一致；唛头不得出现中国以外的地区或国家制造的字样（如 MADE IN HONG KONG 等）；如货物无唛头应填“无唛头”，即“N/M”或“NO MARK”。如唛头过多，此栏不够填，可填打在第七、八、九、十栏之截止线以下的空白处。如还不够，此栏打上（SEE THE ATTACHMENT），用附页填打所有唛头（附页的纸张要与原证书一般大小），在右上角打上证书号，并由申请单位和签证当局授权签字人分别在附页末页的右下角和左下角手签、盖印。附页手签的笔迹、地点、日期均与证书第十一、十二栏相一致。

第七栏：NUMBER AND KIND OF PACKAGES，DESCRIPTION OF GOODS，包件数量及种类、商品的名称。

包件数量必须用英文和阿拉伯数字同时表示，如 ONE HUNDRED AND FIFTY（150）CARTONS OF WORKING GLOVE。商品名称必须具体填明，不能笼统填“MACHINE”（机器）、“GARMENT”（服装）等。对一些商品，如：玩具电扇，应载明为“TOYS：ELECTRIC FANS”，不能只列“ELECTRIC FANS”（电扇）；人造花类应载明“ARTIFICIAL FLOWERS”，不能只列具体的花名“玫瑰”、“兰花”等。

商品的商标、牌名（BRAND）及货号（ART. NO.）一般可以不填。商品名称等项列完后，应在下一行加上表示结束的符号，以防止加填伪造内容。

国外信用证有时要求填具合同、信用证号码等，可加填在此栏空白处。

第八栏：ORIGIN CRITERION，原产地标准。

此栏用字最少，但却是国外海关审核的核心项目。对含有进口成分的商品，因情况复杂、国外要求严格，极易弄错而造成退证查询，应认真审核、慎重填具。现将填写该栏原产地标准符号的一般规定说明如下。

（1）完全原产品，商品完全是出口国自产的，不含任何进口成分，出口到所有给惠国，填写“P”。

（2）如果出口商品有进口成分，出口到欧盟、挪威、瑞士和日本，填“W”，其后加上出口产品的 H.S. 编号，如“W”42.02。条件：① 产品列入了上述给惠国的“加工清单”，符合其加工条件；② 产品未列入“加工清单”，但产品生产过程中使用的进口原材料和零部件要经过充分的加工，产品的 H.S. 编号不同于所用的原材料或零部件的 H.S.

编号。

（3）含有进口成分的产品，出口到加拿大，填“F”。条件：进口成分的价值未超过产品出厂价的40%。

（4）含有进口成分的产品，出口到波兰、俄罗斯、乌克兰、白俄罗斯、哈萨克斯坦、捷克、斯洛伐克七国，填“Y”，其后加上进口成分价值占该产品离岸价格（FOB）的百分比，如“Y”38%。条件：进口成分的价值未超过产品离岸价的50%。

（5）运往美国，填“Z”，在字母后面标上本国成分占产品出厂价的百分比率。例如：“Z”30%。

（6）输往澳大利亚、新西兰的商品，此栏可以留空。

第九栏：GROSS WEIGHT OR OTHER QUANTITY，毛重或其他数量。

此栏应以商品的正常计量单位填写。如“只”、“件”、“双”、“台”、“打”等，如：3 200 DOZ，或 6 270 KG。以重量计算的则填毛重；只有净重的，填净重亦可，但要标上N.W.（NET WEIGHT）。

第十栏：NUMBER AND DATE OF INVOICE，发票号码及日期。

此栏不得留空。月份一律用英文缩写表示（如JAN.），如：PHK50016 NOV. 2, 2014。此栏的日期必须按照正式商业发票填具，发票日期不得迟于出货日期。

第十一栏：CERTIFICATION，签证当局的证明。

此栏填写出入境检验检疫局的签证地点、日期，如：SHANGHAI OCT. 18, 2014。出入境检验检疫局签证人经审核后在此栏（正本）签名，盖签证印章。此栏日期不得早于发票日期（第十栏）和申报日期（第十二栏），而且应早于货物的出运日期（第三栏）。

第十二栏：DECLARATION BY THE EXPORTER，出口商的申明。

在生产国横线上填写“中国”（CHINA）。进口国横线上填写最终进口国，进口国必须与第三栏目的港的国别一致，如“德国”（GERMANY），凡货物运往欧盟内进口国不明确时，可填写“E.U.”。

另外，申请单位应授权专人在此栏手签，标上申报地点、日期，并加盖申请单位中英文印章。手签人手迹必须在出入境检验检疫局注册备案，并保持相对稳定。

此栏日期不得早于发票日期（第十栏）（最早是同日）。公司印章应为中英文对照，盖章时应避免覆盖进口国名称和手签人姓名。

（三）申报普惠制原产地证书的几点注意事项

（1）凡申请办理普惠制优惠原产地证明书的单位，必须预先在当地检验检疫机构办理注册登记手续。

（2）在申报FORM A 证书时，申报单位需提交用“原产地证电子签证系统企业端软件”打印出的商业发票（加盖公章及法人章）和一正二副的FORM A 证书。

（3）如出口商品含有进口成分，但符合原产地标准，如是本地厂家生产，需提供含进口成分商品成本明细单；如是外地厂家生产，则需提供GSP异地调查结果单。

（4）如申报日期迟于出运日期，申请后发的需提供正本提单复印件。

（5）如果签发的证书正本遗失或损毁，申请单位可向原签证机构申请重发，先在《国门时报》登报声明作废，同时提供申请单位和丢证方书面说明及原证的复印件，经检验检疫机构审核通过，予以重发。

（6）出口商品为异地厂家生产、并在异地调查商品清单内的，需提供 GSP 异地调查结果单。

（7）从日本进口原料加工制作后又出口到日本的（即采用日本给惠国成分），需提供“从日本进口原料证书”（CERTIFICATE OF MATERIALS IMPORTED FROM JAPAN）一式三份，并提供日本进料发票。

六、原产地证电子签证

（一）原产地证电子签证

简称电子签证，是指申领原产地证的企业，通过网络将申报原产地证的有关数据以电子方式传输给检验检疫机构，由检验检疫机构审查符合要求后办理证书，实现电子远程申请办理原产地证。即为便利出口企业申请原产地证，提高原产地证签证管理水平和签证效率，以电子方式签发的普惠制原产地证书 GSP FORMA 和一般原产地证书 C/O。

（二）电子签证的办理

（1）申请企业使用经国家检验检疫局评测合格并认可的“原产地证电子签证系统企业端软件”，将已生成的原产地证及其相关单据通过电子方式发送给检验检疫机构，所发送申报单据和证书的内容应真实、准确，与实际出口完全一致。

（2）检验检疫机构接收电子数据后，按规定进行电子审单。对符合要求的，发出正确回执，予以打印证书，办理签证手续；审核发现有误的，发出不受理回执，并将错误项明细反馈给申请企业。

（3）申请企业在领取原产地证时，须向检验检疫机构提交用“原产地证电子签证系统企业端软件”打印出的商业发票并加盖公章。

（4）申请企业在领取原产地证时，在证书上签字并加盖企业中英文印章，所盖印章必须与注册时的印章一致。检验检疫机构发现证书上的印章与注册的印章不相符时，应取消该证书或对外宣布其无效。

（5）申请办理原产地证电子签证的企业应按国家有关收费标准缴纳签证费。

技能训练

1. 根据本模块目标任务一中所给资料缮制一般原产地证书。

2. 根据信用证有关内容及补充资料缮制普惠制产地证一份。

信用证资料如下：

APPLICANT: BIG TREE BUSINESS CO., LTD.
SUNRISE STREET EAST, TORONTO, CANADA

BENEFICIARY: XUWANG BUSINESS COMPUTING CO., LTD.
RM. NA34. ZIJINGYUAN HOTEL OF ZHONGSHAN UNIVERSITY, GUANGZHOU, P.R., CHINA.

L/C AMOUNT: USD 4 458 314.00

AMOUNT SPECIFICATION: CIF
TRANSPORT DETAILS: FROM CHINESE PORT
NO LATER THAN 15TH APRIL 2010 TO TORONTO, CANADA
DESCRIPTION OF GOODS:
XUWANG DOCUMENTATION SYSTEMS VERSION 5.0 1 000SETS
XUWANG DOCUMENTATION SYSTEMS VERSION 6.0 2 000SETS
XUWANG EDUCATION SYSTEMS 5 000 BOXES
DOCUMENTS REQUIRED: CERTIFICATE OF ORIGIN FORM A DULY NOTARIZED IN SIX COPIES.

补充资料:

（1）本信用证项下货物的运输方式为海运，在香港转船。所有货物均为中国自制。

（2）本信用证下的发票号码为95XW10，开票日期为：MAR.12, 2010。

（3）设普惠制产地证签证机构的签证日期为：MAR.13, 2010，地点为广州，出口商签证日期为

MAR.12, 2010。

（4）设本信用证项下的货物包装规格及唛头如下:

A XUWANG DOCUMENTATION SYSTEMS:
每10套装一纸箱
唛头：BLG TREE
LONDON
CTNS# 1-300
KEEP DRY

B XUWANG EDUCATION SYSTEMS:
每10盒装一纸箱
唛头：BLG TREE
LONDON
CTNS# 1-500
KEEP DRY

项目5.2 检验证书制作

知识链接

一、商检证书的缮制

（一）商检证书的含义

商检证书，是各种进出口商品检验证书、鉴定证书和其他证明书的统称，是对外贸易有关各方履行契约义务、处理索赔争议和仲裁、诉讼举证等的具有法律依据的有效证件，也是海关验放、征收关税和优惠减免关税的必要证明。商检证书的主要作用有：

（1）商检证是出口货物报关验放和进口货物清关的单据之一。

（2）进口商凭检验证约束和了解出口商按合同规定发货，出口商凭检验证证明货物与合同规定相符，而且可凭此办理结算。

（3）交货品质、数量、包装以及卫生条件与合同规定不符时，买卖双方可凭检验证

向有关方面索赔、理赔，并可作为仲裁、诉讼的有效证件。

（二）商检证书的缮制规范

商检证书一般包括证首部分、证书种类名称、商品识别部分、证明内容部分以及签署部分。以《品质检验证明书》为例，主要条款包括：

（1）检验证明书的名称和编号（Total & No.）。

（2）签证日期（Date of Issue）：商检证书日期不能迟于装运日期（即提单日）。

（3）证书编号和页数（No.）。

（4）发货人名称（Consigner）：一般为出口人，即信用证受益人。

（5）收货人（Consignee）：一般为进口人，即信用证开证申请人。也可只打“To whom it may concern”（致“有关当事人”）。

（6）商品名称（Description of Goods）：与信用证及其他单据一致。

（7）报检数量/重量（Quantity/Weight Declared）：根据发票填写。

（8）包装的种类及数量（Number & Type of Packing）：与信用证及其他单据一致。

（9）唛头（Marks & No.）：根据发票填写。如果发票唛头一栏填写 N/M，这里也填写 N/M。

（10）检验结果（Results of Inspection）：检验结果如实填写，但检验结果如果与信用证要求不一致，就构成不符点，有可能被拒付。

（11）运输工具（Means of Conveyance）。

（12）印章和签署（Stamp & Chief Inspector）。

（三）缮制商品检验证书应注意的几个问题

不同的商品要求提供的检验证书不尽相同，但有一些需要共同注意的问题，这些问题主要有：

（1）应由信用证或合同指定的检验机构出具检验证书。

（2）检验证书的种类应符合信用证的要求。

（3）检验证书的签发日期一般应早于运输单据的日期。

（4）商检证书所列明的货物规格、品质、数量等应与发票一致。

（5）检验证书的证明内容应与信用证或合同一致等。

二、电子报检

电子报检是指报检人使用电子报检软件，通过检验检疫电子业务服务平台将报检数据以电子方式传输给检验检疫机构，经检验检疫业务管理系统和检务人员处理后，将受理报检信息反馈报检人，实现远程办理出入境检验检疫报检的行为。

申请电子报检的报检人应具备下列条件：

（1）遵守报检的有关管理规定。

（2）已在检验检疫机构办理报检人登记备案或注册登记手续。

（3）具有经检验检疫机构培训考核合格的报检员。

（4）具备开展电子报检的软硬件条件。

（5）在国家质检总局指定的机构办理电子业务开户手续。申请时应提供：报检人登记备案或注册登记证明复印件、《电子报检登记申请表》、《电子业务开户登记表》等。

采用网络信息技术，将检验检疫机构签发的出入境通关单的电子数据传输到海关计算机业务系统，海关将报检报关数据比对确认相符合，予以放行，这种通关形式叫“电子通关”。

为了确保检验检疫机构对出入境货物的有效监管、方便进出、加快进出口货物通关速度，国家质检总局和海关总署开发了电子通关单联网核查系统，已于 2003 年 1 月 1 日在主要口岸的检验检疫机构和海关推广应用。

目前阶段，检验检疫机构和海关联合采取通关单联网核查系统，所以同时还需交验纸质的通关单据。

这种通关方式不仅加快了通关速度，还有效控制了报检数据与报关数据不符问题的发生，同时能有效遏制不法份子伪造、变造通关证单的不法行为。

知识卡片

电子报检的一般工作流程

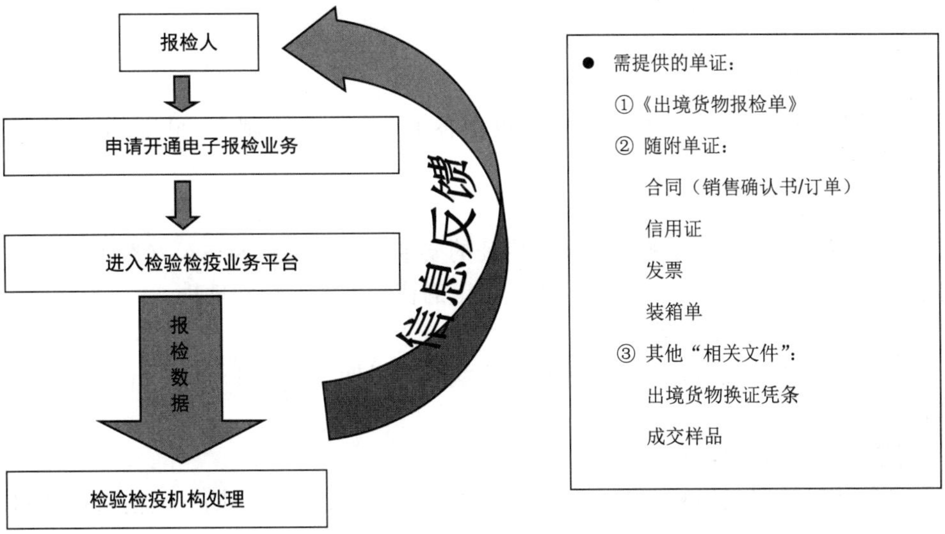

技能训练

根据本模块目标任务一中所给资料缮制商品检验证书。

项目 5.3 装船通知制作

知识链接

一、装船通知的定义

若信用证规定出口商须在货物装船并取得提单后，以传真、电报或电传方式将与装船有关的详情告知收货人或进口地保险公司，且须提供该传真、电报或电传副本予以证明，则出口商必须提供装船通知（Shipping Advice）。装船通知是指卖方应买方的要求，在出口货物装船完毕后，向买方（进口方）发出的关于货物已装船的详细通知，以便进口商及时办理保险、申请进口许可和安排货物接收等事宜。

装船通知的主要功能有两项：其一，让收货人及时了解货物装运的情况；其二，在以 FOB、CFR 等价格条件成交出口贸易合同下，发货人在货物装船完毕后向收货人发出装船通知作为合同的一项要件，进口商办理货物保险的凭证。如货物的丢失、损害是由于发货人在货物装船完毕后没有向收货人发出装船通知，致使收货人未能及时投保所致，该货物的丢失、损害则由发货人负责赔偿。

二、装船通知的缮制

装船通知没有固定的格式，它可以由各出口企业自行制定，其制作主要包括以下内容：

（一）抬头人

抬头人即接受该通知的人，按信用证的要求填写，一般为与买方签订保险合同的保险公司或信用证开证申请人，或信用证指定的代理人的名称和地址。

（二）各种编号和日期

按信用证的编号填写，主要包括发票编号、日期、信用证号码、预约保险单号码、通知的发送日期等。

（三）货物运输情况

货物运输情况包括装运港、目的港、中转港名称、装运日期、运输工具名称、提单号、预计开船日期、预计到达日期。

（四）货物内容

货物内容包括唛头、货物名称、规格、数量、重量、包装件数、总金额等。

（五）特殊条款

信用证规定的以上各栏目以外的内容，均属特殊条款。

（六）签署

通知的右下角，由出口公司盖章并签字。

装船通知示例：

ABC INTERNATIONAL CO., LTD.

REF. No.:	DATE: ××/××/××	TOTAL PAGES: 1
TO: ABC CO., LTD.	ATTN: MR. ×××	FAX: 0049-×××

SHIPPING ADVICE

Contract No.: CH/××/66.×××
L/C No. : LC84E00×××××
Commodity: DEMINERALIZED WHEY POWDER
Packing conditions: As called for by the L/C
4760 25kg in 4-ply paper sacks with inner
polyethylene liner and big bags in 7×20'container
Gross weight: 121 380kgs
Net weight: 119 000kgs
Total value: USD 1 118 860.00

Please be informed that these goods have been shipped from
Tianjin, China to Hamburg, Germany
Shipment date: September 15, ××××
B/L No.: ×××××××

We herewith certify this message to be true and correct.

签名/盖章

三、缮制装船通知应注意的事项

Shipping Advice（装船通知）是由出口商（受益人）发给进口商（申请人）的。Shipping Instructions（装运须知）一般是进口商发给出口商的。Shipping Note/Bill 指装货通知单或船货清单。Shipping Order（S/O，装货单/关单/下货纸）是海关放行和命令船方将单据上载明的货物装船的文件。

技能训练

根据本模块目标任务一中所给资料草拟一份装船通知。

项目 5.4 受益人证明及其他证明制作

一、受益人证明（Beneficiary's Certificate）

（一）受益人证明的含义及作用

受益人证明（亦称受益人声明，Beneficiary's Statement）是一种由受益人自己出具的证明，以便证明自己履行了信用证规定的任务或证明自己按信用证的要求办事，如证明所交货物的品质、证明运输包装的处理、证明按要求寄单等。它是信用证支付方式下买方要求的常见单据之一，一般无固定格式，内容多种多样，以英文制作，通常签发一份。

要求提供受益人证明的情形大致有：

（1）买方为了某种原因如转口货物等，要求在限定时间内先直接邮寄必要的单据以便及时提货、通关或再另转口。买方为了确保卖方能按时寄单，在信用证条款中明确此要求并由受益人出具已寄送单据的证明，此即为寄单证明。

（2）买方为预先取得装运的货样，要求寄样的寄样证明。

（3）要求受益人在限定时间内将装运情况通知买方而出具的证明。

（4）买方要求单据由买方所属国的领事签证，但出口商所在地又无该国领事而出具的证明。

（5）要求卖方执行某些行为而出具相应的证明。

常见的受益人证明主要有：寄单证明（Beneficiary's Certificate for Dispatch of Documents）、寄样证明（Beneficiary's Certificate for Dispatch of Shipment Sample）、包装和标签证明、其他规定等。

（二）受益人证明的缮制

受益人证明的内容一般包括：单据名称、出证日期与地点、抬头人、事由、证明文句、受益人名称及签章等。其缮制要点如下：

1. 单据名称

单据名称位于单据正上方，可统称为受益人证明。如“Beneficiary's Certificate”（受益人证明）、“Beneficiary's Statement”（受益人声明）或 Beneficiary's Declaration”（受益人申明）。也可以因为证明事项不同而具体列明，可能是寄单证明、寄样证明（船样、样卡和码样等）、取样证明、证明货物产地、品质、唛头、包装和标签情况、电抄形式的装运通知、证明产品生产过程、证明商品业已检验、环保人权方面的证明（非童工、非狱工制造）等。

2. 出证日期与地点

按照实际签发日期与地点填写。地点一般即受益人所在地点；日期一般同发票日期，等于或晚于提单日期，有时可根据需证实的内容而定，但必须在信用证规定的范围内。

3. 抬头人

类似这样的公开证明或声明，一般都填写笼统的抬头人，即“TO WHOM IT MAY CONCERN”（致有关人士）。

4. 事由

一般填写货物名称或信用证号码。非信用证支付方式下的证明则填发票号或合同号。有些信用证规定除汇票和发票外，其他单据都不能显示信用证号码，则不可填写信用证号码。

5. 证明文句

此项内容必须对应于信用证要求填写。例如，信用证要求受益人寄单据则提供寄单证明，如信用证要求受益人寄货样则提供寄样证明。一般的行文规则是以所提要求为准直接照搬照抄，但有时也应做必要的修改。例如：信用证条款规定："Beneficiary's certificate certify that all the packages to be lined with waterproof paper and bound with two iron straps outside"，则受益人证明应做成："... packages have been lined ..."；如信用证规定"BENEFICIARY'S CERTIFICATE EVIDENCING THAT TWO COPIES OF NON-NEGOTIABLE B/L WILL BE DESPATCHED TO APPLICANT WITHIN TWO DAYS AFTER SHIPMENT"，在具体制作单据时应将要求里的"WILL BE DESPATCHED"改为"HAVE BEEN DESPATCHED"；再比如对"BENEFICIARY'S CERTIFICATE STATING THAT CERTIFICATE OF MANUFACTURING PROCESS AND OF INGREDIENTS ISSUED BY ABC CO., SHOULD BE SENT TO SUMITOMO CORP."的要求，"SHOULD BE SENT"最好改为"HAD/HAS BEEN SENT"。

另外，如果来证要求单据由进口国驻华使馆签证，但有些受益人所在地恰无该国驻华使馆或领事馆，而信用证是这样规定的："Invoice and certificate of origin must be legalized by a British Embassy or Consulate in the city of export if available"。类似"if available"这样的规定，而出口地又无对方的使馆，可以出具以下的受益人证明："This is to certify that there is no British Embassy or Consulate in our city"。

6. 受益人名称及签章

受益人证明一般不分正副本。若来证要求正本，可在单据名称的正下方打上"Origin"字样。证明的右下方必须由受益人即出口公司签章，才能生效。

受益人证明样本：

Beneficiary's Certificate

Date:

To whom it may concern:

We hereby certify that:

（1）All drums are neutral packing.

（2）No Chinese words or any hints to show the products made in China.

（3）No printing materials are allowed to fill in drums.

ABC Trading Company

（三）缮制受益人证明应注意的事项

（1）单据名称应合适恰当。

（2）一般的行文规定是以所提要求为准直接照搬照抄，但有时也应做必要的修改。

（3）证明文件通常以“This is to certify/declare/state/evidence”或“We hereby certify”等开始。

二、电传副本（Telex Copy or Cable Copy）

电传副本（Telex Copy or Cable Copy）亦称电抄，是卖方应买方要求向其发出电传的副本。在出口业务中，尤其是在FOB、CFR条件下，国外进口商往往来证要求卖方在货物装船后，立即将装船细节电传买方，以便买方及时办理投保或准备接货。卖方则必须在议付时提供电传副本，以资证明卖方已按规定发送电传。

电传副本常见的有装运通知和投保通知两类。前者主要是便于买方报关接货或筹措资金，此时应将装船细节尽可能电告买方，其内容一般包括合同号、信用证号、船名、装船日期、装货港、货物名称、规格、件数、重量、金额、唛头等；后者主要是通知买方投保，此类电传副本上应包括办理保险的相关内容，如货物名称，规格、件数、金额、唛头、开航日期、船名，装货港、目的港等。电传副本的日期应与信用证规定日期相符。

三、船公司证明（Shipping Company's Certificate）

（一）船公司证明的含义及作用

船公司证明书是信用证受益人应开证申请人的要求，请船公司出具的不问认定内容的证明。常见的船公司证明书有：船籍和航程证明、船龄证明、船级证明、集装箱船只证明、船长签发随船单据的收据、运费证明等。除上述证明以外，还有各种费用的证明，包括报费收据、借迄通知单、佣金折扣说明等。这些单据的制作必须注意要符合信用证和进口商的具体要求，列明具体文句和正确的签发人名称等。若无法办到，应及时修改信用证，以免影响收汇。

交战国敌对国家往往要求出具这种证明，内容一般有下列三种：

（1）证明货物不是原产于某一敌对国或交战国。

（2）证明有关当事人（与敌对国可能会有友好或往来关系的制造商、银行、保险公司、船公司等等）不在黑名单之列。

（3）证明装货船只或飞机不会停靠或降落敌对国或交战国的港口或机场，除非出于胁迫。

（二）船公司证明的缮制

（1）出证地址和日期。

（2）船名和提单号。

（3）证明函名称，按信用证要求，通常为Certificate或Statement。如证内未注名称，可以不加。

（4）抬头或称呼，一般都打“TO WHOM IT MAY CONCERN（致有关人士）”。

（5）证明内容。

（6）出证人盖章。

例如：信用证要求：Shipment must not be effected on ××× vessel and not call at any ×××× ports, and not black listed vessel.

Itinerary Certificate

To whom it may concern: Qingdao…

Re: S.S.……

This is to certify that S.S. …flying the People's Republic of China flag will not call at any ××××× ports during this present Voyage, and she is not black listed by the Arab Countries.

Signature（船公司/代理签字）

技能训练

1. 根据本模块目标任务一中所给资料写一份受益人证明。

2. 根据以下信用证资料及要求草拟电传副本。

（1）信用证号：01J82

（2）商品货号及规格：753 12 000YDS

（3）商品成交数量：60 BALES

（4）成交总金额：USD 9 800.00

（5）运输的船名：KANGHE V.12

提单号：12

运输时间：OCT. 15TH

（6）保险单号：0937

信用证原文要求：Beneficiary's certified copy of cable/telex despatched to applicant advising name of vessel, quantity of goods and shipment date.

样单 5-1

<table>
<tr><td colspan="3">1. Exporter</td><td colspan="3" rowspan="2">Certificate No.

CERTIFICATE OF ORIGIN
OF
THE PEOPLE'S REPUBLIC OF CHINA</td></tr>
<tr><td colspan="3">2. Consignee</td></tr>
<tr><td colspan="3">3. Means of transport and route</td><td colspan="3" rowspan="2">5. For certifying authority use only</td></tr>
<tr><td colspan="3">4. Country/region of destination</td></tr>
<tr><td>6. Marks and numbers</td><td>7. Number and kind of packages, description of goods</td><td colspan="2">8. H.S. code</td><td>9. Quantity</td><td>10. Number and date of invoices</td></tr>
<tr><td colspan="3">11. Declaration by the exporter
The undersigned hereby declares that the above details and statements are correct, that all the goods were produced in CHINA and that they comply with the rules of origin of the People's Republic of China.

____
Place and date, signature and stamp of certifying authority</td><td colspan="3">12. Certification
It is hereby certified that the declaration by the exporter is correct.

____
Place and date, signature and stamp of certifying authority</td></tr>
</table>

样单 5-2

<table>
<tr><td colspan="3">1. Goods consigned from (Exporter's name, address, country)</td><td colspan="3" rowspan="2">Reference No.

GENERALIZED SYSTEM OF PREFERENCES
CERTIFICATE ORIGIN
(combined declaration and certificate)
FORM A
Issued in <u>THE PEOPLE'S REPUBLIC OF CHINA</u>
(COUNTRY)</td></tr>
<tr><td colspan="3">2. Goods consigned to (Consignee's name, address, country)</td></tr>
<tr><td colspan="3">3. Means of transport and route(as far as known)</td><td colspan="3">4. For official use</td></tr>
<tr><td>5. Item number</td><td>6. Marks and numbers</td><td>7. Number and kind of packages, description of goods</td><td>8. Origin criterion (see notes overleaf)</td><td>9. Gross weight or other Quantity</td><td>10. Number and date of invoices</td></tr>
<tr><td colspan="3">11. Certification
It is hereby certified, on the basis of control out, that the declaration by the exporter is correct.

……………………………………………
Place and date, signature and stamp of certifying authority</td><td colspan="3">12. Declaration by the exporter
The undersigned hereby declares that the above details and statements are correct, that all the goods were produced in CHINA and that they comply with the origin requirements specified for those goods in the Generalized System of Preferences for goods exported to

……………………………………………
(Importing country)
……………………………………………
Place and date, signature and stamp of certifying authority</td></tr>
</table>

模块六

外贸单据管理

知识目标

通过对模块的学习，使学生掌握外贸出口结汇单据的审单原则和审单方法、外贸出口单据交付的工作流程。熟悉各种主要出口单证常见的差错及审单时应注意的问题，特别是对不符单据的灵活处理问题。

能力目标

通过本模块的学习，能够熟练操作信用证项下出口结汇单据的审核，并适当处理问题单据。熟悉 L/C 交单规定，熟悉 T/T、D/P 和 D/A 的交单规定，了解各类单据移交所规定的时间。

目标任务

任务一　根据合同、信用证及补充资料审核下列单据

合同：

SHANGHAI HUAXIA CO., LTD.
NO. 91 NANING ROAD SHANGHAI, CHINA
Tel.: 0086-021-63561050　　Fax: 0086-021-63561051

To: SAKURA COMMPANY
1-3 MACHI KU STREET
OSAKA, JAPAN

S/C NO. YL07101
DATE: Oct. 01, 2009

Dear Sirs,

We hereby confirm having sold to you the following goods on terms and conditions as specified below:

MARKS & NO.	DESCRIPTION OF GOODS	QUANTITY	U/PRICE	AMOUNT
SAKURA OSAKA NOS. 1-60	PEN CONTAINER YL-256 YL-286	1 550PCS 1 450PCS 3 000PCS	CIF OSAKA USD4.50/PC USD3.90/PC	USD 6 975.00 USD 5 655.00 USD 12 630.00

Packing: In cartons of 50 pcs each

Port of loading: Shanghai

Port of destination: Osaka

Partial shipment: Prohibited

Transshipment: Prohibited

Insurance: Is to be covered by the sellers for 110 percent of the invoice value covering All risks and War risk as per CIC.

Payment: By L/C at sight.

The buyer
SAKURA COMPANY

The seller
SHANGHAI HUAXIA CO., LTD.

信用证：

SEQUENCE OF TOTAL 27：1/1

FORM OF DOC. CREDIT 40A：IRREVOCABLE

DOC. CREDIT NUMBER 20：LC196107800

DATE OF ISSUE 31C：091015

APPLICABLE RULES 40E：UCP LATEST VERSION

DATE AND PLACE OF EXP. 31D：091215 IN THE COUNTRY OF BENEFICIARY

APPLICANT 50：SAKURA COMPANY
1-3 MACHI KU STREET
OSAKA, JAPAN

ISSUING BANK 50A：INDUSTRIAL BANK OF JAPAN, TOKYO

BENEFICIARY 59：SHANGHAI HUAXIA CO., LTD.
NO. 91 NANING ROAD
SHANGHAI, CHINA

AMOUNT 32B：CURRENCY USD AMOUNT 12 630.00

AVAILABLE WITH/.BY… 41D：ANY BANK IN CHINA
BY NEGOTIATION

DRAFTS AT…	42C：DRAFTS AT SIGHT FOR 100 PCT INVOICE VALUE
DRAWEE	42D：THE INDUSTRIAL BANK OF JAPAN, HEAD OFFICE
PARTIAL SHIPMENT	43P：ALLOWED
TRANSSHIPMENT	43T：NOT ALLOWED
LOADING/DESPATCHING/TAKING	44A：SHANGHAI
TRANSPORTATION TO…	44B：OSAKA
LATEST DATE OF SHIPMENT	44C：091130
DESCRIPTION OF GOODS	45A：PEN CONTAINER YL-256 1 550PCS @USD 4.50/PC CIF OSAKA YL-286 1 450PCS @USD 3.90/PC CIF OSAKA PACKED IN CARTONS
DOCUMENTS REQUIRED	46A：+SIGNED COMMERCIAL INVOICE IN TRIPLICATE +SIGNED PACKING LIST IN TRIPLICATE +G.S.P. CERTIFICATE OF ORIGIN FORM A +BENEFICIARY'S CERTIFICATE STATING THAT ONE SET OF ORIGINAL "FORM A" HAS BEEN SENT DIRECTLY TO THE APPLICANT AFTER THE SHIPMENT +INSURANCE POLICY OR CERTIFICATE ENDORSED IN BLANK FOR 110 PCT OF CIF VALUE, COVERING ALL RISKS AND WAR RISK +3/3 PLUS ONE COPY OF CLEAN "ON BOARD" OCEAN BILLS OF LADING MADE OUT TO ORDER AND BLANK ENDORSED MARKED "FREIGHT PREPAID" AND NOTIFY APPLICANT
ADDITIONAL CONDITION	47A：+ALL DRAFTS DRAWN HEREUNDER MUST BE MARKED "DRAWN UNDER THE INDUSTRIAL BANK OF JAPAN, HEAD OFFICE, CREDIT NO. LC196107800 DATED OCT.15, 2009 +T/T REIMBURSEMENT IS NOT ACCEPTABLE

DETAILS OF CHARGES	71B:	ALL BANKING CHARGES OUTSIDE JAPAN ARE FOR BENEFICIARY'S ACCOUNT
PRESENTATION PERIOD	48:	DOCUMENTS MUST BE PRESENTED WITHIN 10 DAYS AFTER THE DATE OF ISSUANCE OF THE SHIPPING DOCUMENTS BUT WITHIN THE VALIDITY OF THE CREDIT
CONFIRMATION	49:	WITHOUT
INSTRUCT. TO NEGOTIATING BANK	78:	THE AMOUNT AND DATE OF NEGOTIATION OF EACH DRAFT MUST BE ENDORSED ON THE REVERSE OF THIS CREDIT. ALL DOCUMENTS INCLUDING BENEFICIARY'S DRAFTS MUST BE SENT BY COURIER SERVICE DIRECTLY TO OUR HEAD OFFICE. MARUNOUCHI, CHIYADA-U, TOKYO, JAPAN 100, ATTN. INTERNATIONAL BUSINESS DEPT. IMPORT SECTION, IN ONE LOT. UPON OUR RECEIPT OF THE DRAFTS AND DOCUMENTS, WE SHALL MAKE PAYMENT AS INSTRUCTED BY YOU

补充资料：

1. INVOICE NO.: YL71001
2. INVOICE DATE: NOV.10, 2009
3. G.W.: 36KGS/CTN N.W.: 35KGS/CTN MEAS: 0.55CBM/CTN
4. H.S.CODE: 3926.1000
5. VESSEL: KAOHSIUNG V.0707S
6. B/L NO.: TH14HK07596
7. B/L DATE: NOV. 29, 2009
8. C/N: SNBU7121820
9. REFERENCE NO.: 20090819
10. ORIGINAL CRITERION: "P"

审核下列单据：

汇票

BILL OF EXCHANGE

Drawn under Industrial Bank of Japan, Ltd., head office
凭

L/C No. LC1961078 **Dated** Oct. 15, 2009
信用证号 日期

No. YL71007 **Exchange for** USD 12 630.00 Shanghai DEC.05, 2009
号码 汇票金额 上海

At 30 days after **sight of this FIRST of Exchange (Second of exchange being unpaid)**

见票……………日后（本汇票之正本未付）付交

Pay to the order of BANK OF CHINA, SHANGHAI BRANCH **the sum of**

SAY US DOLLARS TWELVE THOUSAND FIVE HUNDRED AND THIRTY ONLY
金额

To INDUSTRIAL BANK OF JAPAN, HEAD OFFICE
此致

SHANGHAI HUAXIA CO., LTD.
×××

商业发票：

<table>
<tr><td colspan="2">Issuer：SHANGHAI HUAXIA CO., LTD.
NO. 91 NANING ROAD
SHANGHAI, CHINA</td><td colspan="2">COMMERCIAL INVOICE</td></tr>
<tr><td colspan="2">To：SAKURA COMPANY
1-2 MACHI KU STREET
OSAKA, JAPAN</td><td>NO.YL71007</td><td>Date：NOV. 10, 2009</td></tr>
<tr><td colspan="2" rowspan="2">Transport details：
FROM SHANGHAI PORT TO OSAKA BY SEA</td><td colspan="2">S/C NO. YL07107</td></tr>
<tr><td colspan="2">Terms of payment：L/C AT SIGHT</td></tr>
<tr><td>Marks and Nos.</td><td>Number and kind of packages, Description of goods and Quantity</td><td>Unit Price</td><td>Amount</td></tr>
<tr><td>SAKURA
OSAKA
NOS.1-50</td><td>3 000PCS OF PEN CONTAINER
YL-256 1 550PCS
YL-286 1 450PCS</td><td>CIF OSAKA
USD 3.50/PC
USD 3.90/PC</td><td>USD 5 425.00
USD 5 655.00

USD 11 080.00</td></tr>
</table>

SHANGHAI HUAXIA CO., LTD.

×××

提单：

BILL OF LADING

<table>
<tr><td colspan="2">Shipper
SHANGHAI HUAXIA CO., LTD.
NO.90 NANING ROAD SHANGHAI, CHINA</td><td colspan="3" rowspan="6">B/L No.
TH14HK07596

C O S C O
中国远洋运输（集团）总公司
CHINA OCEAN SHIPPING (GROUP) CO.

Combined Transport BILL OF LADING For delivery of goods please apply to:</td></tr>
<tr><td colspan="2">Consignee
TO ORDER</td></tr>
<tr><td colspan="2">Notify Party
SAKURA COMPANY
1-2 MACHI KU STREET OSAKA, JAPAN</td></tr>
<tr><td>Combined Transport*
Pre-carriage by</td><td>Combined Transport*
Place of Receipt</td></tr>
<tr><td>Ocean Vessel Voy No.
KAOHSIUNG V.0707</td><td>Port of Loading
SHANGHAI PORT</td></tr>
<tr><td>Port of Discharge
OSAKA</td><td>Combined Transport*
Place of Delivery</td></tr>
<tr><td>Container, Seal No. & Marks & Nos.
SAKURA
OSAKA
NOS.1-50
C/N：SNBU7121820</td><td>No. of Package & Description of Goods
PEN CONTAINER
50 CARTONS
CFS-CFS

FIFTY CARTONS ONLY</td><td>Gross Weight Kgs
2 100KGS</td><td colspan="2">Measurement m³

33.000CBM</td></tr>
<tr><td>FREIGHT&CHARGE
FREIGHT PREPAID</td><td>Revenue tons</td><td>Rate per</td><td>Prepaid</td><td>Collect</td></tr>
<tr><td rowspan="2">Ex. Rate</td><td>Prepaid at</td><td>Payable at

SHANGHAI
PORT</td><td colspan="2">Place and date of issue
SHANGHAI
NOV. 29, 2009</td></tr>
<tr><td>Total paid</td><td>No. of Original B(s)/l
TWO</td><td colspan="2">Signed for the Carrier:
COSCO CONTAINER LINERS</td></tr>
</table>

LADEN ON BOARD THE VESSEL DATE BY NOV 29, 2009 BY KAOHSIUNG V.0707 COSCO CONTAINER LINERS

普惠制证书

1. Goods consigned from(exporter's business name, address, country) SHANGHAI HUAXIA CO., LTD. NO.92 NANING ROAD SHANGHAI, CHINA	**Reference No.**20090819 **GENERALIZED SYSTEM OF PREFERENCE CERTIFICATE OF ORIGIN** **(Combined declaration and certificate)** **FORM A** **Issued in <u>THE PEOPLE'S REPUBLIC OF CHINA</u>** **(COUNTRY)** **See Notes. Overleaf**
2. Goods consigned to (consignee's name, address, country) SAKURA COMPANY 1-2 MACHI KU STREET OSAKA, JAPAN	
3. Means of transport and route(as far as known) FROM SHANGHAI PORT TO OSAKA BY SEA	**4.For official use**

5. Item Numbers	6. Marks And numbers of packages	7. Number and kinds of packages, description of goods	8.Origin Criterion (see Notes overleaf)	9. Gross Weight or Other Quantity G.W:	10. Number And date of invoices
	SAKURA OSAKA NOS.1-50	50 CARTONS (FIFTY CARTONS ONLY)CARDBOARD BOX	"P"	2 100KG	INV NO.: YL71002 DATED: NOV. 10, 2009

11. Certification **It is hereby certified, on the basis of Control carried out, that the declaration by the exporter is correct.** **CIQ** **<u>SHANGHAI, NOV. 25, 2009 ×××</u>** **PLace and date, signature and stamp of Certifying authority signatory**	**12. Declaration by the exporter** **The undersigned hereby declares that the above details and statements are correct, that all the goods were produced in <u>CHINA and that they comply with the origin requirements specified for those goods in the Generalized System of Preference for goods exported to</u>** **(importing country)** **<u>JAPAN</u>** **Place and date, signature of authorized signatory** **SHANGHAI, NOV. 25, 2009 ×××**

项目 6.1 外贸单证审核

知识链接

审单，即审核信用证项下的单据。因为在信用证结算业务中，有关各当事人处理的是单据，而不是与单据有关的货物或服务，因此审单至关重要。为了保护各当事人的权利以及规范信用证各当事人的行为，国际商会在关于跟单信用证历次出版物中，都对单据及单据审核做出了具体的规定。单据审核内容均以国际商会《UCP600》及《ISBP》有关规定为依据。

一、审单的原则

根据国际商会《UCP600》和《ISBP》的有关规定，银行要合理小心地审核单据，以确定其表面是否符合信用证的条款。单据表面符合信用证条款体现在信用证与所要求的单据相符、单据与单据之间一致两种含义，即通常所说的单证相符、单单相符。

（一）单证相符

单证相符是指受益人提交的单据必须在表面上完全符合信用证的要求，即信用证的条款在单据上得到体现；信用证的要求必须从单据上得到已照办的证实。

例如，信用证要求提供装箱单（Packing List）并规定货物装于木箱中（Packed in Wooden Cases），如受益人虽提供了装箱单，但文字表述为货物装于纸箱中（Goods Packed in Cartons）。这份单据表面与信用证要求不符，即单证不一致。

（二）单单相符

各种单据之间所表示的内容必须一致，只能相互补充，不能彼此矛盾，体现出每一单据从表面与其他单据有一种联系。例如所有单据中引用的信用证号码要一致，货名、唛头要一致等等。

（三）对表面相符的理解

《UCP600》规定，审核单据所要达到的一致，是确定信用证所规定的单据表面与信用证条款相符。《ISBP》第 24 条对此做了进一步补充解释“信用证项下提交的单据在表面上不得相互矛盾。该原则并不要求数据内容完全统一，而仅仅要求单据不得相互矛盾”。如信用证要求原产地证明由受益人、出口商或厂商出具，则由商会出具的单据是可以接受的，只要该单据相应地注明受益人、出口商或厂商。

二、单证审核的方法

审单时将审单纪录放在桌面右边，把单据放在桌面中间，单据的顺序是：（1）汇票、（2）商业发票、（3）提单，等等。要有固定的开头次序和固定的末尾次序，中间次序任意，然后把信用证放在桌面左边。

单证审核的方法主要有纵向审核法、横向审核法、纵横审核法和先数字后文字审单法。

（一）纵向审核法

纵向审核法即以信用证或合同（在非信用证方式下）为基础对规定的各项单据进行审核，要求有关单据的内容严格符合信用证的规定，做到“单证相符”。

（二）横向审核法

横向审核法即以发票为中心审核其他规定的单据，使相关的内容一致，做到“单单相符”。

（三）纵横审核法

纵横审核法即审单时把审单记录表、全套单据、信用证从右向左放置在工作台上，中间的单据按汇票、商业发票、保险单、提单从上至下依次徘好。先将信用证（包括信用证修改通知书）从头到尾阅读一遍，每涉及一种单据，立即与该单据核对，以达到“单证相符”（横向审核法）。审完的单据反转放置在工作台中间未审核单据的前面，待全套单据审核完毕后，未被审核的单据即为多余的单据予以剔除。横向审核完毕后，再以发票为中心，与其他单据逐个核对，特别注意各单据签发日期的合理性及共有项目的一致性，确保“单单相符”（纵向审核法）。审核过程中，每发现一个不符点，应立即记录在审单记录表上，并在记录文字后面写上“改”、“加”、“补”等字。待改妥单据后，在这些字上划圈表示不再有此不符点。当单据全部改妥相符后，可以交单议付了。

（四）分船审核法

海运出口船只的装运计划是由口岸港区安排的，为了保证及时结汇，有必要区分轻重缓急，按照各条船开装和预计起航日期的先后，依次进行审单。这种审单法的优点是可以把单证流转的进度与运输的进度密切地结合起来。这样，在每条船的提单签发以前，所有配装该船货物的结汇单据都已经过审核，取得提单可立即向银行交单议付。

（五）分地区审核法

不同国别地区的贸易方式和对出口单证的要求往往有所不同，而同一地区或同一国家的贸易方式和对出口单证的要求则大体是相同的。按地区分工审单，便于掌握该地区的一般特点，有利于提高工作效率和单证质量，这种方法适用于业务量较大的公司。

三、单证审核的内容

（一）综合审核的要点

（1）检查规定的单证是否齐全，包括所需单证的份数；（2）检查所提供的文件名称和类型是否符合要求；（3）有些单证是否按规定进行了认证；（4）单证之间的货物描述、数量、金额、重量、体积、运输标志等是否一致；（5）单证出具或提交的日期是否符合要求。

（二）分类审核的要点

1. 汇票

汇票作为支取信用证金额的凭证，依附在汇票下面的是全套单据，故也称为跟单汇票。在信用证要求提交汇票的情况下，银行必须像审核其他单据一样来审核汇票，使其符合信用证的要求。

（1）汇票载有正确的信用证号码。

（2）汇票出票日期未超过信用证有效期。

（3）签字及或出票人的名称与受益人的名称一致。

（4）付款人是否正确。

（5）金额大小写一致。

（6）汇票的期限符合信用证要求。

（7）收款人应是受益人或交单银行。

（8）是否已正确背书。

（9）包含信用证要求的所有必须条款，如利息条款等。

（10）开立金额不超过信用证可使用余额。

（11）汇票金额与发票金额一致。

（12）除非信用证授权，否则不开立“没有追索权”的汇票。

2. 商业发票

商业发票是全部单据的中心，其他单据如运输单据、保险单据、包装单、检验证等都是为了支持商业发票而开立的，因此银行对商业发票的审核应给予足够重视。

（1）由信用证受益人出具的发票，具有受益人的函头，包括名称、地址。

（2）除非信用证另有规定，发票必须做成以申请人的名称为抬头人。

（3）不可加注为“形式发票”或“临时发票”。

（4）货物描述和信用证的商品描述相符，如名称、品质、单价、数量、重量以及包装等。

（5）发票上提供的其他资料，如唛头、号码、运输通知等符合信用证要求且与其他单据一致。

（6）发票金额不超过信用证金额并与汇票一致。

（7）信用证的金额、单价及商品的数量单位前面如加有“About”、“Approximately”、“Circa”（约、近似、大约）或类似词语时，发票金额、单价、数量可有不超过10%的增减幅度或伸缩性。

（8）如果信用证和合同中规定的单价含有“佣金”（Commission），发票要照样填写，不应以“折扣”（Discount）字样代替。

（9）信用证无特殊规定，发票不许列包租、佣金、电报费等额外费用。

（10）提供与信用证要求一致的发票份数。

（11）发票无需签字，如信用证要求发票被签字、公证人证实、合法化证明等，应保证照办。

3. 运输单据审核内容

运输单据具体反映了与货物有关的当事人之间的权利、义务关系。因此，对运输单据，特别是对代表物权的海运提单的审核也是重要内容。

（1）运输单据的种类与信用证相符，除非信用证授权它不是“租船合约”的运输单据。

（2）提单的托运人一般为信用证的受益人。如果信用证无特殊规定，以买卖双方之外的一方作为托运人的第三者提单亦可接受。

（3）收货人名称应符合信用证要求。对于仅仅作为证明收据的运输单据，往往在信用证中规定开证行本身为收货人；对作为物权凭证的海运提单，信用证中对收货人一栏，即提单的抬头有明确规定，严格按信用证要求办。

（4）提单如有被通知人，它的名称与地址要符合信用证要求。

（5）提单的装船批注。信用证一般都要求已装船提单，“已装船（Shipped on Board）”字样应有所体现，并注明船名和装船日期。提单的装船日不得迟于信用证的装运期，当信用证未规定装运期时，提单的签发日期不得迟于信用证的有效期。

（6）运输单据上的价格条款或与运费的记载应与信用证和发票一致。如 CIF 或 CFR 等，应注明“Freight Prepaid”或“Freight Paid”。

（7）运输单据如需要背书，应确保其背书正确。如提单抬头被写作“To order of shipper”、“Shipper's order”或“To order”时，应由发货人作空白背书。如规定以开证行的指定人为抬头，则还应由开证行背书。

（8）货物的描述一般符合信用证所说明的货物描述，货名、唛头、号码、数量、重量以及其他规格，要与表现在其他单据上面的内容相同。

（9）提单的份数。除非信用证另有规定，提交的提单应为全套。审单时，注意清点正本提单份数与提单注明的份数一致。如信用证要求提供副本提单也应如数照交。

4. 保险单的审核内容

（1）保险单的种类。如信用证要求的是保险单，银行不受理保险凭证或预保项下的保险证明或保险声明；如果信用证要求保险凭证或信用证明确要求预保单项下的保险证明或保险声明，保险单可作为替代。

（2）保险单份数。保险单据如出具一份以上正本，则全部正本均应交与银行。也就是说，不管信用证规定或未规定“全套”保险单据，只要保险单上注明了正本的份数，受益人应向银行如数提交正本保险单。

（3）保险单的签发。保险单应由保险人，即保险公司或保险商或其代理人出具签发。

（4）发票号码和保险单号码。保险单上填写的发票号码应与承保货物的发票号码一致，以体现不同单据间的关系性。

（5）被保险人。也称保单的抬头。如果被保险人的名称不是保兑行，就应有适当的背书。

（6）货物描述。品名可用货物统称，唛头、包装、件数与发票一致，与运输单据相符。

（7）保险的货币及金额。除非信用证另有规定，保险单据必须使用与信用证相同的货币开立。投保金额要符合信用证要求，投保金额最低不少于 CIF 或 CIP 价格的 110%。如果无法确定 CIF 或 CIP 价格，应按信用证金额或发票金额两者中较大者的 110%作为最低保险金额。如从信用证或单据得知最后的发票金额仅是货物总价值的一部分（例如由于折扣、预付或由于货物部分价款将晚些支付），也必须以货物的总价值为基础计算保险金额。

（8）保险费和费率。一般不需写明具体的保险费和费率，这两栏大都已印定“根据约定支付”和“按约定”。

（9）装载工具名称、开航日期、航线起讫地点，各项记载均与提单一致。

（10）承保险别：投保信用证指定的险别。如果信用证要求“一切险”，则只要提交任何带有“一切险”条款或批注的保险单据即可。如果保险单据标明投保（伦敦保险）协会货物保险条款（A），也符合信用证关于“一切险”条款或批注的要求。

（11）保险责任在保险单据上必须表明，至少覆盖从信用证所规定的货物装运、发运或接管地到卸货或最终目的地之间的路程。

（12）检验代理。一般为保险公司在目的地的代理检验人，以便在货物受损、被保险人索赔时，就近勘察，确定赔偿责任。

（13）赔款偿付地点。此款按信用证规定填写。如无规定，应以货物运抵目的地或其邻地为赔付地点。若信用证要求赔付给某一指定公司，应在赔付地点之后加注。

（14）出单公司地址。一般在受益人所在地。

（15）出单日期。一般为保险人责任起始日，保险单据的日期不得晚于货物在信用证规定的地点装船发运或接管的日期。

（16）保险单据记载有任何更改，应被适当证实。

5. 原产地证的审核内容

（1）原产地证是独一的单据，不与其他单据联合（信用证允许联合的除外）。

（2）按信用证要求，原产地证已被签字、公证人证实合法等。

（3）原产地证上面的资料与其他单据一致。

（4）原产地证上载明产地国家符合信用证的要求。

6. 检验证书的审核内容

（1）确保检验证由信用证上指定的检验机构（如果有的话）出具。

（2）确保检验证被签字。

（3）确保符合信用证的检验内容的要求。

（4）确保检验日期或检验证签发日期（若无检验日期）符合信用证要求。

（5）除非信用证准许，确保检验证没有包含关于货物、规格、品质包装等不利的声明。

7. 包装单据的审核内容

（1）确保包装单据是独一的单据，不要与其他单据联合起来（信用证允许联合的除外）。

（2）确保包装单据符合信用证的要求。

（3）确保包装单据上面的资料与其他单据一致。

8. 重量单的审核内容

（1）确保重量单是独一的单据，不要与其他单据联合起来（信用证允许联合的除外）。

（2）确保重量单被签字。

（3）确保重量单上面的资料与其他单据一致。

9. 寄单面函的审核内容

当指定银行依上述内容审核各种单据符合信用证规定后，需向开证行寄单索偿，索偿时需随附自身寄单面函（即指定银行寄送给开证行凭以索偿的通知单），此时开证行还需对索偿行的寄单面函进行审核。

（1）面函是指本银行。

（2）载有当前日期。

（3）面函及所附单据属于相关的信用证号码项下。

（4）单据金额与面函金额一致。

（5）交单的银行（如有的话）是信用证的付款行、承兑行、议付行。

（6）付款指示明确和易于理解。

（7）是否提及有任何不符点，是否凭担保函或有保留的付款、承兑或议付。

（三）单据审核中的常见差错

不正确的名称和地址可能将货物交给错误的收货人或只有等到有关信息得到核实后才能交货；发票、装箱单和其他单证上货物数量的不一致使进口商、银行和主管单位对数量产生怀疑；单证中出现错误，或不按照跟单信用证的有关规定执行，将使银行或买方拒付货款；单证的不符点自然会引起海关官员的注意，海关官员发现不符点后更有可能要求对货物进行检查，而这种检查既费时又费钱。比较常见的单据制作的问题如下：

（1）汇票大、小写金额打错。

（2）汇票的付款人名称、地址打错。

（3）发票的抬头人打错。

（4）有关单据如汇票、发票、保险单等的币制名称不一致或不符合信用证的规定，发票上的货物描述不符合信用证的规定。

（5）多装或短装。

（6）有关单据的类型不符合信用证要求。

（7）单单之间商品名称、数量、件数、唛头、毛净重等不一致。

（8）应提交的单据提交不全或份数不足。

（9）未按信用证要求对有关单据如发票、产地证等进行认证。

（10）漏签字或盖章。

（11）汇票、运输提单、保险单据上未按要求进行背书。

（12）逾期装运。

（13）逾期交单。

在制作、提交和核实每个单证后，还应注意每个单证中的所有细节都应与商业发票、提单和跟单信用证（如果使用这种支付方式的话）的内容保持一致。

技能训练

根据下面一份信用证的主要内容和相关资料，审核所给单据。

信用证主要条款：

ISSUING BANK:	ASAHI BANK, TOKYO
FORM OF DOC.CREDIT:	IRREVOCABLE
DOC.CREDIT NUMBER:	ABL-AN107
DATE OF ISSUE:	20100405
DATE AND PLACE OF EXP. :	20100616 CHINA
APPLICANT:	ABC CORPORATION

	123 RED FLOWER STREET, OSAKA, JAPAN
BENEFICIARY:	GUANGDONG TEXTILES IMP. & EXP. WOOLEN KNITWEARS CO., LTD. 168 XIAOBEI ROAD, GUANGZHOU 510045, CHINA
CURRENCY CODE, AMOUNT:	USD 30 300.00
AVAILBLE WITH/BY:	ANY BANK BY NEGOTIATION
DRAFTS AT…	DRAFT AT SIGHT FOR FULL INVOICE VALUE
DRAWEE:	ASAHI BANK, TOKYO
PARTIAL SHIPMENT:	ALLOWED
TRANSSHIPMENT:	ALLOWED
LOADING IN CHARGE:	GUANGZHOU PORT
FOR TRANSPORT TO …	OSAKA, JAPAN
LATEST DATE OF SHIP:	MAY 30, 2010
DESCRIPTION OF GOODS:	LADIES GARMENT AS PER S/C NO. SH107

PACKING: 10 PCS/CTN

ART NO.	QUANTITY	UNIT PRICE
ST/NO. AH-04B	1 000 PCS	USD 5.50
ST/NO. ROCOCO	1 000 PCS	USD 5.10
ST/NO. BORODAO	1 000 PCS	USD 4.50
ST/NO. FLORES	1 500 PCS	USD 4.80
ST/NO. PILAR	1 000 PCS	USD 4.00
ST/NO. ROMANTICO	500 PCS	USD 8.00
PRICE TERM:	CIF OSAKA	

DOCUMENT REQUIRED:

(1) 3/3 SET OF CLEAN ON BOARD OCEAN BILLS OF LADING MADE OUT TO ORDER OF SHIPPER AND BLANK ENDORSED AND MARKED “FREIGHT PREPAID” NOTIFY APPLICANT (WITH FULL NAME AND ADDRESS).

(2) ORIGINAL SIGNED COMMERCIAL INVOICE IN 5 FOLDS.

(3) INSURANCE POLICY OR CERTIFICATE IN 2 FOLDS ENDORSED IN BLANK FOR 110 PCT OF FULL TOTAL INVOICE VALUE COVERING THE INSTITUE CARGO (A), THE INSTITUE WAR CLAUSE, INSURANCE CLAIM TO BE PAYABLE IN JAPAN IN THE CURRENCY OF THE DRAFTS.

(4) CERTIFICATE OF ORIGIN GSP FORM A IN ORIGINAL AND 1 COPY

ADDITIONAL COND.:

SHIPPING MARKS: ITOCHU/OSAKA/NO.1-600

PRESENTATION PERIOD: DOCUMENTS MUST BE PRESENTED WITHIN 10 DAYS OF SHIPMEENT, BUT WITHIN THE VALIDITY OF THE CREDIT

相关资料：

发票号码	SH-25757	发票日期	2010 年 4 月 20 日	FORM A 号码	GZ8/27685/1007
单位毛重	15.4KGS/CTN	单位净重	13.00KGS/CTN	单位尺寸	（60×20×50）CM/CTN
船名	DIEK335 V.007	商品原材料情况	完全自产	集装箱号码	1×20'SOCU1285745 1×40'MAKU5879524
提单号码	KFT2582588	提单日期	2010 年 5 月 15 日	保险单号码	PIC00178141

审核下列单据：

1. 汇票

BILL OF EXCHANGE

GUANGZHOU, 20 MAY 2010

Drawn under ASAHI BANK，LTD.，TOKYO

L/C No. ABL-AN117 **Date** APR. 15, 2010

No. SH-25757 **Exchange for** USD 30 300.00

At 30 days after **sight of this FIRST of Exchange (Second of exchange being unpaid)**

Pay to the order of BANK OF TOKYO, JANPAN

The sum of SAY U.S. DOLLARS THIRTY THOUSAND THREE HUNRED ONLY

To BANK OF CHINA GUANGZHOU BRANCH

GUANGDONG TEXTILES IMP. & EXP.
WOOLEN KNITWEARS COMPANY

2. 提单

BILL OF LADING

<table>
<tr><td colspan="2">Shipper
GUANGDONG TEXTILES IMP. & EXP. WOOLEN KNITWEARS COMPANY LTD.
169 XIAOBEI ROAD, GUANGZHOU 510045, CHINA</td><td colspan="3">B/L No.
KFT2582588</td></tr>
<tr><td colspan="2">Consignee
TO ORDER</td><td colspan="3" rowspan="4">C O S C O
中国远洋运输（集团）总公司
CHINA OCEAN SHIPPING (GROUP) CO.,

Combined Transport BILL OF LADING
For delivery of goods please apply to:</td></tr>
<tr><td colspan="2">Notify Party
ABC CORPORATION
123 RED FLOWER STREET, OSAKA, JAPAN</td></tr>
<tr><td>Pre-carriage by</td><td>Place of receipt</td></tr>
<tr><td>Ocean Vessel Voy No.
DIEK336 V. 007</td><td>Port of Loading
Guangzhou, China</td></tr>
<tr><td>Port of Discharge
Osaka, Japan</td><td>Port of Delivery</td><td colspan="3">Final Destination for Merchant's Reference</td></tr>
<tr><td>Container, Seal No. & Marks & Nos.
SOCU1285745/20
MAKU5879524/40
ITOCHU
OSAKA
NO.1-500</td><td>No. of Package & Description of Goods
500 cartons
Women's Garment
Total: FIVE HUNDRED CARTONS ONLY</td><td>Gross Weight Kgs
9 240 KGS</td><td colspan="2">Measurement m^3

36CBM</td></tr>
<tr><td>FREIGHT&CHARGE</td><td>Revenue tons</td><td>Rate per</td><td>Prepaid
V</td><td>Collect</td></tr>
<tr><td rowspan="2">Ex. Rate</td><td>Prepaid at
CHINA</td><td>Payable at</td><td colspan="2">Place and date of issue
GUANGZHOU,
MAY15,2010</td></tr>
<tr><td>Total paid</td><td>No. of Original B(s)/l
TWO</td><td colspan="2">Stamp &Signature</td></tr>
</table>

LADEN ON BOARD THE VESSEL

DATE BY MAY15, 2010

3. 商业发票

GUANGDONG TEXTILES IMP. & EXP. WOOLEN KNITWEARS COMPANY, LTD.
168, XIAOBEI ROAD GUANGDONG 510045, CHINA

COMMERCIAL INVOICE

ORIGINAL

IMPORTER
ABC CORPORATION
1234 RED FLOWER STREET, OSAKA, JAPAN

INVOICE NO.： SH-25557
INVOICE DATE： APR. 20, 2010
S/C NO.： SH117
L/C NO.： ABL－AN10
L/C DATE： APR. 15, 2010

EXPORTER
GUANGDONG TEXTILES IMP. & EXP. WOODEN
KNITWEARS COMPANY LTD.

TRANSPORT DETAILS:
From Guangzhou to Osaka by vessel

TERMS OF PAYMENT
By irrevocable L/C

Marks& number	Description of goods	Quantity	Unite price	Amount
			CIF GUANGZHOU	
ITOCHO	**WOMEN GARMENT**			
OSAKA	ST/NO. AH-04A	1 000 PCS	USD 5.50	USD 5 500.00
NO.1~600	ST/NO. ROCOCO	1 000 PCS	USD 5.10	USD 5 100.00
	ST/NO. BORODAO	1 000 PCS	USD 4.50	USD 4 500.00
	ST/NO. FLORES	1 500 PCS	USD 4.80	USD 7 200.00
	ST/NO. PILAR	1 000 PCS	USD 4.50	USD 4 000.00
	ST/NO. ROMANTICO	500 PCS	USD 8.00	USD 4 000.00
	TOTAL:		6000PCS	**USD 30 300.00**

TOTAL AMOUNT：SAY U.S. DOLLARS THIRTY THOUSAND THREE HUNDRED ONLY

WE HERE CERTIFY THAT THE ABOVE GOODS ARE OF CHINESE ORIGIN.
GUANGDONG TEXTILES IMP. & EXP.WOOLEN KNITWEARS COMPANY, LTD.

4. 普惠制证书

<table>
<tr><td colspan="3">1. Goods consigned from (exporter's business name, address, country)
GUANGDONG TEXTILES IMP. & EXP. WOODEN KNITWEARS COMPANY LTD.
178 XIAOBEI ROAD, GUANGZHOU 510045, CHINA</td><td colspan="3">Certification No.
GZ8/27685/1007
GENERALIZED SYSTEM OF PREFERENCE CERTIFICATE OF ORIGIN</td></tr>
<tr><td colspan="3">2. Goods consigned to (consignee's name, address, country)
ABC CORPORATION
1234 RED FLOWER STREET, OSAKA, JAPAN</td><td colspan="3">(combined declaration and certificate)
FORM A
Issued in the PEOPLE'S REPUBLIC OF CHINA (COUNTRY)</td></tr>
<tr><td colspan="3">3. Means of transport and route (as far as known)
From Guangzhou to Osaka
by vessel DIEK335 V.017
May17, 2010</td><td colspan="3">4. For official use</td></tr>
<tr><td>5. Item numbers</td><td>6. Marks and numbers of packages</td><td>7. Number and kinds of packages, description of goods</td><td>8. Origin Criterion (see notes overleaf)</td><td>9. Gross Weight or other quantity</td><td>10. Number and date of invoices</td></tr>
<tr><td>1</td><td>ITOCHO
OSAKA
NO.1-600</td><td>SIX HUNDRED (600)
CARTONS OF
LADIES GARMENT</td><td>P</td><td>9 340 KGS</td><td>SH-25758
APR. 20, 2010</td></tr>
<tr><td colspan="3">11. Certification
It is hereby certified, on the basis of Control carried out, that the declaration by the exporter is correct.

CCPIT, GUANGZHOU

GUANGZHOU, APR. 24, 2010

PLace and date, signature and stamp of Certifying authorized signatory</td><td colspan="3">12. Declaration by the exporter
The undersigned hereby declares that the above details and statements are correct, that all the goods were produced in
CHINA

(country)
And that they comply with the origin requirements specified for those goods in the Generalized System of Preference for goods exported to
JAPAN

(importing country)
GUANGZHOU, APR. 23, 2010

Place and date, signature of authorized signatory</td></tr>
</table>

项目 6.2 外贸单证的交付

知识链接

出口商完成结汇单证的缮制与审核后，应选择适当的单据交付方式。单据的交付是出口商履行交货义务的具体行为，也是其获得出口价款的最后一道环节。单据的交付过程及风险直接反映了单证从业人员的实践与经验水平。出口结汇是单据交付的目的，同时也是出口商实现资金周转，获得贸易融资的主要渠道。

根据支付方式的不同，单证的交付方式也不同。按照单据向谁提交来分，有向银行交单和向进口商交单两大类。前者包括信用证和托收项下单据的交付，后者包括汇付（电汇、票汇等）、见索即付银行保函、备用信用证等项下单据的交付，现就信用证、托收、电汇、票汇、电放等分述如下。

一、信用证项下单据的交付

出口商在货物出运后，应在信用证规定的交单期内，缮制结汇单据，完成向银行交单的义务。实践中，出口商取得运输单据后通常在一个工作日内向银行交单，早交单早结汇。信用证项下单据的交付，其程序及注意的问题有以下几点。

（一）正确选择交单银行

从理论上说，银行处理信用证业务时的一切行为，只受《跟单信用证统一惯例》的约束，但在国际贸易中，开证行与开证申请人的利益是相关的，对贸易合同的履行不可能没有丝毫影响。实践中，开证行为维护开证申请人的利益而恶意拒付的情况时有发生。因此，选择好的交单银行可以避免或减少收汇风险。如果开证行、议付行或付款行是联行，则议付时宜将通知行作为交单银行，限制议付或延期付款或已经保兑的信用证，应在信用证指定银行交单。

（二）缮制《交单议付联系单》

《交单议付联系单》（见样单 6-1）一式两联，一联供银行审单记录，一联由银行签字后交出口商留存。《交单议付联系单》主要栏目有：（1）交单基本信息，通常有信用证号、发票号、核销单号码等内容。（2）提交单据的种类及份数。（3）出口商委托银行代办事项部分，如请银行书面通知不符点、款项入账方式（原币划拨或结汇）、是否有信用证项下外币期权交易的合同或人民币远期结汇套期保值申请等。

交单议付联系单填写说明：

（1）交单基本信息：分信用证和托收两栏。在信用证方式下，开证行的名称和地址、信用证号、有效期、交单期和通知行号码等内容均照录自该票单据项下的信用证内容。此栏目供议付行调阅、核对银行留底信用证之用。核销单号码供结汇银行出具结汇水单并进行电子申报时使用。

在托收项下，代收行名称应显示其全称，地址必须详细。交单方式应与出口汇票上的表述或要求一致。付款期限涉及利息计算，也应与出口汇票规定一致。

（2）单据名称及份数：提交的单据应按信用证中出现的顺序排列，正本和副本要标明，可用 O/C 表示正本或副本。如提交一份正本三份副本，可用“1O+3C”来表示。

（3）委办事项：根据出口商的实际需要填写具体委托事项。

（4）公司联系人及电话：填写负责该票单据审核及办理交单议付的业务经办人，以方便结汇银行的业务联系。

（5）银行审单记录及相关栏目由银行经办人填写，并将公司留底联退回出口公司作备查、存档之用。

（三）向进口商寄全套副本单据

这样的副本单据可能是信用证要求的，也可能是进口商指示的有关单据。同时，附寄一份向银行提示单据时的交单面函副本。必要时应向进口商提供银行邮寄单据的号码，以便进口商通过国际互联网查询单据在途状况和准备进口清关手续。

（四）不符点单据的交付

（1）单据不符点的含义。单据的不符点（Discrepancy）是指信用证项下出口商所提交的单据表面上有一处或多处不符合信用证条款和条件。信用证是有条件的付款承诺，开证行保证付款的条件就是所提交的单据表面上与信用证条款和条件一致。因此，单据存在不符点，开证行可解除付款义务，银行信用降为商业信用。

（2）不符点单据的交付。出口商在交单之前已发现单据存在不符点，仍然向银行交单，并要求银行按以下三种方式处理。

第一种方式：内保。出口商要求银行凭不符点单据向开证行寄单索汇，并由出口商担保不符点的寄单风险。由于此种担保只涉及议付行和出口商，对开证行和信用证申请人没有约束力。所以，内保仅仅作为交单委托书上的一项提示，意在分清出口商审单与交单银行审单之间的责任。

第二种方式：电提。出口商提交单据与信用证规定不符，且这种不符属于实质性不符，如过装期、超装、检验证未提交等。此时，议付行为征求开证行对单证不符点的态度及处理意见，先向开证行拍发电报或电传，列明单、证不符点等待开证行的处理意见。如果开证行复电同意，则将单据寄出；如未获同意，立即转告出口商采取措施。其目的是在尽可能短的时间内了解开证行对单证不符点的处理意见。

第三种方式：表提。出口商提交单据与信用证规定不符，但这种不符只是一般性不符，并非实质性问题。此时，出口商先将不符情况通知进口商，并征得同意，或出口商向议付银行出具保证书，要求凭保议付。此时，议付行向开证行寄单并在银行面函（Covering Schedule）上列明不符点及“凭保议付”字样。其主要目的是对出现的单证不符向开证行说明，请其通融接受。可见，“表提”是出口商的一种担保议付请求。

（五）信用证项下单据不符的处理

1. 银行对不符单据的处理

（1）指定银行对于单据不符的处理。受益人提交了不符合信用证要求的单据时，议付行或其他指定银行按照下列方法之一处理：

① 将所有单据退还给交单人更改，以便在信用证有效期内和最迟交单期内再次交单。

② 仅仅退还不符单据，让交单人更改，以便在信用证有效期内和最迟交单期内再次交单。

③ 将所有单据退还交单人，请他直接寄开证行。

④ 在交单人授权下将信用证项下的不符单据以等待批准方式寄送给开证行，要求它审查和批准接受单据或拒绝接受单据（亦称“表提”）。

⑤ 如果交单人准许，以电报、电传或其他电讯方式通知开证行，要求凭不符单据授权付款、承兑或议付（亦称“电提”）。

（2）开证行对于单据不符的处理。

① 拒付时必须以单据作为依据。开证行只能就单据的表面所示，审核与信用证条款是否相符。如果不符，可以拒受单据。

② 必须在五个工作日内做出接受或拒付的决定。开证行审单不得超过五个工作日，发现不符点可自行决定是否拒付，亦可联系申请人请其接受不符点。若申请人不同意接受，应在五个工作日的期限之内发出拒付通知。

③ 以电讯方式通知寄单行。以 SWIFT、Cable、Telex 等方式通知寄单行，不得采用邮寄方式。通知必须是开证行的拒付，不是买方或申请人的拒付，电文不可使用“Buyers refuse...”或“Our customer rejects...”。

④ 说明全部不符点。拒付通知书必须在第一次电文中提出所有不符点，第一次未提出的即表示弃权，不允许有第二次提出新增加的不符点，不然将遭到对方反驳。

⑤ 说明单据听候处理或退回。开证行提出拒付意味着买方不付货款，货物所有权仍归卖方。代表物权的单据就要听候寄单行（代表卖方）处理，或者退回寄单行。开证行不得一面主张拒付，另一面将单据交给申请人去提货，那样将帮助买方骗取货物。开证行通常采取单据代为保管，听候寄单行处理。这样可使买、卖双方商洽折衷办法，让买方最终接受带有不符点的单据。如果申请人一开始就坚决拒付，开证行可退单。此时开证行应注意和防范该证如在有效期内和最迟交单期内，受益人接到拒付单据后补单。

如果开证行未按以上 1～5 项办理，它就无权主张拒付，应承担付款责任。

2. 信用证受益人对不符单据的处理

信用证业务是纯粹的单据业务。受益人为安全收汇，应保证做到“相符交单”的要求。如果受益人提交有不符点的单据，议付行可以拒绝议付，开证行可以拒绝付款。但是，在实际业务中，单证不符的现象常有发生，这就要求受益人了解惯例的规定，及时处理由此产生的不利影响。

（1）拒付通知有效性的确认。当受益人收到开证行或保兑行的拒付通知时，首先要确认其是否有效。《UCP600》规定，当按照指定行事的指定银行、保兑行（如有的话）或者开证行确定交单不符时，可以拒绝承付或议付，但必须给予交单人一份单独的拒付通知，该拒付通知需符合下列所有条件。

① 明确表明银行拒绝承付或议付。

② 必须提出银行拒绝承付或者议付所依据的每一个不符点。据此，没有提出具体不符点的拒付不能构成完整的拒付，且开证行必须一次性提出所有不符点。

③ 明确表示银行对不符单据的处理方式。即银行留存单据听候交单人的进一步指

示，或者开证行留存单据直到其从申请人处接到放弃不符点的通知并同意接受该放弃，或者其同意接受对不符点的放弃之前从交单人处收到其进一步指示，或者银行将退回单据，或者银行将按之前从交单人处获得的指示处理。

④ 必须在规定的时间内提出拒付，即在不迟于自交单之翌日起第五个银行工作日结束前发出。

（2）确认不符点。对照留底单据审核不符点是否成立。若不成立，应立即通过交单行进行反拒付。

（3）更换单据。若开证行提出的不符点确实成立，受益人应立即争取在有效期内更改全部单据并重新寄单，或做部分退单修改。

（4）联络进口商。若不能更改单据，受益人应尽快联系开证申请人，协商有关问题。

（5）其他方法。若无法换单，而进口商又拒绝付款赎单，出口商应采取联系其他进口商或将货物运回等措施以防止损失进一步扩大。

二、托收项下单据的交付

托收是由卖方开具汇票并随附单据委托出口商所在地银行（受托银行），通过其在进口商所在地的代理行（代收行）代向进口商收款。无论是D/P交单或D/A交单，相关银行只是作为卖方的受托人行事。根据《URC522》第12条a款的规定：“银行必须核实所收到的单据在表面上与托收指示书上所列一致，如发现任何单据有遗漏，应立即通知发出指示的一方。除此之外，银行对收到的单据无进一步的义务”。因此，在托收项下的交单，出口商应把好审核单据和缮制托收委托书两个环节，其程序如下。

（一）单据审核

出口商以托收方式收取货款，单据要求应在外销合同中表明。一般情况下，托收项下单据至少应有发票、汇票、装箱单、提单或其他运输单据，必要时还须提供产地证、出口许可证等附属单据。业务人员出运货物时应提示单证人员所需单证。托收单据的审核应以外销合同为依据、以商业发票为中心单据。单据审核要点：

（1）发票的抬头人、汇票的付款人应与外销合同的买方一致。

（2）提单应做成“To order”或“To order of shipper”抬头，提单通知人所在地应与目的港一致。

（3）检查单据之间是否一致，特别是属于货运第三国的转口业务，单据之间的逻辑关系务必搞清楚，以防止出现“货物交付总公司，发票抬头是分公司”、“提单目的港是欧洲某港口，而被通知人却在香港”等混乱现象。

（二）缮制《托收委托书》

实践中，《托收委托书》与信用证项下《交单议付联系单》合并使用。除了发票号、单据名称及份数等内容外，托收指示中通常有以下内容。

（1）确定代收行。一般情况下为买方指定代收行，以便买方融通资金和预借单据。除非我方托收银行不了解该指定银行的资信情况，或由于政府限制等原因，一般应尽可能满足买方要求。代收行详细名址不仅要在发票上注明，还要在指示书上注明。因为托收行“不会为了寻找托收指示而审核单据”（《URC522》第4条第2款）。

（2）明确交单条件。如果是 D/P 远期，若出口商的本意是不打算对进口商融通资金，则指示书中必须表明是进口商付款后方可交单。在远期付款/承兑交单方式下，出口商还应在指示书中列明利息条款，说明除本金外加收利息，且利息不能免除，以防止进口商只付本金即可取得单据。

（3）指定代理人。根据实际需要，出口商可在托收委托书中指定一名代表，以便在遇到进口商拒绝承兑或拒收货物时，由需要时的代理人（Representative in Case of Need），代办货物的仓储和转售等事项。

（4）做出拒绝证书。如果出口商打算为退票起诉进口商，可在委托书中要求代收行在汇票遭拒付后作出拒绝证书（Protest），以获得一项法律证据。拒绝证书由代收行做出，并由公证机构公证生效。由于拒绝证书的费用较高，出口商应权衡后再作委托。

三、电汇项下单据的交付

电汇作为支付方式，既安全又快捷。电汇通常用于买方预付货款或支付订金。在电汇支付方式下，出口商不需向银行交单即可取得货款，故单据流转环节少、操作简便。交单时间取决于出口商收到货款的时间，交单方式由买卖双方商定。其交单程序主要体现在公司内部的单据流转和审核。

（1）公司内部的单据审核。货物出运后，运输单证部门收到承运人签发的全套正本提单后，应对照《出口货物托运委托书》审核提单条款是否与出口商的要求相符。如果有不一致，应退改提单。如果审核无误，应检查提单是否需要背书。提单未作背书将视作无效单据，进口商无法提货。

（2）公司内部单据流转。单证人员保存全套单据，通知业务经办人凭有效的收款证明（结汇水单）签收提单及相关单据。同时填制《涉外收入申报表（对公单位）》，连同结汇水单副本提交货款汇入行办理外汇收入申报手续，做好交单记录，卷宗归档。

四、票汇项下单据的交付

（一）银行汇票项下单据的交付

由于银行汇票托收一般需经过一段时间，为尽早收妥货款，应争取进口商通过出口商的往来银行开具即期银行汇票。这样，出口商收到客户的银行汇票后即可到指定银行要求解付。银行核对票根无误，即可解付货款。如果不是往来银行出具的汇票，出口商须将汇票交往来银行办理汇票托收，一般须 10 到 15 天时间。

（二）商业支票项下单据的交付

商业支票托收有光票立即贷记和标准托收两种方式。光票立即贷记解付时间短，但属于有条件付款，即划拨在前确认在后。出口商收到该支票项下的货款属于暂收款，若出票人拒绝付款，则付款银行有权追回已付款项。因此，出口商不能凭此确认收妥货款，只有等到商业支票被出票人确认后才算最终收妥货款。

在标准托收项下，出口商的委托银行须将商业支票寄交境外的代理行，并向出票银行办理托收。如果出票人确认付款，则属于最终收妥货款，时间较长但安全。无论上述何种方式，都应当是确认收妥货款后才能向进口商寄单。

五、凭电放保函交单

出口商安排运输货物并取得运输单据后，进口商尚未付款。等收到进口商货款后，货物已运抵目的港。为避免或减少港口滞期费，进口商要求出口商联系承运人在目的地代理，凭承运人的电放通知交货。此时，承运人通常要求出口商提交全套正本提单，并出具电放保函，以避免凭电放通知交货后提单持有人向承运人主张权利。在这种情况下，向进口商交单是指除提单之外的其他单据。

技能训练

1. 我国某粮食进出口公司向欧洲某公司出口一批大米，L/C 的货物描述（DESCRIPTION OF GOODS）为：50 000 MT RICE FOB SHANGHAI, CHINA AS PER INVOICE NO. NV45D-1…。

单据条款规定：

（1）COMMERCIAL INVOICE IN TRIPLICATE.

（2）CERTIFICATE OF ORIGIN ISSUED BY CIQ.

（3）3/3 SET OF CLEAN ON BOARD BILL OF LADING CONSIGNED TO THE ORDER OF ISSUING BANK.

（4）BENEFICIARY'S CERTIFICATE REQUIRED IN TRIPLICATE STATING THAT THE APPLICANT HAS BEEN ADVISED OF THE COMPLETE DETAILS OF SHIPMENTS BY TELEX/FAX NO. 505759 AND COPY OF TELEX/FAX ADVICE IS REQUIRED FOR NEGOTIATION.

开证行收到单据后，表示拒付，提出如下不符点：

（1）INVOICE GOODS DESCRIPTIO NDOES NOT SHOW "AS PER INVOICE NV45D-1...".

（2）CERT. OF ORIGIN SHOWING CONSIGNEE DIFFERING FROM B/L.

（3）B/L DOES NOT SHOW THE NAME OF MASTER.

（4）BENE.'S CERT. MISTYPED "CERTIFY"AS "CITIFY".

（5）SHIPPING ADVICE: NO EVIDENCE OF THE SHIPPING DETAILS HAS BEEN ACTUALLY FAXED.

问题：

（1）开证行提出的单据不符点是否成立？

（2）开证行会如何处理出口商提交的不符单据？

（3）出口商如何处理？

2. 2009 年 6 月 15 日，某受益人向 A 银行交来信用证项下单据一套，金额为 USD 113 254.00，开证行为 X 银行东京分行，偿付行为 X 银行纽约分行。开证行在该信用证中加具了限制议付条款，指定其深圳分行议付。单据经 A 银行审核后，认为单证相符、单单一致，在征求受益人意见后，A 银行当天即直接寄单给开证行，同时根据信用证规定，电索纽约偿付行。6 月 20 日，偿付行如期解付。6 月 24 日，开证行来电向 A 银行提出单据存在不符点，要求 A 银行退回从偿付行所收款项，电文如下：

（1）Negotiation restricted to our Shenzhen Branch, but you have negotiated the documents voiding L/C terms.

（2）Combined B/L I/O ocean B/L presented.

经 A 银行重新审核信用证有关条款及提单副本留底后，确认对方所提不符点均不成立，属于明显挑剔行为。当即致电开证行，阐明我方观点：

（3）If the issuing bank has nominated another bank as the negotiating bank and documents are not presented to that nominated bank but are forwarding to the issuing bank through a third bank, the issuing bank must pay provided that the documents are compliant and have been received by the issuing bank within the validity of the credit and period for presentation.

（4）Although the B/L presented by the name of "Combined Transport B/L", in the nature, it's port-to-port B/L with the "on board" notation.

问题：

（1）如果在单据面函上或索偿电文中注明了 A 银行作为议付行，是否构成不符点？

（2）如果单据存在不符点但有客户的保函，是否应该向偿付行索偿？

（3）根据模块四的任务一，填写客户交单联系单。

样单 6-1

客户交单联系单

致：兹随附下列出口单据一套，信用证业务请按国际商会现行《跟单信用证统一惯例》办理，跟单托收业务请按国际商会现行《托收统一规则》办理。

信用证	开证行：		信用证号：	
	信用证附　　次修改	提单日期：	有效期：	交单期限：　天
无证托收	付款人全名及详址：			
	代收行外文名称及详址（供参考）：			
	交单方式：（ ）D/P（ ）D/A		付款期限：	
发票编号：		核销单编号：	金额：	

单据	名称	汇票	发票	海关发票	装箱单/重量单	产地证	GSP FORM A	数量/质量/重量证	检验/分析证	出口许可证	保险单	运输单据	受益人证明	船公司证明		
	份数															

委办事项（打“×”者）

（ ）上述单据我司申请办理押汇；

（ ）上述单据系代理出口项下业务收妥后请原币划＿＿＿＿＿＿＿＿＿＿

开户行：＿＿＿＿＿＿＿＿＿＿账号：＿＿＿＿＿＿＿＿＿＿

（ ）单据中有下列不符点：（ ）请向开证行寄单，我司承担一切责任；

（ ）请电询开证行同意后寄单；

（ ）请征询我公司意见；

（ ）＿＿＿＿＿＿＿＿＿＿＿＿＿＿＿＿＿＿＿＿

公司联系人：　　联系电话：　　公司签章：

银行记录专栏	业务编号		接单日期：	
	银行费用：议付/托收：	邮费：	电费：	小计：
	费用由　　承担	索汇方式：		寄单方式

审单记录：

银行经办： 审单日期：	银行复核： 审单日期：

模块七

进口单证工作

知识目标

通过该模块的学习使学生了解进口贸易的一般程序和相关的单证工作，熟悉掌握履行进口合同的主要环节：信用证的开立与修改、安排运输和保险、审单和付款、申请必要的进口许可证、报关和接货、商品检验、进口索赔等。

能力目标

通过本模块的学习，能够熟练操作信用证的开立和修改、办理进口货物的运输和保险、审核信用证项下出口结汇单据、办理进口货物的报关和报检以及索赔工作的开展。

目标任务

任务一　根据下列合同内容缮制信用证开证申请书

SALES CONFIRMATION

S/C No.:　JH-FLSSC01
Date:　APR. 2, 2014

The Seller: ABC CO.，LTD.
Address:　RASEO DELA CASTEUANA 178, BARECLONA, SPAIN
The Buyer: ANHUI HONGYI TRADING CORPORATION
Address:　16TH FLOOR, HEPING BUILDING 34 CHANGJIANG ROAD　HEFEI, ANHUI, CHINA

Item No.	Commodity & Specifications	Unit	Quantity	Unit Price(US$)	Amount(US$)
	B&D　BRAND BICYCLE			FOBC5% SHANGHAI	
1	YE803 26′	SET	600	66.00	39 600.00
2	TE600 24′	SET	600	71.00	42 600.00
					82 200.00

TOTAL CONTRACT VALUE: SAY U.S. DOLLARS EIGHTY TWO THOUSAND TWO HUNDRED ONLY

PACKING：TO BE PACKED IN CARTONS OF ONE SET EACH, TOTAL 1 200 CARTONS.

PORT OF LOADING & DESTINATION: FROM BARCELONA SPAIN TO SHANGHAI, CHINA

TIME OF SHIPMENT：TO BE EFFECTED NO LATER THAN MAY 30, 2014

PARTIAL SHIPEMNT AND TRANSHIPMENT ALLOWED.

TERMS OF PAYMENT: THE BUYER SHALL OPEN THROUGH A BANK ACCEPTABLE TO THE SELLER AN IRREVOCABLE LETTER OF CREDIT PAYABLE AT 30 DAYS' SIGHT WHICH SHOULD REACH THE SELLER BEFORE MAY 1, 2007 AND REMAIN VALID FOR NEGOTIATION IN CHINA UNTIL 15TH DAY AFTER THE DATE OF SHIPMENT.

REMARKS:

…

Confirmed by:

THE SELLER
ABC CO.，LTD.
(signature)

THE BUYER
ANHUI HONGYI TRADING CORPORATION
(signature)

任务二 根据下面制单背景材料填制进口货物报关单

（1）经营单位及收货单位：宁波鸿雁制衣有限公司（3320910365）。

（2）贸易方式：一般贸易（0110）。

（3）装运：2010 年 11 月 4 日由红星号船从日本大阪到宁波港。

（4）合约号：KD45790。

（5）产品名称：尼龙布（39156000）。

（6）数量：500 000 YARDS。

（7）净重：2 080 KGS。

（8）毛重：2 280 KGS。

（9）价格：FOB 大阪 USD 0.025 PER YARD。

（10）总价格：USD 1 250 000。

（11）付款方式：不可撤销的信用证支付。

项目 7.1 信用证开立

知识链接

我国进口货物一般都采用信用证方式付款。因此，进口合同签订后，进口企业应按合同规定的期限向经营外汇业务的银行及时办理开证申请手续。信用证开出后，如发现内容与开证申请书不符，或因情况发生变化或其他原因，需对信用证进行修改，应立即向开证行提出修改申请。信用证开立必须在合同规定的时间内，向中国银行或其他经营外汇业务的银行办理信用证开立业务。具体环节与内容如下。

一、信用证的开立方式

信用证开立方式有信开和电开两种。目前在实际业务中经常采用的是 SWIFT 信用证。掌握两种开立方式及其内容，有助于开展信用证业务。

（一）信开信用证

信开信用证的文本，称为信开本。其英文名称 Letter of Credit 体现了初创时信用证是采用信函（Letter）方式开立的。一般信开本都有印刷好的信用证格式，开证行根据申请人的指示，在格式中填制各种条款、条件以及其他有关内容。开立后以航空挂号或快邮寄给通知行。

（二）电开本

电开信用证又可分为全电本和简电本两种。

1. 简电本（Brief Cable）

简电本是进口商为了使出口商能早些备货，用仅有信用证金额、有效期等主要内容的简单电报预先通知出口商。由于简电本内容简单，不足以作为交单议付的依据，因此简电本中都说明“随寄证实书”（Mail Confirmation Follows）。开证行在发出电报以后，应立即将内容完整的信开本形式的“证实书”寄出。简电本只是作预先通知（Pre-advice）之用。证实书才是信用证的有效文本。

2. 全电本（Full Cable）

由于电传（Telex）的广泛使用，电讯（Telecommunication）费用大大降低，又由于计算机的广泛使用，已不需要手工将讯号输入，计算机可直接开证，大大节省了人工，因此全电本越来越多，有些银行甚至根本不用信开本了。由于全电本本身就是一个内容完整的信用证，因此是交单议付的依据。有些银行在电文中注明“有效文本”（Operative Instrument），以明确该全电本的性质。如在电文中注明“随寄证实书”，那么就以邮寄的证实书作为有效文本，交单议付以证实书为依据。由于目前电传的可靠性高，因此对全电本加寄证实书的情况越来越少。

（三）电开信用证 SWIFT

1. 电开信用证 SWIFT 的含义

环银电协（SWIFT），全称为“环球银行金融电讯协会”（Society for Worldwide Interbank Financial Telecommunication）。该组织于 1973 年在比利时依法成立，专门从事传递各国之间的非公开性的国际金融电讯业务，其中包括外汇买卖、证券交易、开立信用证、办理信用证项下的汇票业务及托收等，同时还承担国际间账务清算及银行间的资金调拨等业务。该组织的总部设在比利时布鲁塞尔，并在荷兰阿姆斯特丹和美国纽约分别设立交换中心（Shifting Center），及为各参加国开设集线中心（National Concentration），为国际金融业务提供快捷、准确、优良的服务。世界各国和地区有 1 000 多家银行参加该协会并采用该会电讯业务信息系统，凡参加者必须依 SWIFT 使用手册规定的标准予以使用，否则会自动予以拒绝。凡通过 SWIFT 系统开立的或通过 SWIFT 通知的信用证称“SWIFT 信用证”。采用 SWIFT L/C 须遵守其规定，亦必须使用 SWIFT 手册规定代号（Tag），而且信用证必须符合《跟单信用证统一惯例》的内容及其规定。在信用证中可省去开证银行的承诺条款（Undertaking Clause），但不能免除银行所应承担的义务。

2. 电开信用证 SWIFT 的优点

采用环银电协系统（SWIFT）传递信息和开展银行业务有如下优点。

（1）环银电协为其所有的会员国银行传递信息都依照《环银电协使用手册》予以分类，统一格式、统一编号。电讯网络可完全做到分门别类地传递信息到各会员国银行，已代替了用人工来处理分类，可做到快速、准确、省时、省力。

（2）每笔不同的业务，都能做到严格保密、安全可靠。尤其是对于从事国际贸易的人士来讲，对其所用的有关国际贸易的信息、资料、渠道、资金的调转等情况，可做到保密，可依法自由汇入汇出，不致受到不必要的干扰。

二、申请开立信用证的一般程序

开证申请人申请开立信用证，应向开证行交付一定比例的押金。一般为信用证金额的百分之几到几十。开证申请人还应按规定向开证行支付开证费用和邮电费。

开证申请人除向开证行交纳押金或提供其他保证外，还应提供进口许可证。开证行根据开证申请书（见样单 7-1）内容向信用证受益人开出信用证，并将信用证正本寄交（有时使用电传开证）受益人所在地分行或代理行（统称通知行）。通知行在收到信用证正本后复印一份留存备查。开证行另给开证申请人一份信用证副本供修改信用证时参考或留存。开证行本身也留存一份或一份以上信用证副本。

开立信用证的时间应按合同规定。如合同规定在装运期前×××天开立并送达，应按期向开证行提出申请并考虑到邮程的时间；如合同规定在卖方确定交货期后开证，应在接到卖方通知后再行开证；如合同规定在卖方交付履约保证金或提供银行保函后开证，则应在收到保证金或保函后开证。

三、开证申请书的缮制

（一）开证申请书的内容

1. 正面的内容

（1）申请日期。

（2）申请人名称及详细地址、联系电话等。

（3）申请开证的总金额。

（4）与申请书相关的合同号码。

（5）受益人的名称及详细地址、联系电话等。

（6）要求开出信用证采用何种方式（电开、信开等）。

（7）信用证性质（是否可转让等）。

(8) 申请开证中对所需要的单据条款（所需单据的种类、份数、出具单据的机构等）。

(9) 对汇票的要求（汇票的付款期限、付款人、金额等）。

(10) 合同项下的货物名称、规格、数量、单价、包装条件等。

(11) 对于装货期、交单期及有效期限的要求。

(12) 对于装运地点、交单地点及有效地点的要求。

(13) 对于货物是否允许分批、是否允许转运的要求。

(14) 对于国外议付行费用的要求及解释。

(15) 其他特殊要求。

2. 背面的内容

反面是申请人对开证行的声明，用以明确双方责任，主要内容如下。

(1) 声明申请人同意按照有关国际惯例办理该信用证项下一切事宜，并承担由此产生的一切责任。

(2) 声明委托银行开立信用证，并保证向银行按时支付货款、手续费、利息及一切费用。

(3) 明确收到单据后，申请人在××个工作日内复审单据，并在规定期限内通知银行接受与否。

(4) 声明该信用证及其项下业务往来函电及单据如因邮电或其他方式传递过程中发生遗失、延误、错漏等，银行概不负责。

(5) 声明若信用证需要修改，应由申请人及时通知银行，并及时核对信用证副本或修改副本是否与原申请书相符。

(6) 声明如申请书字迹不清或词义含混而引起的后果由申请人负责。

（二）缮制开证申请书时应注意的问题

开证申请人在填写开证申请书时，应注意下列问题。

1. 申请开证日期

在申请书的右上角填写申请日期。

2. 信用证的传递方式

申请书已列出几种传递方式，分别是：信开（by Air Mail）、简电通知（with Brief Advice by Teletransmission）、快递（by Express Delivery）、电传（by Teletransmission）等。申请人只需在选中的传递方式前面的方框中打“×”即可。

3. 信用证的性质和编号、有效期和到期地点

(1) 信用证的性质。

申请书已列明“不可撤销跟单信用证（Irrevocable Documentary Credit），不必重新填写。如需增加保兑或可转让等内容，可在本栏空白处另加注。

(2) 信用证编号（L/C No.）。

编号由开证银行编列。

(3) 信用证的有效期及到期地点（Date and Place of Expiry）。

有效期通常设定在装运期后 15 天到期，到期地点一般在议付地。

4. 申请人

填写合同买方即进口企业的全称、详细地址，注明联系电话、电传、帐号及申请日期。

5. 受益人

填写合同卖方即出口商的全称、详细地址，注明联系电话、电传等号码。

6. 通知银行

由申请人按受益人要求填写，特殊情况下，也可由开证行选定。

7. 信用证金额

填写合同规定的总值，分别用数字和文字两种形式表示并注明币别。

8. 分批与转运

应根据合同规定在所选项目前的方框中打“×”。

9. 装运条件

应根据合同规定填写装运地（港）和目的地（港）名称以及最迟装运日期，如有转运地（港）也应列明。

10. 贸易条件

应根据合同成交的贸易术语在对应的贸易术语代码前的方框中打“×”；如果是其他条件，则应先在“Other Terms”前的方框中打“×”，然后再在该项目的空白处打上有关的贸易术语。

11. 信用证的兑付方式

申请书上已印有四种选择，即“即期付款”（by Sight Payment）、“承兑”（by Acceptance）、“议付”（by Negotiation）和“延期付款”（by Deferred Payment）。可根据合同的付款方式确定选项，并在其前面的方框中打“×”。如果是延期付款信用证，还应在该选项“at”之后加注延期付款的具体条件，例如收到单据后××天付款或类似文句。

12. 汇票条款

主要包括汇票的金额、付款的期限和付款人的规定。

（1）汇票金额：根据合同规定填写信用证项下应支付发票金额的百分之几。例如，“...for 100% of the Invoice Value...”。

（2）付款期限：根据合同支付条件填写即期或远期支付。如果是远期支付必须填写具体的付款时间（天数），例如，“...at 60 days after sight”，等等。

（3）付款人：根据《UCP 600》的规定，信用证项下汇票的付款人必须是开证行或其指定的付款行，不能填写开证申请人。

13. 单据条款

信用证申请书一般均印就有提供选择的单据条款共十二条，其中第一条至第十一条是具体的单据，第十二条“其他单据”栏目，可将本笔交易中所需的除上述十一项单据外的其他单据的要求填列在此处。

填制该条款时应注意：

（1）在所选单据前的括号中打“×”。

（2）在所选单据条款中，还应加注具体要求和内容。如，一式几份、有关单据内容等。

（3）如选中的单据条款中又有几项内容供选择，可在所选内容前的括号中打“×”；如没有括号可打“×”时，可将选中的内容保留，其余的用“×”将条款全部掩盖掉。例如，单据条款中第七项（重量单/装箱单）如要求受益人提供装箱单，则将该条款中的重量单用“×”号打掉，如：掩盖掉 Weight Memo/，保留“Packing List”（装箱单）。

（4）申请人必须根据合同规定填写单据条款，不能随意提出超出合同规定的要求，也不能降低或减少合同规定的要求。

14. 货物条款

填写合同项下的货物，包括品名、规格、数量、包装、单价等，所有内容应与合同规定一致，尤其是单价条款，不得有误。如合同规格等内容繁多，可加注“详情按××号合同”（Detail as per S/C No. ...）。

15. 附加条款

信用证申请书已印有七条，其中第一条至第六条是具体的条款要求，如需要可在条款前的括号中打“×”；内容不完整的，可根据合同规定和申请的需要填写清楚。第七条是“其他条款”，对上述没有包括的条款，可视需要填写在该栏中。

16. 申请人签字盖章

申请书下面还应填列申请人的开户银行（填银行名称）、账户号码、执行人、联系电话、申请人签字盖章等内容。

四、开立信用证应注意的事项

（一）申请开立信用证的准备

进口企业申请办理信用证开立手续，须向银行递交进口合同副本、有关附件，并向银行交纳一定的押金和手续费。进口企业只有在向银行办理信用证开立手续前办妥上述各种事项，才能顺利地办理信用证开立手续。

（二）开证的时间

进口企业应按合同规定的开证时间和方式开立信用证。如合同未规定开证期限的，则开证时间应以出口商在收到信用证后能在规定的装运期限内出运为原则。一般而言，如合同规定有装运期起止的时间，最迟应使出口商在装运期的第一天就能收到信用证；如合同只规定最后装运期限的，则应在装运期限到期前一个月或一个半月将信用证开到出口商。

（三）信用证的内容

信用证的内容应与合同条款相一致。货物的品质、规格、数量、价格、交货期、装运期、装运条件和货运与结汇单据等，均应以合同为依据，在信用证中逐一作出明确、具体的规定，不得将与信用证无关的内容或把合同中过细的条款写入信用证，更不得将模棱两可、含糊不清、可作弹性解释的或有争议的内容写入信用证。

（四）信用证的修改

信用证正本由开证银行寄往出口商所在地的某一银行，并通知出口商，副本退给进口企业作为审核备查之用。出口商收到信用证后，如提出修改请求，经进口企业同意后，即可向开证银行办理改证手续，这是进口合同得以履行的保证。

技能训练

根据下列合同内容，缮制信用证开证申请书。

SALES CONTRACT

SELLER	HONGHAI CO.,LTD. Room 2901, HuaRong Mansion, GuanJiaQiao 85#, Shanghai 200005, P.R.China TEL: 021-4711363 FAX: 021-4691619	NO.: DATE: **SIGNED IN:**	DS2010SC205 Mar. 23, 2010 SHANGHAI, CHINA
BUYER	SAMAN AL-ABDUL KARIM AND PARTNERS CO. POB 13552, RIYADH 44166, KSA TEL: 4577301/4577312/4577313 FAX: 4577461		

This contract is made by and agreed between the BUYER and SELLER, in accordance with the terms and conditions stipulated below.

Commodity & Specification	Quantity	Unit Price & Trade Terms	Amount
		CFR DAMMAM PORT, SAUDI ARABIA	
CANNED APPLE JAM 24 TINS × 340 GMS	2 200CARTONS	USD 6.80	USD 14 960.00
CANNED STRAWBERRY JAM 24 TINS × 340 GMS	2 200CARTONS	USD 6.80	USD 14 960.00
Total:	**4 400CARTONS**		**USD 29 920.00**

With 10% More or less of shipment allowed at the sellers' option.

Total Value:	U.S.DOLLAR TWENTY NINE THOUSAND NINE HUNDRED AND TWENTY ONLY
Packing:	EXPORT CARTONS
Shipping Marks:	N/M
Time of Shipment & means of Transportation:	No Later Than Jun. 05, 2010 BY VESSEL
Port of Loading & Destination:	From: TIANJIN PORT, P.R.CHINA To: DAMMAM PORT, SAUDI ARABIA
Insurance:	TO BE COVERED BY THE BUYER
Terms of Payment:	By Irrevocable Letter of Credit to be opened by full amount of S/C, Payment at Sight document to be presented within 21 days after date of B/L at beneficiary's account.
Documents	The seller shall present the following documents to the bank for negotiation:

(1) one full set of clean on board ocean Bills of Lading marked: "FREIGHT PREPAID" and made out to order of issuing bank and notifying the Applicant.
(2) Commercial Invoice in 6 copies.
(3) Packing list in 6 copies.
(4) Certificate of origin in 2 copies issued by the CCPIT.

Remarks:
(1) Transshipment allowed, Partial shipment not allowed.
(2) Shipment terms will be fulfilled according to the L/C finally.
(3) After shipment, the seller shall notify the Buyer by cable of the contract number, name of commodity, quantity, name of carrying vessel and date of shipment.

The Buyer	**The Seller**
SAMAN AL-ABDUL KARIM AND PARTNERS CO.	HONGHAI CO., LTD.

项目 7.2 安排运输和保险

知识链接

一、租船、订舱和催装

在进口业务使用 FOB 或 FCA 等条件成交时，由买方办理租船订舱。租船订舱的时间应严格按照合同规定，并应在运输机构规定的时间内提交订舱单，以保证及时配船。

（一）进口订舱委托书

按合同规定，FOB 或 FCA 条件下出口商应在交货前一定时期内，将预计装运日期通知进口商。进口商接到通知后，应先按合同填写“进口订舱联系单”，然后将其连同合同副本送交外运公司，委托其具体安排进口货物运输事宜。“进口订舱联系单”格式内容比较简单，根据提示按实际情况填写即可。

（二）装船通知

进口商办妥租船订舱手续后，应及时向出口方发装船通知，将船名、船期、预期到达时间和船籍等有关内容告知出口商，使其做好货物装船的各项准备工作。

装船通知没有固定内容和格式，根据进口方的要求自行拟定。

二、保险

根据《2010 年国际贸易术语解释通则》规定，在 FOB、CFR 贸易术语条件下，保险应由买方办理。在我国实际进口贸易业务中，通常由进口商同中国人民保险公司签订预约保险合同，对投保险别作具体规定。出口商在装船后，将装运通知发至保险公司，该项进口保险业务就自动生效。出口商也可将装运通知送至进口商，由进口商填写预约保险起运通知书交付保险公司，该预约保险合同即可生效。

项目 7.3 审单和付款

知识链接

一、审单付汇的流程

开证行收到议付行寄来信用证项下的全套单据，经审核无误后送交进口企业。进口企业经再次审核确认后对外付款，并通知进口企业付款赎单。如果审单中发现有不符点，应及时通过开证行提出，并予以拒付。审单付汇的具体内容与流程如图 7-1 所示。

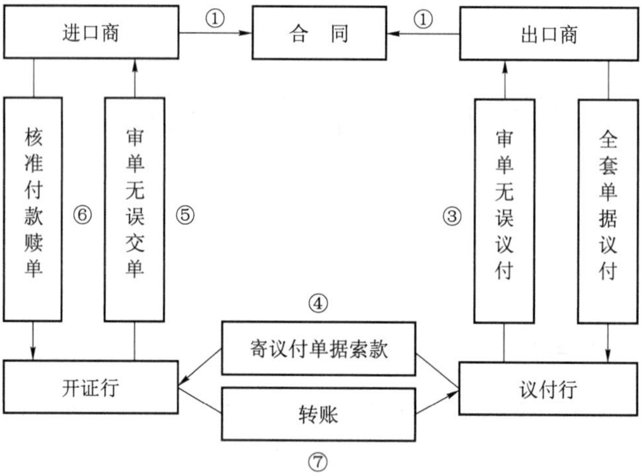

图 7-1 审单付汇流程

二、主要进口单证审核要点

进口单证的审核要以信用证为依据，坚持“单证相符”和“单单相符”的原则。首先要检查单证是否完整，是否符合信用证规定的单证种类和数量要求，是否和信用证“表面一致”；然后要审查这些单据制作是否规范，内容是否和信用证的规定一致，即是否和信用证的规定“内容一致”，以及单证之间是否一致。另外还要特别注意审查应该背书的单证是否按要求进行了背书以及交单日期是否在信用证的有效期内。下面介绍几种主要进口单证的重点审核项目。

（一）汇票

（1）汇票金额和币种是否和信用证一致。如果是散货有溢短装问题时，要注意汇票的金额是否在信用证规定的范围之内、金额的大小写是否一致等。

（2）付款期限是否和信用证的规定一致，是即期还是远期；如果是要求在规定的期限付款的，还要审查这个规定期限的起算日期是否和信用证的规定一致。

（3）出票人是否和信用证的受益人一致。在信用证项下，收款人一般是议付行或其指定人。如果卖方规定指定的收款人，则要特别注意防范风险。

（二）商业发票

（1）商业发票的抬头人是否和信用证规定一致。如果信用证没有特别要求，抬头人一般是开证申请人。

（2）商业发票的内容，即唛头、商品名称、数量、包装、单价和总值等是否符合信用证的要求。涉及到溢短装问题的，要注意溢短装的数量是否在信用证规定的范围内。尤其是涉及根据货物的质量和等级而影响到结算金额的（如初级产品和矿产品），要认真审核加价和减价部分的计算，加减价的比例是否符合信用证的规定，计算方法是否严格符合信用证的有关条款，最后结算金额是否正确以及是否在信用证的授权范围之内等。

（3）发票的日期也是一个应该注意的问题。发票日期一般不应早于开证日期，但绝对不能晚于信用证的有效期，并应在提单和保险单日期之前。

（4）正副本份数是否齐全等。

（三）提单

（1）托运人是否是信用证规定的托运人，是否是第三方提单，信用证对此是否有特殊规定。

（2）提单收货人是否符合信用证规定。信用证项下的收货人一般为指示性抬头，如果是凭托运人指示或者空白抬头（人式抬头除外）的，要检查托运人是否已经背书。此外还要注意检查背书的形式，是记名背书还是空白背书，是否和信用证要求一致。

（3）船名、航次、装货港、卸货港等项目是否和信用证规定一致。

（4）唛头、商品名称、数量、包装等内容是否和信用证的规定相抵触。

（5）运费的支付方式是否符合信用证的规定。注意“Freight Collect”（运费到付）和“Freight Prepaid”（运费预付）等的表述。

（6）提单的签发日期：是否在信用证规定的装运期限之内，提单日期是否和其他单证上的日期冲突，有否存在倒签问题等。

（四）保险单

（1）唛头、商品名称、数量、包装等项目是否符合信用证要求。如果信用证对此无特殊要求，则检查是否和提单、商业发票等其他单据一致。

（2）在CIF术语下，保险单是否按信用证要求进行了相应的背书。

（3）保险单的险别和保险金额是否符合信用证的规定。

（4）签发日期是否符合信用证的规定。除非信用证明确规定，否则不能接受迟于提单签发日期的保险单。

三、付款或拒付

收到单据后，开证行或保兑行（如有的话）必须仅以单据为依据来确定其是否表面上与信用证条款相符。银行在审单时如发现表面上与信用证规定不符，决定拒绝接受单据，按照《跟单信用证统一惯例》规定，开证行或其他指定的银行必须在收到单据次日起第五个银行工作日以内，以电信方式或其他快捷方式，通知寄单银行或受益人（如单据由受益人直接向银行提交），并说明其拒受单据的理由，还须说明单据是否保留，以待交单人处理，或退回交单人。

在实际业务中，经审单如发现单证不符，根据具体情况，银行可与外贸公司密切配合、共同协商，做出适当的处理。处理的办法很多，例如：

（1）开证行可以与外贸企业（开证申请人）联系，为使交易能顺利进行，使开证申请人对不符点予以接受，指示开证行对外付款。

（2）证行通过寄单行与卖方（受益人）联系，允许受益人在有效期内更改单据。

（3）凭国外议付行书面担保后付款，保留追索权。即同意在议付行出具担保后先行付款，如收到货后发现与规定不符，可以把已付的货款追回。

（4）改为货到后经检验再付款。如果卖方提供货物的品质证明书与规定不符，可以向卖方提出，等货到后经检验符合规定才支付货款。

（5）卖方同意降价后，接受单据（一般是修改后的单据）并支付货款。

应该指出，单证不符、单单不符，是拒付的惟一理由，而不应涉及货物。拒收单据和拒付货款，均须以开证行的名义办理，而不能以“开证申请人声称议付单据不符合信用证要求”为由拒付货款。

如开证行认为单据符合信用证条款要求，对即期付款信用证，应即期付款；对延期付款信用证，则应于信用证条款所确定的到期日付款；对承兑信用证，则应承兑受益人出具的汇票并于到期时付款；对议付信用证，则凭受益人出具的汇票向出票人及/或善意持票人付款，开证行、保兑行付款后无追索权。开证行在向外付款的同时，即通知我国外贸企业向开证行付款赎单。

在开证行审查单据的过程中，除发现单据有不符点时要征求申请开证的进口企业的意见，以确定是接受还是拒绝，在审核单据、汇票与规定相符的情况下，通常也要交进口企业复核。按我国习惯，如进口企业在3个工作日内没有提出异议，银行即按即期、远期汇票付汇或承兑或在延期信用证情况下对外承担到期付款责任。鉴于开证行一经履行付款、承兑或承担付款责任，即不能追索或撤销，进口企业对单据的审核也必须认真对待，绝不能稍有疏忽。

案例分析

开证行应申请人开出一份即期可转让自由议付信用证，经通知行通知给受益人。因信用证中同时存在“FREE ON BOARD PLANE”和“FREIGHT PREPAID”条款的问题，通知行要求开证行加以澄清。开证行于是应申请人要求将“FREIGHT PREPAID”改为“FREIGHT TO COLLECT”，并向通知行发出修改电文。受益人向寄单行提交信用证项下的单据后，寄单行发现单据上显示的仍然是信用证修改前的“FREIGHT PREPAID”条款，认为构成不符点，但在寄往开证行的面函上注明“DUE TO DISCREPANCY (IES) IDENTIFIED ARE FORWARDED ON AN ACCEPTANCE BASIS UNDER PROTECTION OF UCP600 ARTICLE（F），PLEASE CONTACT APPLICANT FOR ACCEPTNCE. DISCREPANCE：AIR WAYBILL MARKED FREIGHT PREPAID IN LIEU OF FREIGHT

TO COLLECT”。开证行收到单据后，以上述不符点为由提出拒付。而受益人以未接受信用证修改为由，要求开证行履行付款责任。

试分析，开证行能否拒付货款。

项目 7.4 报关、报检

知识链接

一、报关

（一）进口货物报关

进口货物到货后，由进出口公司或委托外运公司根据进口单据填写《进口货物报关单》（见样单 7-2）向海关申报，并随附发票、提单、商业发票、减免税或免验货物的证明等。如果属于许可证管理商品，还需要提供进口许可证和国家规定的其他批准文件。如属于法定检验的进口商品，还须随附商品检验证书。货、证经海关查验无误，才能放行。

进口货物的法定报关时限为自运输工具申报进境之日起 14 天，超过 14 天期限未向海关申报的，由海关按日征收进口货物 CIF 价的 0.5‰的滞报金。超过 3 个月未向海关申报的，由海关提取变卖，所得的价款在扣除运费、装卸、仓储等费用和税款后尚有余款的，自货物变卖之日起 1 年内，经收货人申请予以发还。

（二）进口报关时应交验的单证

（1）进口货物报关单。

（2）提货单。

（3）发票、提单。

（4）减、免税或免验的证明文件。

（5）海关认为必要时应交验的贸易合同、产地证和其他有关单证。

（6）对应实施商品检验、文物鉴定、动植物检疫、食品卫生检验或其他受管制的进口货物还应交验有关主管部门签发的证明。

（三）进口货物报关单

（1）进口口岸：填明货物在中国的进境地点名称（第一口岸），可从提单上查悉。

（2）经营单位：填明对外签订并执行合同的中国境内企业或单位的名称，要填写全称。中外双方仅执行技术合作项目、未成立合作经营企业的，应填报参加该项目的境内单位，捐赠进口物资，应填报直接受赠单位。

委托报关企业代办报关手续的，应填写委托单位名称。

（3）收货单位：填明进口货物最终收货使用单位名称及所在地。

一般有三种情况：

1）直接接受外贸公司调拨的收货单位。

2）委托有进口权的公司进口货物的单位。

3）自行从国外进口货物的单位。

同一批货物有两个以上收货单位的，应填报收货量最大的单位。

（4）合同（协议）号：填明本批货物合同（协议）的详细年份、编号及附件号码，根据进口合同查填。

（5）批准机关及文号：本批货物如经有关主管部门批准进口或领有进口许可证的，应填明批准文号或许可证号码。如果批准文号、许可证号码不止一个，应逐一填写。

（6）运输工具名称及号码：填明载运货物进口的船只名称，汽车、火车的号码、车次。空运或邮寄只填“空运”或“邮运”字样。

应填报实际进入中国国境的运输工具名称及号码。

（7）贸易性质（方式）：填明本报单货物的贸易性质。

目前，使用白色《进口货物报关单》申报进口货物，一般有以下几种贸易方式，可视具体情况选择填报：

一般贸易，国家间、国际组织无偿援助和赠送的物资，华侨、港澳台同胞、外籍华人捐赠物资，寄售、代销贸易，边境小额贸易，对外承包工程货物，租赁贸易，易货贸易，出料加工贸易，免税外汇商品，其他贸易。

（8）起运国别（地区）：填明本报单货物起始发出直接运往或在运输中转国（地）中未发生任何商业性交易的情况下运往我国的国家（地区）。如货物在运输中转国（地）发生了商业性交易，则该运输中转国（地）即为该货物的起运国（地）。

（9）原产国别（地区）：填明本报单货物的生产、开采或制造国家（地区）。

① 如果产品经过其他国家加工复制，以最后加工的国家为原产国。

② 原产国一般按货物的产地证明书确定。

③ 同一批货物，品种繁多、数量零星的，可以以金额最大的货物的产地确定填报。

④ 一份报关单上申报的几种货物如属于不同的原产国（地区），应在品名下分别填明。

⑤ 要填写具体国名或地区名，不能笼统地填报某个地域或经济联合体的名称。

（10）外汇来源：填具购买本报单货物所使用的外汇来源。

（11）进口日期：填具负责运载本报单货物的运输工具向海关申报进境的日期。

（12）提单或运单号：填具本报单货物的提单或运单号码。

具体填报方法为：海运填提单号，陆运填运单号，空运填货运单号，邮运填报税清单（包裹单）号。

（13）运杂费及保险费/率：填具本报单货物所需支付的运、杂费及保险费的金额。

如果不能取得实际运杂费及保险费数字，可按规定的定额率计算。

（14）标记唛码：填具货物的标记唛码，如有地点名称的也应填写。

（15）包装种类及件数：填具货物的包装方式及总件数。

包装种类指袋、箱、包、捆、桶等。一批货物有多种包装的，要分别填具件数。

（16）重量：“毛重”指货物全部重量，“净重”指货物扣除内外包装后的自然净重。

货物不只一项时，应逐项填具重量。

（17）海关统计商品编号：应按照海关规定的商品分类编码规则确定的进口货物的商品编号填写，并将编号与货名填写在同一水平线上。

（18）货名、规格及货号：填具货物的全称、规格、型号、品质、等级。

属于不同商品目录编码的货物，应分行填具。

（19）数量：填具货物的实际数量和数量单位。

如《海关统计商品目录》有规定第二数量单位的货物，必须同时填具第二数量。

货物不止一项时，应分别按商品编号填具数量。

如合同规定的计量单位与《海关统计商品目录》规定的计量单位不一致，应进行换算，然后按海关统计商品目录规定的计量单位填报。

（20）成交价格：填具合同订定的成交单价、总价和价格条款并注明币制。如是CIF条款成交的，要注明CIF到达境内口岸的地点名称。

如不止一项货物，应分别填报单价、总价。

（21）备注：有关需要说明的问题在此栏填具。

（22）集装箱号：如属于集装箱运输的，应将集装箱数量及每个集装箱的号码在此填具。

（23）随附单据：填具随本报单递交的单据名称及份数。

（24）申报单位（盖章）：填具办理货物申报手续的单位全称，并加盖印章。

报关员的姓名、报关员证的号码、联络电话号码也应一并填具。

（25）申报日期：填写向海关申报的日期。

二、报检

（一）进口商品检验的办理

（1）在口岸，对列入国家商检部门《必须实施检验的进出口商品目录》（以下简称《商品目录》）的进口商品须向入境口岸检验检疫机构报检。由口岸外运公司或收、用货部门持货运单据和《进口货物报关单》向口岸商检机构申请办理报检，由口岸商检机构予以审核、编号登记，并在《进口货物报关单》上加盖“已接受报检”印章。申请人凭以向海关办理进口报关，海关凭国家商检机构“已接受报检”印章验关放行，准予卸货。

（2）在货到目的地后，对列入《商品目录》的进口商品报检。由报检单位填写《进口商品检验申请单》，然后向当地商检机构申请报检。

（3）未列入《商品目录》的进口商品，由收、用货部门自行组织检验，并将检验结果告知当地商检机构。如发现质量、数量等问题，应保持现状，并向当地商检机构申请报检。

（二）进口商品报检的时间和地点

1. 报检时间的规定

报检人应在合同列明的索赔有效期之前不少于1/3的时限内，向货物所在地商检机构报检。如索赔期已近，来不及完成检验出证者，报检人必须预先向国外办理延长索赔期手续。除此之外，应注意法定检验物品须在自运输工具申报进境之日起14天内向海关申报。

2. 报检地点的规定

合同规定进口商品检验地的，应向规定的地点所在地商检机构报检；未约定检验地点的，在卸货口岸、到达站或商检机构指定的地点进行报检均可。

（三）进口商品报检应提供的资料

（1）合同；

（2）国外发票；

（3）提单或运单；

（4）装箱单；

（5）进口货物到货通知单；

（6）鉴定证书：

① 国外品质证明书、使用说明书及有关标准和技术资料（品质鉴定）；

② 理货残损单、海事报告、大副签证或保证（残损鉴定）；

③ 重量明细单或磅码单、理货清单（重量鉴定）。

（7）有关货物验收记录、重量明细单或检验结果报告单。

（四）检验、出证

商检机构受理上述报检申请后，进行检验、出证，并在对外贸易合同约定的索赔期限内检验完毕。经检验合格的，签发《检验情况通知单》；不合格的，签发《检验证书》，由收、用货部门送订货公司办理对外索赔。以进口设备为例，步骤如下：

1. 验收准备

督促收、用货单位做好验收准备，主要包括成立指挥运输、验收、安装调试、档案、保卫等工作内容的临时验收小组，收集、翻译进口设备的各种资料；熟悉资料，拟定验收方案；培训验收人员；落实货物堆放场地；有国外厂商技术人员共同验收、安装调试的，还要做好接待准备。

2. 拆箱检验

在拆箱前，先要查看包装标志与合同、提单是否相符，再查看外包装是否完好，有无破损、水渍、油污等。如发现问题，在详细记载、拍摄照片及收存受损实物后，立即向当地商检机构申请鉴定，必要时请保险公司人员到场。如未发现问题，则可开箱进一步查看设备、零部件的装载、内包装是否完好，根据装箱单核对数量，查看外观有无锈损。如发现问题，按上述办法办理。

技能训练

根据下列发票和装箱单填制进口货物报关单、入境货物报检单（见样单 7-3）。

（1）商业发票：

MONARCH BRO. CO., LTD.
RASEO DELA CASTEUANA 178, BARCELONA, SPAIN
INVOICE

NO.: 89756

DATE: 17 JULY, 2010

TO: SHANGHAI HONGYI TRADING CORPORATION
NO. 675 HUITAI ROAD SHANGHAI, CHINA
上海鸿亿贸易公司（上海嘉定）（3112935053）

CONTRACT NO.: SC/09/87/5L　L/C NO.: YUT89574
TO SUPPLY: HUCK FASTENING PRODUCTS

ITEM	CODE NO.	DESCRIPTIONS	QTY.	UNIT PRICE	AMOUNT
1	BOM-R20-12G	HUCK BOM FASTENERS 钢铆钉	6 480PCS	USD 2.711/PC	USD 17 567.28

SHIPMENT: BY SEA FREIGHT
PRICE: CIF SHANGHAI
PAYMENT: BY L/C
COUNTRY OF ORIGIN: SPAIN

×××
MONARCH BRO. CO., LTD.

（2）装箱单：

MONARCH BRO. CO., LTD.
RASEO DELA CASTEUANA 178, BARCELONA, SPAIN
PACKING LIST

NO.: 89756

DATE: 17 JULY, 2010

TO: SHANGHAI HONGYI TRADING CORPORATION

NO. 675 HUITAI ROAD SHANGHAI, CHINA

上海鸿亿贸易公司（上海嘉定）（3112935053）

CONTRACT NO.: SC/09/87/5L   L/C NO.: YUT89574

HUCK BOM FASTENERS

CASE NO.	QTY	DMENSION	N/W	G/W
1	3 240 PCS	0.467 CBM	530 KGS	550.2 KGS
2	3 240 PCS	0.467 CBM	530 KGS	550.2 KGS
TOTAL	6 480 PCS	0.934 CBM	1 060 KGS	1 100.4 KGS

EXPORTING CARRIER: SPAIN JUPITER/32W

PORT OF LOADING: BARCELONA, SPAIN

PACKING: IN WOODEN CASES

MARKS: CIMC

SHANGHAI

NO.1-2

COUNTRY OF ORIGIN: SPAIN

×××

MONARCH BRO. CO., LTD.

（3）其他资料：

该货于 2010 年 8 月 24 日进口，2010 年 8 月 31 日向上海吴淞海关申报，收货单位即经营单位。H.S. CODE：73182300，计量单位：千克，手册号：C22088300512 第四项。

项目 7.5　进口索赔

知识链接

一、索赔的对象

进口商品常因品质、数量、包装等不符合合同的规定，而需向有关方面提出索赔。有以下三种情况。

（一）向卖方索赔

凡属下列情况者，均可向卖方索赔。例如：原装数量不足，货物的品质、规格与合同规定不符，包装不良致使货物受损，未按期交货或拒不交货等。

（二）向承运人索赔

凡属下列情况者，均可向承运人索赔。例如，原装数量少于提单所载数量；提单是清洁提单，而货物有残缺情况，且属于船方过失所致；货物所受的损失，根据租船合约有关规定应由船方负责等。

（三）向保险公司索赔

凡属下列情况者，均可向保险公司索赔。例如由于自然灾害、意外事故或运输中其他事故的发生致使货物受损，并且属于承保险别范围以内的；凡轮船公司赔偿金额不足以抵补损失的部分，并且属于承保范围内的损失等。

二、在进口业务中，对外索赔应注意的几个问题

（一）关于索赔证据

首先应备妥索赔清单，随附商检局签发的检验证书、发票、装箱单副本。其次，对不同的索赔对象还要另附有关证件。向卖方索赔时，应在索赔证件中提出确切根据和理由，如是 FOB 或 CFR 合同，须随附保险单一份；向轮船公司索赔时，须另附由船长及港务局理货员签字的理货报告和船长签字的短卸或残损证明；向保险公司索赔时，须另附保险公司与买方的联合检验报告等。

（二）关于索赔金额

除受损商品的价值外，有关的费用也可提出。如商品检验费、装卸费、银行手续费、仓租、利息等，都可包括在索赔金额内。

（三）关于索赔期限

对外索赔必须在合同规定的索赔有效期限内提出，过期无效。如果商检工作可能需要更长的时间，可向对方要求延长索赔期限。

（四）关于卖方的理赔责任

进口货物发生了损失，除属于轮船公司及保险公司的赔偿责任外，如属于卖方必须直接承担的职责，应直接向卖方要求赔偿，防止卖方制造借口向其他方面推卸理赔责任。目前，我们的进口索赔工作，属于船方和保险公司责任的由外运公司代办，属于卖方责任的由进出口公司直接办理。为了做好索赔工作，要求进出口公司、外运公司、订货部门、商检局等各有关单位密切协作，要做到检验结果正确、证据属实、理由充实、赔偿责任明确，并要及时向有关方面提出，力争使货物所受到的损失如数取得补偿。

样单 7-1

开证申请书（正面）：

Application for Issuing L/C

TO:

<table>
<tr><td colspan="2" rowspan="2">Beneficiary (full name and address)</td><td>L/C No.

Ex-Card No.

Contract No.</td></tr>
<tr><td>Date and place of expiry of the credit</td></tr>
<tr><td>Partial shipments
(   ) allowed
(   ) not allowed</td><td>Transshipment
(   ) allowed
(   ) not allowed</td><td>(   ) Issue by airmail
(   ) With brief advice by teletransmission
(   ) Issue by express delivery
(   ) Issue by teletransmission (which shall be the operative instrument)</td></tr>
<tr><td colspan="2">Loading on board / dispatch / taking in charge at / from

No later than
For transportation to</td><td>Amount (both in figures and words)</td></tr>
<tr><td colspan="2" rowspan="2">Description of goods:</td><td>Credit available with
(   ) by sight payment (   ) by acceptance (   ) by negotiation
(   ) by deferred payment at
against the documents detailed herein
(   ) and beneficiary's draft for 100 % of the invoice value
at
on</td></tr>
<tr><td>(   ) FOB (   ) CFR (   ) CIF
(   ) or other terms</td></tr>
<tr><td colspan="3">Documents required: (marked with ×)
• (   ) Signed Commercial Invoice in   copies indicating invoice No., contract No.
• (   ) Full set of clean on board ocean Bills of Lading made out to order and blank endorsed, marked "freight (   ) to collect / (   ) prepaid (   ) showing freight amount" notifying ACCOUNT
• (   ) Air Waybills showing "freight (   ) to collect / (   ) prepaid (   ) indicating freight amount" and consigned to _________.</td></tr>
</table>

- ( ) Memorandum issued by ________________ consigned to __________.
- ( ) Insurance Policy / Certificate in___copies for____% of the invoice value showing claims payable in China in currency of the draft, bank endorsed, covering ( ) Ocean Marine Transportation / ( ) Air Transportation / ( ) Over Land Transportation) All Risks, War Risks.
- ( ) Packing List / Weight Memo in copies indicating quantity / gross and net weights of each package and packing conditions as called for by the L/C.
- ( ) Certificate of Quantity / Weight in copies issued an independent surveyor at the loading port, indicating the actual surveyed quantity / weight of shipped goods as well as the packing condition.
- ( ) Certificate of Quality in copies issued by ( ) manufacturer / ( ) public recognized surveyor / ( ) ________________ .
- ( ) Beneficiary's certified copy of FAX dispatched to the accountees with days after shipment advising ( ) name of vessel / ( ) date, quantity, weight and value of shipment.
- ( ) Beneficiary's Certificate certifying that extra copies of the documents have been dispatched according to the contract terms.
- ( ) Shipping Co.'s Certificate attesting that the carrying vessel is chartered or booked by accountee or their shipping agents.
- ( ) Other documents, if any:

  a) Certificate of Origin in copies issued by authorized institution.

  b) Certificate of Health in copies issued by authorized institution.

Additional instructions:

（1） ( ) All banking charges outside the opening bank are for beneficiary's account.

（2） ( ) Documents must be presented with days after the date of issuance of the transport documents but within the validity of this credit.

（3） ( ) Third party as shipper is not acceptable. Short Form / Blank Back B/L is not acceptable.

（4） ( ) Both quantity and amount ____% more or less are allowed.

（5） ( ) prepaid freight drawn in excess of L/C amount is acceptable against presentation of original charges voucher issued by Shipping Co. / Air line / or it's agent.

（6） ( ) All documents to be forwarded in one cover, unless otherwise stated above.

（7） ( ) Other terms, if any:

Advising bank:

Account No.:

Transacted by:

(Applicant: name, signature of authorized person)

样单 7-2

中华人民共和国海关进口货物报关单

预录入编号：　　　　　　　　　　　　海关编号：

进口口岸	备案号	进口日期	申报日期	
经营单位	运输方式	运输工具名称	提运单号	
收货单位	贸易方式	征免性质	征税比例	
许可证号	起运国（地区）	装货港	境内目的地	
批准文号	成交方式	运费	保费	杂费
合同协议号	件数	包装种类	毛重（公斤）	净重（公斤）
集装箱号	随附单据	用途		
标记唛码及备注				

项号	商品编号	商品名称	规格型号	数量及单位	原产国（地区）	单价	总价	币制	征免

税费征收情况		
录入员　　录入单位	兹声明以上申报无讹并承担法律责任	海关审批注及放行日期（签章） 审单　　审价
报关员 单位地址 邮编　　电话	申报单位（签章） 填制日期	征税　　统计
		查验　　放行

样单 7-3

中华人民共和国出入境检验检疫

入境货物报检单

报检单位（加盖公章）： *编　号＿＿＿＿＿＿

报检单位登记号： 联系人： 电话： 报检日期：

<table>
<tr><td rowspan="2">发货人</td><td colspan="3">（中文）</td><td colspan="2">企业性质（划“√”）</td><td>□合资□合作□外资</td></tr>
<tr><td colspan="6">（外文）</td></tr>
<tr><td rowspan="2">收货人</td><td colspan="6">（中文）</td></tr>
<tr><td colspan="6">（外文）</td></tr>
<tr><td>货物名称（中/外文）</td><td>H.S.编码</td><td>原产国（地区）</td><td>数/重量</td><td>货物总值</td><td colspan="2">包装种类及数量</td></tr>
<tr><td></td><td></td><td></td><td></td><td></td><td colspan="2"></td></tr>
<tr><td>运输工具名称号码</td><td colspan="3"></td><td>合 同 号</td><td colspan="2"></td></tr>
<tr><td>贸易方式</td><td></td><td>贸易国别（地区）</td><td></td><td>提单/运单号</td><td colspan="2"></td></tr>
<tr><td>到货日期</td><td></td><td>启运国家（地区）</td><td></td><td>许可证/审批号</td><td colspan="2"></td></tr>
<tr><td>卸毕日期</td><td></td><td>启运口岸</td><td></td><td>入境口岸</td><td colspan="2"></td></tr>
<tr><td>索赔有效期至</td><td></td><td>经停口岸</td><td></td><td>目 的 地</td><td colspan="2"></td></tr>
<tr><td>集装箱规格、数量及号码</td><td colspan="6"></td></tr>
<tr><td rowspan="2">合同订立的特殊条款
以及其他要求</td><td rowspan="2" colspan="2"></td><td colspan="2">货物存放地点</td><td colspan="2">加工厂</td></tr>
<tr><td colspan="2">用　　途</td><td colspan="2"></td></tr>
<tr><td colspan="2">随附单据（划“√”或补填）</td><td>标记及号码</td><td colspan="3">* 外商投资财产（划“√”）</td><td>□是□否</td></tr>
<tr><td rowspan="4">□合同
□发票
□提/运单
□兽医卫生证书
□植物检疫证书
□动物检疫证书
□卫生证书
□原产地证
□许可/审批文件</td><td rowspan="4">□到货通知
□装箱单
□质保书
□理货清单
□磅码单
□验收报告
□
□
□</td><td rowspan="4"></td><td colspan="4">* 检验检疫费</td></tr>
<tr><td colspan="2">总金额
（人民币元）</td><td colspan="2"></td></tr>
<tr><td colspan="2">计费人</td><td colspan="2"></td></tr>
<tr><td colspan="2">收费人</td><td colspan="2"></td></tr>
<tr><td colspan="3" rowspan="3">报检人郑重声明：
1. 本人被授权报检。
2. 上列填写内容正确属实。
签名：＿＿＿＿</td><td colspan="4">领　取　证　单</td></tr>
<tr><td colspan="2">日　期</td><td colspan="2"></td></tr>
<tr><td colspan="2">签　名</td><td colspan="2"></td></tr>
</table>

注：有“*”号栏由出入境检验检疫机关填写 ◆国家出入境检验检疫局制